滄海叢刊

教育叢談

上官業佑著

1983

東大圖書公司印行

中華民國六十七年八月初版
中華民國七十二年八月再版

© 教育叢談

基本定價肆元貳角貳分

著作者　上官業佑
發行人　劉仲文
出版者　東大圖書股份有限公司
總經銷　三民書局股份有限公司
印刷所　東大圖書股份有限公司
臺北市重慶南路一段六十一號二樓
郵撥：〇一〇七一七五—〇號

行政院新聞局登記證局版臺業字第〇一九七號

前言

上官啓我先生為我國政教界耆舊，對政治、教育有豐富的經驗與深刻的體認；他不僅是理想家，也是實行者，這點，從他過去從政與創辦中國市政專校的成就，可以得到印證。此外，上官先生也經常屬文、演講，攄陳他對教育的抱負、看法，與對教育人員、青年學子的期勉。

我們讀了這些文章講稿，深為上官先生這份熱愛教育、重視成人的精神所感動；並且覺得在現今社會風氣頹敗的時候，上官先生這些懇切言辭，當能振聾啓聵，發人深省。因此，我們特別從中選擇了有關教育、為學、修養的文字，纂成這本「教育叢談」。盼望本書的出版，能使讀者在感受教育的光熱之餘，從而關切、參與，為教育盡一份心力，則將是我們最感欣慰的。

東大圖書公司編輯部謹識

中華民國六十七年八月

教育叢談　目次

新時代 新學校 新學風 新任務

一、新時代

人類社會，由漁獵社會、畜牧社會進化而為農業社會，再由農業社會進化而為工商業社會，此乃自然發展的趨勢，而莫可遏止。歐美國家自十八世紀中葉發生產業革命以後，工商業迅速發達，大小都市隨之興起，人口亦因之逐漸集中於都市，於是都市乃成為政治、經濟、交通及文化活動的中心。

我國自一八四二年因鴉片戰爭失敗訂立南京條約，開闢五口通商以後，工商業乃開始萌芽，百餘年來，以往的村落和鄉鎮逐漸發展成為大小的都市，於是都市在人民的生活中漸居重要的地位。惟我國以往在大陸經濟發展的過程，頗為迂緩，所以都市的形成也不甚迅速。但自民國三十八年中央政府遷臺以來，由於政府採行各種土地改革的措施，地主資金轉而投向工商事業，尤其自民國四十二年起，連續實施六個四年經濟建設計劃，工商業發展極為迅速，導致社會經濟結構的重大改變。根據統計，四十二年至六十一年的二十年間，農業生產總值，平均每年成長率達百分之四・七，而工業部門的成長率則高達百分之二〇，約爲農業成長率之四・四倍。人口職業的分配，四十年底時，在就業總人口中，農業人口佔百分之六二・九二；工業人口佔百分之八・五〇；商業人口佔百分之八・八六；交通業及服務業等佔百分之一九・七二。到六十二年底，則就業行業的比率，從事農林漁牧業者佔百分之三七；從事工礦業者佔百分之二〇；交通業、商業及服務業等佔百分之四三。故從農工業生產總值的成長率，或就業人口的行業比率來看，臺灣確已由農業社會邁向工商業社會。目前政府正積極推行十大經濟建設，將來完成後，工商業必更加速發展，社會的經濟結構亦必隨之發生更大的改變。

從農業社會轉變爲工商業社會過程中，最顯而易見的一種現象，爲大小都市隨人口活動之集中而快速形成。我國關於都市人口的法定意義，迄未確定，政府歷年來所公佈的人口統計資料，亦未將都市人口與非都市人口予以分別統計。在六十二年所發表之人口統計資料中，始增列按「市區」、「鎭」、「鄉」類別分列，該年年中臺灣地區人口總數爲一五、四二六、九三九人（年終人口爲一五、五六四、八三〇人，不包括金馬地區人口七七、六三七人），其中市區人口總數，爲五、九五九、九七〇人（包括臺北等五大都市及十一縣轄市），佔人口總數百分之三八・六。其中臺北、基隆、臺中、臺南及高雄等五大都市人口爲四、一八七、六六六人，佔人口總數百分之二七・一，新竹、嘉義等十一縣轄市人口爲一、七七二、三〇四人，佔人口總數百分之一一・五。臺灣省七十二個鎭的人口總數爲三、七六〇、二九五人，佔人口總數百分之二四・四。若將

「市」與「鎭」的人口合計，共爲九、七二〇、二六五人，佔人口總數百分之六三。「鎭」的人口極爲集中，與縣轄「市」相較，除行政組織有所不同外，並無大差別。「鎭」的人口實可視爲都市人口。又若干臨近五大都市的「鄉」，如臺北縣之中和鄉，其人口之集中情形與「市」、「鎭」亦無甚差異，亦可視爲都市人口。卽以「市」與「鎭」的人口總數而言，到六十二年年中，已達臺灣地區總人口三分之二。今後，由於經濟結構之繼續改變，與人口成長數量之自然成長，臺灣地區的都市人口總人口中所佔的比率，勢必大爲提高。歐美國家，一般多以集居人口在二千五百人以上，而人口密度在每平方公里有一百五十人以上，並粗具市街型式者，卽稱爲都市人口，若照此項標準計算，則目前臺灣地區人口除三十個山地鄉的十八萬多人口外（六十二年年中數字），臺灣省二百零一個平地鄉的五百五十餘萬人口（六十二年年中數字），大部份均可視爲都市人口。

經濟結構的改變與人口數量的增加，爲大小都市快速形成的主要因素。世界人口發展的趨勢，時間越往後延，人口增加速率越快。根據聯合國經社理事會的估計，公元一六五〇年，世界人口總數爲四億七千萬，到一九〇〇年時增爲十五億五千萬，兩百五十年中只增加十億八千萬人。但據聯合國人口年鑑統計，世界總人口自一九五〇——一九七三年，二十三年中，共增加十三億七千四百萬人，超過以往一六五〇——一九〇〇年增加之數，其增加速率之快與數量之大，實在令人驚心，而成爲今天世界人類所面臨的一個最嚴重的問題。我們臺灣地區的人口，二十三年來，也同世界人口發展的趨勢一樣，增加得很快和增加得很多，三十九年底（一九五〇年），我們臺灣的總人口爲七、五五四、三九九人，到六十二年底（一九七三年），增爲一五、五六四、八三〇人（不包括金馬地區人口），計增加八、〇一〇、四三一人，超過一倍以上，平均每年增加三十四萬餘人。人口密度爲每平方公里四三二人，耕地面積密度爲每平方公里一、七三八人，兩者與世界各國相較，除城市國家外，均居世界之首。今後，由於人口之自然成長及工商業之日趨發達，不僅舊有大小都市（鎭）將逐漸擴大，新興都市亦將次第形成，使都市人口佔總人口的比率，更爲提高，而都市建設工作在政府的施政之中，亦必更增加其比重。

都市與鄉村具有不同的性質，需要作不同的治理。鄉村人口稀少，且多係農民，日出而作，日入而息，交往較少，公共的設施，雖然需要，但沒有都市來得迫切，僅以汚水廢物的處理與空氣的清潔兩項而論，在鄉村不成爲問題，在都市則成爲繁難的工作。舉凡衞生、房屋、給水、街道、治安、消防、交通管理與教育的設施等項，無一不比鄉村更爲複雜而重要。同時大的都市對於衣食住行育樂等問題，又比小的都市需要更多的服務。即以警察一項而論，在一個小都市，有一支比較小的警察武力，予以適當的分工，即可滿足需要。但在大都市，不僅須要有一支強大的警力，同時警察內部需要有詳密的分工，它要有交通警察、經濟警察、刑事警察、外事警察與女警察等，更需要有各種專門人才與器材，始能達成任務。故今日都市建設的目的，已由純地理學的觀念，注意到社會組織、經濟活動、人文習俗、交通情形以及心理因素等條件，政府不但要滿足市民物質的要求，增進市民生活的享受，還要注意到市民精神的調劑。提高羣體的道德與情操，造成一個協調和諧安全進步的社會。所以，目前市政組織不僅是一種政治的組織，同時也是一種經濟的組織與社會的組織。因此，市政工作也隨之趨於專業化，需要培養大量的專門人才，發揮企業精神，方能完成現代化的都市建設。

二、新學校

我國在大陸從來沒有設置專門培育市政人才的學校；（政治大學創辦時曾設有市政組）在臺灣雖有一、二所大學設置市政學系，但規模不大，學生容量有限。以臺灣都市發達的迅速及將來重建大陸的需要而論，實不足以適應需要。因此，十年前本人於考察歐美各國市政建設之後，盱衡今後國家發展的情勢，特倡議創辦中國市政專科學校，以造就各種市政專業人才。

關於本校的教育設施，因過去無成規可循，一切均有賴自己的構想與規劃。我們在設校之初，曾詳細體研故總統　蔣公有關都市建設的訓示，參考歐美諸先進國家都市建設的先例，並省察今後復國建國的需要，來釐訂本校的教育方針和內容，冀以新的精神、新的作風、新的教育設施，來作育新的市政幹部。茲就本校教育和內容，作一概括的說明：

（一）教育方針

本校教育方針，約而言之，可分為以下五項：

1.品德的陶冶 品德為個人立身社會服務人羣的基本條件。今日社會風氣的敗壞，道德的淪喪，到處都是青年的陷阱，不良青少年的充斥，已成為今日臺灣嚴重的社會與治安問題。本校為使學生將來對於社會能有所貢獻，特別着重人格的陶冶與生活的管理，以期變化氣質，敦品勵行，蔚為移風易俗，改造社會的領導人才。

2.知識的傳授 本校對於學生知識的灌輸，在第一、二年，偏重一般基本課程的講授，對國文與英文兩科尤為注重。第三年以後，則加強各種專業課程的教學，更注意實地參觀考察、實驗與實習，俾理論與實務相結合，畢業後能學以致用，並為將來研求高深學問奠定基礎。

3.技能的專精 五年制專校屬於專業技術教育的範疇，本校為使學生具有一技之長，將來能在社會立足，所設各科，均係針對國家經濟建設、社會建設、政治建設的需要；教學原則，除各科基本理論的灌輸外。尤注重實用技術的訓練，務求手腦並用，技能專精，使成為國家各項建設的專業技術人才。

4.體魄的鍛鍊 目前各級學校，由於課業負擔太重與營養不良的關係，大多數學生精神萎頓，身體虛弱。如以各項國際比賽，我運動員在體育場上的挫敗，即為明證。須知高深的學問，寓於健強的身體，故本校特重學生體能的鍛鍊，除加強體育課程與軍事訓練以外，尤注重課外活動與勞動服務，俾養成健強的身體，勤勞的習慣，使將來能勝任艱鉅的工作。

5.服務的人生 一個健全的社會，必須其人民有小我服從大我，公益重於私利的美德。本校爲使學生實踐此一要求，特注重在公民道德訓練，並在各種團體活動中養成學生服務的人生觀及捨己爲羣的德性，以期將來服務社會，能急公好義，濟危扶傾，發揮高度的熱忱、實踐「人生以服務爲目的」的崇高理想。

(二) 教育內容

本校教育，依當前都市建設之需要，暫分爲市政管理、工商管理、公共工程、公共衞生，及財務金融等科，各科性質及教學重點如次：

1.市政管理科　這是教學內容較爲廣泛的一科，其目的在造就市政通才，擔任一般市政管理工作。其課程包括有關政治、法律、行政管理，及都市各種實務的講授與實習。我們爲培養本科學生的領導才能，特別注重語文訓練，務使我們在五年之內，對於中、英文都能達到適當水準，不獨寫作要通暢熟練，就是說話演講也要清晰流利，以適應時代都市社會的需要。

2.工商管理科　都市人口集中，需要舉辦各種公用事業，如給水、電氣、瓦斯、公共汽車、市場、貨棧、渡船、屠宰場、殯儀館、公共集會場所等，已爲現代都市普遍舉辦。這些事業或由公營，或特許人民經營，皆需要專門人才管理。同時，由於工商業之日趨發達，工商企業的規模亦日漸龐大，如各類製造工廠、百貨公司、觀光旅社及遊樂場所等，亦需要專門人才來管理。本科的設置，即在提供這些人才。該科除教授一般法律和經濟學科外，尤注重投資學、公司理財、生產管理、及企業管理與組織等專門課程之教學與實習，俾學生瞭解一般工商管理的知識，及具備各種專門的管理技能，而能擔任實際的工商管理工作。

3.公共工程科　此科分建築與土木兩組。都市爲適應市民的各種需要，必須修建道路、橋樑、碼頭、船塢、下水道、國民住宅，及公用事業等公共工程。本科的設置，卽在適應這些工作的需要，提供各種工程建設人才。爲奠立本科學生的科學基礎，及培養其專門技能，除加強數學及物理等基礎課程的講授外，對於各種應用科學，如測量、繪圖、應用力學、材料力學、結構學，以及各種工程設計等，亦特別注重。俾他們都能成爲土木建築工程的專才。

4.公共衞生科　都市人煙稠密，缺乏增進身心健康的自然環境，市民容易感染疾病，故衞生問題甚爲重要。現在各國所辦理的衞生事項，有環境衞生、傳染病預防、婦產與兒童護理、食物與藥品檢查、疾病診斷與醫療，以及衞生敎育等。這些工作，在在都要受過專門訓練的衞生技術人員來擔任。以往臺灣各級衞生機構的衞生管理人員，大都未接受專業的敎育，缺乏有關衞生的專門知能，以致成效不著。本科的設置，卽在提供此種專門技術人才。該科敎學內容，除注重物理、化學、生物學、生理學等基本科學的訓練外，對於各種應用科學，如病理學、細菌學、解剖學、藥物學、營養學，及醫藥檢驗等，亦特別加強敎學，並注重實驗，以期理論與實際打成一片。

5.財稅金融科　工商業發達，經濟結構改變，財稅金融業務必隨之日益擴展。而都市爲經濟活動之中心，在都市就業人口中，財稅金融人員所佔比率頗大。本科之設置，卽爲適應都市的此種需要。該科教學內容，除講授有關財稅金融之基本理論學科，如財政學、會計學、審計學、經濟學及貨幣銀行等課程外，尤注重應用學科，如財稅行政與管理、商用英文與數學、稅務法規、商事法、金融市場、國際貿易與滙兌等課程之教學，及應用技能，如珠算、打字與電子資料處理等訓練，並加強在財稅金融機構之實習工作，俾本科學生畢業後，均成為財金的專才。

以上是目前本校已設立的各科，日後將逐漸增設有關都市計劃、都市土地及都市交通等科，以適應都市建設之需要。不過本校雖名為「市政」，所謂「政」並不僅限於「行政」，「政」者指衆人之事而言，所謂衆人之事，卽凡關於人民衣、食、住、行、育、樂六大需要，都是衆人之事，也就都是市政的範圍。一般人誤以為本校是專門培養市府公務人員的機構；其實本校所設各科，只有市政管理一科，是一種通才教育，係政法的範圍。此外各科均有其專業的性質。例如：公共工程科的學生，如不欲在政府公共工程機關中服務，也可在民間的營造事業中工作。公共衞生科學生，如不欲在政府衞生機關服務，還可在公私立醫院、學校、工廠，及企業機構中，擔任衞生管理、衞生教育及衞生檢驗等工作。工商管理科學生，如不欲在政府公用事業機關服務，則可在私人工商企業機構工作。財稅金融科的學生，如不欲在政府財稅機關服務，也可以到工商企業與各金融機構中去工作。可見本校雖名為「市政」，但並非專為市政府培養公務人員，學生畢業後的工作範圍是很廣濶的，事業前途是很遠大的。

三、新學風

一個學校要想辦得理想，除要有正確的教育方針及良好的師資和設備以外，還要有優良的學風，使學生在師長和同學相互的督勉和淬勵下，都能潛心學問，砥礪品德。

(一) 辦學的態度

優良學風的樹立，首先取決於辦學者的態度。因此，我想在此將我辦這個學校的態度加以說明：

1. 私校公辦的原則　這個學校雖然是我倡議創辦的私立學校，但我要堅持「私校公辦」的原則，杜絕若干私立學校所表現的開學店的卑劣作風。因爲在私立學校法未頒佈實施以前，無可諱言的有不少的私立學校，董事會就是一個家庭會，妻室子女弟兄與親屬都充任董事，眞正做到了「家庭化」。所以，在本校創辦之切，我和董事會及學校行政當局，卽決定執行四大公開：第一、人事公開。學校裏的敎職員都須遴選學有專長與服務熱心的人員擔任，務期用人唯才，適材適所。絕不安置私人，以私害公。尤其是事務會計與主管人事的職員，更不能引用家族親屬，以示大公。第二、經濟公開。董事會是予而不取的，學校的收入都要點滴爲公，每一文錢都要用在學生老師身上，絕對做到弊絕風淸。同時，決不增加學生的額外負擔，並且要儘量設置各種奬助學金，以奬勵品學優良的學生及救助家境淸寒的學生。第三、意見公開。學校的建設及一切行政，都須集思廣益，多聽取教職員學生與家長的意見，絕不自以爲是，一意孤行。第四、賞罰公開。關於教職員的去留、學生的獎懲，都要遵照政府的法令與客觀的標準，公平處理，絕不存有任何私人的好惡和成見。這樣藉大家的才智與社會的輿論來辦理這個學校，庶幾可以發揮效能，達成教育的目的。

2.一切爲學生設想　學校是爲培植學生而設立的，一切自常爲學生設想。決不可視學生爲斂財的對象，滿足個人開學店的慾望。我們無論關於校舍的建築、設備的購置、師資的遴聘，以及各科教學與訓導的措施，都是爲了增進學生身心的健康，和學識技能的充實，一事一物，都要從學生立場來考慮，離開了學生，就失掉了辦學的旨趣。

3.一切爲教師服務　沒有良好的教師，就不能培植出優良的學生。所以我們辦學的第三個要點，就是一切爲教師服務，對於教師無論待遇、飲食起居，及研究設備，都要盡力之所及，加以照顧，使其安心教學，增益教育效能。

(二) 教育的精神

我們確定了以上的辦學態度，先求在行政上臻於健全，再進而在教學上謀求養成優良的學風。關於這一點，要注意的方面很多，但最重要的，是要使學生養成「尊師重道」、「敬業樂羣」、「自動自治」及「篤實踐履」的精神。對於此四者，本校已分別定出具體辦法，輔導學生身體力行。我在這裏只將其重要概念加以說明：

1. 尊師重道 「尊師重道」爲我國傳統優良的教育精神。惟近幾十年來師道之不受尊重已久。教師惟以販賣知識爲能事，而不注意在學問與人格上做學生的楷模；學生對老師更是倔傲怠慢，連普通的禮節也不遵守。青年人在學校放縱無禮，目無尊長，故入社會卽不能爲良好的公民，放辟邪侈，無所不爲。本校爲宏揚教育效果，首當遵守「尊師重道」的古訓。所謂「尊師」，固然要學生對教師有信仰、有禮貌，而學校在遴聘教員時，也要注意教師在學問和人格方面能做學生的模範，獲得學生的敬仰。故人所謂「經師人師」、「以身行教」，正是我們夢寐以求的。所謂「重道」，固然希望學生接受教師傳授的知識，尊重教師的訓誨；但尤其要養成學生追求知識，愛好學問的習性，希臘哲人常以「愛智者」自命，孔子亦云：「朝聞道，夕死可矣」。我們要以此種精神深深印入學生的腦際，則他們將不待督責，而自然努力於學習，學校讀書風氣自可養成。

2. 敬業樂羣 「敬業」是要學生敬重自己所修習的學業，與上面所述「重道」的精神相融通。但「重道」在使學生愛好學問，接受老師傳授的知識，而「敬業」則在使學生自動努力學業，以增進學問與知識的水準。「敬業」的精神，可以「專心」與「恒心」二語來表明。「專心」是要學生專注精神於所修習的功課，「恒心」則是要他們將所修習的功課，不斷的研習，以求臻於精通。譬如屋簷滴水，每一水點都落在一定的地面上，就是專心；每一水點不分晝夜都向這一定地面上滴落，就是恒心。這樣，不論水的力量是如何的微弱，不論地面是如何的堅硬，日以繼夜，永不休止，就是堅硬的石塊也要被這微弱的水點滴穿。我們要學生養成如此敬業的精神，然後學業才有成就，以後到社會上去服務，事業也才能成功。至於「樂羣」，乃是人與人間相處的道理，一個人生活的目的，不只在追求一己生活的改善，且在謀求人類全體的生活幸福。因爲一個人不能離羣而獨立，所以要尊重公益，互助合作，充其極致，則是犧牲小我，成就大我。古人所謂「先天下之憂而憂，後天下之樂而樂」，即是此種樂羣精神的表現。我們學校爲養成學生樂羣的精神，所以成立了各種社團，如學術社團、康樂團體、聯誼團體等，皆依學生的志願，輔導組設。在這些團體活動中，我們指導學生遵守故總統 蔣公「守時」、「守分」、「守法」、「守信」、「守密」五守的信條，藉以養成其明禮尙義、負責守紀以及捨己爲羣的習性。

3.自動自治 自動自治爲社會進步的推動力，是學校教育所當養成的基本精神。本校因係五年制專科學校，其一、二、三年級學生尙屬高中程度，未屆成年，平時宜注重軍事管理與生活訓練，以養成其整齊、清潔、簡單、樸素、確實、迅速的習性，但到四年級以後，則宜啓發其自動自治的精神，藉自覺的紀律與道德的約束，維持學校的良好風氣，以培養學生的獨立人格。故本校特別重視學生自治的組織與活動，啓發其自覺意識，激勵其自動精神，養成其自治能力，使學校與學生之間，聲氣互通，上下交流，共同爲爭取學校榮譽而努力。其他各種教育設施，亦係循此途徑發展，以恢宏其功能。

4.篤實踐履 我國教育一般缺點，是祇重形式，學人皮毛，空乏而不着實際，故造就人才大都眼高手低，不切實用。其流弊所及，學校多畢業一個學生，社會卽增加一個失業的游民，其已就業者，亦因做事不務實效，空乏籠統，好高騖遠，每易招致失敗。本校爲糾正此種缺失，故特別提倡篤實踐履爲第一要務。故除於課程之編配與講授務重實用以外，尤注意養成學生躬行實踐的精神。先儒所倡導的良知良能學說，必須發揚，國父的知難行易及總統　蔣公的力行哲學等垂訓更須躬行實踐。我們要使學生瞭解人生的眞諦，從力行中充實生活的內容，發揮生命的光輝。此外，本校又加強勞動服務，養成學生的刻苦勤勞習慣，力行新生活運動，使學生在日常生活中，實踐中國倫理規範，培養高尙的人格。

（三）訓導的原則

爲了培養前述的新學風，在訓導方面，我們確立了以下的五項原則，作爲本校訓導學生的準繩。這五項原則，都是以「愛的教育」爲出發點，現略加闡述如左：

1.身教重於言教　「身教」係「以身作則」之義，卽古之所謂「人師」，也就是說敎師與訓導人員，平日的言行舉止，要能爲學生示範，爲學生表率，使學生於耳濡目染中，能收潛移默化之功。教育可以說是一種「己立立人」「己達達人」的精神事業，必須先求己有所「立」，有所「達」，然後始能「立人」「達人」。大學上說：「是故君子有諸己而後求諸人，無諸己而後非諸人；所藏乎身不恕，而能喩諸人者，未之有也。」大學之道，要由「明明德」而「新民」。孔子曾說：「其身正，不令而行；其身不正，雖令不從。」又說：「君子恥其言而過其行。」「君子求諸己。」「君子不重則不威，學則不固。」這些話，都是說明「身教」在教育上的重要性。論語陽貨篇中，有一段記載孔子和子貢的對話，最足以形容孔子以身作則的人格教育。子曰：『予欲無言。』子貢曰：『子如不言，則小子何述焉？』子曰：『天何言哉？四時行焉，百物生焉，天何言哉？』」由此足見「言教」不如「身教」能發生教育的效果。所以古人說：「以言教者訟，以身教者從」。為了達成這一項原則，我們對師資的遴聘，尤其是訓導人員的選派，都特別愼重，不僅要求其學有專精，尤要品德純正而富有教育熱誠的人士來充任。

2.感化重於制裁　我國歷代大儒常用「春風化雨」四字來形容教育工作，宋代理學家尤注重潛移默化，以變化學生的氣質。可見教育工作，要本諸「愛心」，循循善誘，須具有孔子所說的「誨人不倦」的精神，和孟子所說「有如時雨之化者」的方法，始能獲致教育的效果。我國古代頌揚偉大的教師，不說學問淵博，才識練達，而說春風化雨，庭草交翠，其意卽謂人格感化在教育上的重要性。學校的獎懲規則，旨在維持學校的秩序，蔚成優良的學風。但基於此一原則，我們對學生的行為，則堅持獎勵應多於懲罰，使一些品學較差的學生於無形之中，能見賢思齊，力圖上進。因為用懲罰制裁犯規學生，雖可收效於一時，却難期其悔悟於久遠，而不再重犯。多予獎勵及施行人格感化，則可激發良知，培養其榮譽感，從而改過遷善，自重自愛，使成為優良的學生。

3.個別重於集體　學生來自不同的家庭環境，有男女性別之分，有年齡大小之別，其先天秉賦以及生理與心理上的發展情況等，亦不盡相同。因之各人的資質、體力、性情、志趣及學業程度等，皆有所差異。不僅在教學上要「因材施教」，注重個別的學業輔導；在訓導上，尤須瞭解學生的個別情形，予以適切的個別指導，並協助達成其願望或解決其困難，使品學兼優者更能激勵奮發，力爭上游；品學較差者亦能自知奮勉，迎頭趕上，有所成就。爲達成此一原則，本校自創辦以來，卽特別重視導師制度之實施，各班導師應遴選熱心教學之專任教師擔任，俾有較多時間與學生個別接觸，而便於隨時作適切的指導。

4.啓發重於注入　目前一般學校多只在教學上運用啓發式的方法，我們認爲在訓導上，亦須用啓發式的方法，來替代缺乏效果的說教注入方式。啓發式的教學方法，是師生間雙方面的一種共同行爲與活動，能交互產生刺激反應兩種作用，可達成「因材施教」和「隨機教學」的目的，增進教學的效果。我國古聖先賢，都非常注重這種啓發式的教學方法，如孔子曾說：「不憤不啓，不悱不發；舉一隅不以三隅反，則不復也。」朱熹解釋：「憤者，心求通而未得之意；悱者，口欲言而未能之貌。啓，謂開其意；發，謂達其辭。」意謂學生對某一問題瞭解尙不透徹之時，敎師應趁機善爲開導，使能豁然貫通；學生對某一問題，已有所領悟，但不能暢所欲言，則敎師應趁機善爲提示，使能達其辭。如此，則學生對各種問題必可留下深刻印象，及獲得正確的認識與明晰的概念，以免觀念混淆，言行乖謬。此外，如孟子所說的「成德達材」的教學方法，禮記學記篇所謂的「進學之道」，以及荀子勸學篇所說的「君子如嚮（如響）矣」的教學方法等，都是啓發式的教學方式。爲達成此一訓導原則，除注重前述個別的訓導方法外，我們曾利用與學生個別及集體接觸機會，採取「隨機教學」的方式，來糾正學生言行的偏差，使之趨於正軌，而成爲品學兼優的可造之材。

5.自治重於管理 以往我們一般學校的訓導工作，大都偏重消極的管理和約束，專用懲罰和制裁的方式，防止學生發生越軌的行爲，倘學生在校期間能循規蹈矩，平安無事，卽算善盡了訓導的責任。對學生個人的生活、學習及畢業後之升學或就業等，多未善加指導，對學生社團的組織及各種課外活動等，亦往往漠然視之，未作整體的規劃與認眞的實施，以致學生的在校生活，完全處於被動的狀態，過着機械式的生活，而無蓬勃活潑的生氣。此種訓導方式。否定了青年生理和心理的發展狀況，不僅難以培養活活潑潑富有朝氣的優秀學生，卽就消極的管理而言，亦易產生抗拒作用，獲致相反的效果。現代心理學者和教育學者，都主張對學生的訓導，應以積極的指導 (Guidance) 替代消極的管理，指導活動是一種有計畫、有系統的施於學生個人和團體的新興的教育方式，可運用於學生的生活、學業和就業等各方面。學校的指導活動，一般分爲「個別指導」、「團體指導」及「追蹤指導」等三種。據美國指導學權威明尼蘇達大學心理學教授維廉遜博士 (Dr. E.g. Williamson) 稱，指導活動可以達成五種主要目的：⑴促進人格的全面發展；⑵促進個人發展其自我責任；⑶促進個人與別人和睦相處，發展正常的與快樂的關係；⑷促進情緒的正常發展；⑸增進個人解決生活困難問題的能力。指導活動是讓學生居於主動的地位，教師從旁給予協助和指導，使學生由自覺而達於自發自動的自我教育境地。因爲採用積極的指導方式較採用消極的管理能獲致深遠的效果，所以我們要確立「自治重於管理」的這一個原則，除前述「個別重於集體」原則中，特別着重學生個別指導外，並注重學生社團的組織與活動，充實各種課外活動的設備，並聘請專家負責指導各社團的活動，俾學生能養成自動自發的自治精神。

四、新任務

以上我概括的說明了本校創立的時代背景、及採行各項的教育設施，以及我們辦學的態度和所希望建立的學風，其目的則在要達成一個任務——即是造就本校學生成爲有用之才。我所謂有用之才，也不以他們能具備某種專門知識與技能，而可獨立謀生爲已足，而是希望他們的條件各方面的條件都很充實健全，對家庭、對社會、對國家都要有積極的貢獻，克盡其應盡責任。玆分析言之如次：

1. 培養四育兼備的好青年　我國過去的教育，只偏重知識的傳授，而對德育、體育、羣育都很忽略。我們爲使學生將來能立身於社會，對國家有所貢獻，除教導他們專門的知能以外，尤須訓練他們具有優良的品德、強健的體格，和合羣的習性，使其成爲四育兼備的好青年。

2. 培養成家立業的好子女　家庭爲國家、社會組成的基本單位，我們要青年對國家、社會負責任，首須使其對家庭負責任。古人所謂：「身修而後家齊、家齊而後國治。」就是這個道理。所以本校教育，注重培養學生對於家庭的責任觀念，在校要敦品勵學；在家要孝順父母、友愛兄弟，在社會要能建立良好事業，負起家庭生計，使其成為成家立業的好子女。

3. **培養服務社會的好公民**　社會風氣的隆汚，繫於人心之振靡，我們今天要改造社會，首須從一般人的心理革新和生活革新做起。所以，本校特着重學生的品德陶鑄與生活訓練，使其具有服務的人生觀，與刻苦勤勞的習慣，俾將來能負起改造社會的責任，而成為服務社會的好公民。

4. **培養建設國家的好幹部**　本校為市政專校，所有畢業學生自然是建設都市的專門人才。但我們所注意的，不獨是他們都具有都市建設的專門學識與技能，尤須具有高度的愛國熱忱，與忠勇奮發的革命情操，從都市建設以促進國家的一般建設，使其成為建國的好幹部。

本校的建校工作雖曾縝密籌劃，所有校舍、設備，及教育設施等亦粗具規模，然距理想之境仍甚遙遠。本校同仁委身學校，自當黽勉以赴，以克盡教育的責任。玆值建校週年紀念，特撰本文，簡述創校旨趣及辦學原則，至盼社會人士及學生家長惠予指教，俾本校在艱苦成長之中，更能不斷充實與發展，以達成教育的神聖使命。

六十四年十一月十一日

無盡的哀思！永恒的感念！

為敬悼先總統　蔣公逝世百日作

先總統　蔣公於四月五日不幸崩殂，噩耗傳出，全民震悼，舉世同悲。我個人身沐　領袖數十年培育之恩，更是悲痛不能自已。國喪期間，除敬謹參加迎靈、謁靈及執紼外，常於晨昏隻身至　國父紀念館虔誠默哀，低徊不忍離去，蓋生我養我者父母，而教我育我者則為我偉大的　領袖。回思往日訓誨之殷懃與培育之恩德，不禁悲從中來，熱淚盈眶。

自民國十七年秋，我考入中國國民黨中央黨務學校，倖列校長　蔣公門牆，接受革命洗禮，四十餘年來，　領袖所賜給我的教誨和恩情，決不是一篇短文所能盡述的。茲謹就一時記憶所及，與親身經歷的一些事情，作片段的追述，以彰我英明偉大　領袖的盛德於萬一，並藉表我個人對　領袖逝世後的無盡的哀思和永恒的感念。

蒙受徵召，首次晉謁

民國廿一年，我由黨校改制中央政治學校大學部第一期畢業，分派到浙江省政府民政廳工作，爲時一年，承康澤先生的推介，(康先生，字兆民，四川人，在大陸歷任黨政軍要職，深得領袖信任，最後出任襄樊綏靖區司令官，苦守危城，自殺不死被俘，始終持節不屈，爲共匪折磨致死，曾蒙　領袖公開褒揚，譽爲軍人典型。)並奉軍事委員會委員長　蔣公電浙省主席魯滌平先生調往江西參加剿匪工作(當時在浙省服務的政校同學共選調八人)。我被派赴江西省星子縣中央軍校特別訓練班擔任訓育組組長。參加受訓的學員，分爲兩類㈠召集教育：甄選陸軍官校各期畢業生施以短期的訓練。㈡養成教育：招考高中暨大專畢業生施以較長時間的教育。學員生畢業後均編組爲軍委會別動總隊，擔任清剿共匪、組訓民衆及宣撫綏靖等工作。當時我年僅廿三歲，我懷着臨深履薄的心情，來主持全班的訓育事宜。在這一段時期，　領袖經常駐節廬山，督訓剿匪幹部。某日，他親臨星子特訓班，個別傳見大隊長及組長以上的主管人員。我晉謁時，他曾訓示我說：「你是政治學校畢業生，爲什麼要調你到軍校服務呢？須知剿匪是三分軍事、七分政治，所以調你來參加剿匪工作。」這是我第一次單獨晉謁　領袖，他留給的我印象是：諄諄善誨如良師，和藹可親若慈父，令人肅然起敬，欣然景從。這一次晉見　領袖，是我生命過程中轉捩點，因爲從此時開始，我便直接從事刻苦耐勞冒險犯難的剿匪和抗戰的艱鉅任務，而無法像一般政校畢業同學大都去參加地方行政工作。

中央軍校特訓班，特重思想教育與精神訓練，不分官生，大家都是脚穿草鞋、腰紮皮帶，幕天席地，住宿帳蓬，過着相當艱苦的生活。在星子那一段時期，我們經常有機會恭聆　領袖的訓示，領袖有時駐節海會寺的黑色小木屋裏，飲食起居及衣着等，與一般員生完全相同，其平日生活之儉樸，於此可見。

西安事變，同困危城

二十五年西安事變時，我任軍委會別動隊指導主任，駐防陝南商縣，對共匪實施宣撫清剿工作。時　領袖駐節臨潼，督剿殘匪。當時共匪已爲國軍逼困於陝北延安一隅，成爲甕中之鼈，指日即可完全殲滅。共匪見情勢危殆，乃施其一貫統戰鬼域伎倆，利用東北軍的思鄉情緒，趁機蠱惑張學良和楊虎臣叛亂。事變前夕（十二月十一日），我適在臨潼行館委員長侍從秘書蕭乃華學長處，（政校一期同學，在此次變亂中殉職），有事洽商，曾親見張學良着黑色絲棉袍來晉謁　領袖，談話聲音，忽高忽低，爭論很久，黃昏時，張始怏怏而去。事後，獲知張學良竟要求停止剿匪，先行抗日，遭受　領袖嚴詞訓誡，不料翌晨即發生舉世震驚之西安事變，我也被困於危城之中。別動總隊早已有張、楊不穩定的情報，呈報上級，但未料其竟敢採取如此大逆不道的刼持　領袖手段，甘冒天下之大不韙。事變中張學良檢讀　領袖日記，深爲　領袖謀國的忠誠，與對其個人的提携愛護的恩德所感動，乃憬然悔悟此舉之鑄成大錯，乃親自護送　領袖飛回洛陽。此次事變中，　領袖所表現的偉大人格，與凛然不可犯的浩然正氣，更赢得了全民一致的衷誠愛戴和擁護，無形中也增強了日後全民抗戰的精神團結力量。不過，倘無張、楊此次之叛變，則今日，共匪決不可能竊據大陸，奴役我大陸同胞，毀滅我中華文化。西安事變對我們國家、民族的命運，實在太深遠了。當時外間誤認別動總隊爲藍衣社，共匪尤視爲眼中之釘，指名搜捕別動總隊重要幹部。我因得好友掩護，九死一生，倖免於難，遂於十二月廿五日與 領袖同日脫險。

二十六年七七、抗日聖戰爆發後，我即投入抗戰的陣營，從事敵前作戰與敵後游擊工作，縱橫活躍於大洪山、大別山一帶，雖冒險犯難，艱苦備嘗，但因受 領袖西安事變之偉大精神感召，一切甘之如飴，視死如歸，從無畏縮反顧的心理。

曲原部屬，胸懷廣濶

第五戰區長官部設在老河口，李宗仁以司令長官身份召開軍事會議。其時我任廿九集團軍四十四軍政治部主任，因軍隊防區屬第五戰區，曾參加此次會議。總司令王纘緒是四川人，所部紀律較爲廢弛，有兩桿槍之譏；一桿步槍，一桿煙槍，因此戰鬥力不強。會議後 領袖傳見，我將部隊實情毫無保留的提名報告。 領袖勉勵我一定要堅定容忍，協和人事；並指示：「這種部隊能出川抗戰，就不錯了，不能拿同一的尺度和要求來衡量他們……」。王纘緒當時是辭去四川省主席，調任廿九集團軍總司令帶領部隊，出川抗戰。 領袖所期望的是全民一致團結共赴國難，並不計較這些非一朝一夕就可改進的積弊。由此我們可以窺見 領袖對部屬的曲原和關愛，及凡事都朝大處着想的開濶胸襟。

青年從事，如火如荼

民國三十二年，我在重慶復興關中央訓練團黨政高級班二期受訓後，奉調三民主義青年團中央團部任組織處副處長（處長係康澤先生）。因職務關係，常到　團長官邸（當時　領袖任團長）參加會報和中央幹事會議，聆訓的機會更多。三十二年冬天，抗戰進入艱苦的階段，青年團奉　團長指示、發動十萬知識青年從軍運動，我和團部的幾位同志，率先報名參加。此次知識青年從軍運動極爲成功，不到兩個月，僅四川一省報名參加的人數，卽達兩萬餘人之多，全國青年在「一寸山河一寸血，十萬青年十萬軍」的偉大號召下，莫不爭先恐後，如火如荼的踴躍報名參加，掀起從軍報國的高潮。到次年便超過十二萬人，抗戰時期，從軍青年所表現的愛國熱忱，實在彌足感人！我們青年團的幾位同志雖然率先報名參加，但却沒有如願，因爲　團長曉喩我們：「你們能發動青年從軍，完成了徵召任務，黨團領導幹部，不必都親自從軍，因爲發動工作尤爲重要。」當時，我個人報名從軍是純憑着滿腔熱血，希望回到前線，直接參加與敵人的最後搏鬥，而　領袖則衡量全局，勉安現職。我乃服從指示仍留在原來的崗位上工作。

遠戍西北，奬勉有加

新疆自二十二年四月間，蘇俄策動盛世才政變後，即脫離中央，轉受蘇俄之控制。二十四年八月，共匪從川北向西北流竄時，他原來的目的地爲新疆，企圖在此取得蘇俄的直接支援。但因在陝甘邊境被國軍中途阻截，才轉往陝北依附土共，苟安一時。至三十一年四月間，蘇俄更企圖推翻盛世才，來建立其蘇維埃的傀儡政權。是年八月，領袖巡視西北陝、甘、寧、青各省，經對盛曉以大義後，盛乃決定服從　領袖，歸順中央。

新疆雖然歸順了，但蘇俄對新疆的侵略企圖，並未因此打消，仍策動成立所謂「東土耳其斯坦共和國」。在延安的毛匪，也妄圖攻佔陝甘，據有新疆，以便與蘇俄取得直接聯絡。因此，西北在國防上的地位益形重要。政府爲鞏固西北的國防，及加強西北的建設，乃改第八戰區爲西北軍政長官公署，任命張治中爲軍政長官，統轄陝、甘、青、寧、新等五省軍政事宜。

在西北軍政長官公署成立之後，我奉派前往服務，先後曾充任政務、新聞、民事、政工等處處長職務，主管地方民事與軍中政訓等工作。在我服務的這一段時間裏，我的足跡走遍了西北邊陲，使我深深認識到西北土地的遼濶、資源的豐富，以及在國防上的價值。

張治中於三十八年和談時，變節投匪，但其在蘭州時，就早已顯露了投機取巧的痕跡。我可舉些事例作爲佐證：當共匪攻佔西安進取蘭州時，某日，周匪恩來在延安指名對張治中廣播，一再重複地說：「文白兄（張治中別號），我們假道蘭州，是爲了來消滅西北馬家的封建勢力，並不侵犯文白兄的防地。」（當時馬步芳爲青海省主席，馬鴻逵爲寧夏省主席。）我收到廣播後，秘而不宣，因恐影響其不穩定的剿匪情緒。迨張治中從蘭州中央社分社某記者處，獲悉此一廣播後，卽召我詢問有何消息？我仍隱匿不告，他乃提出周恩來廣播之事見詢，我始告以此是共匪統戰陰謀，不值得重視，是以未予稟報。張囑：以後任何情況，均應從實報告。從張治中的重視此事，可以想見其別具用心，他日後的媚共投匪行爲，絕非偶然。

又有一次，張治中召集蘭州各界講話，竟公開說：「實行三民主義雖是國民黨的事，但國民黨二十餘年來，並沒有實行三民主義，現在只要誰能實行三民主義都成。」他又發謬論說：「共產黨要解放我們，其實我們自己可以解放自己；譬如身穿棉袍，天熱自己脫掉好了，何必要人家動手？」這種謬論，其賣身投靠之用心，實已昭然若揭。是年初，我飛往南京開會，因發現張治中對剿匪的意志早已動搖，乃於晉謁 領袖時，據實報告。他老人家面色凝重，未置可否，只簡單嘉勉我兩句話：「你很努力，你很盡責！」我們不難想見 領袖當時心情，是如何的沉痛。此次晉見，我辱蒙獎勵，內心至爲感動，決益矢忠貞，以報答 領袖的厚愛。

我於開會後，很快就飛返蘭州。卅八年一月，李宗仁代理總統職權後，立卽與共匪進行和談。張治中此時，則以和談代表身份，與邵力子等留在南京，等待與共匪和談。四月二十日，和談破裂後，共匪卽大舉進犯西安，五月底西安撤退後，任馬步芳爲西北軍政長官，但因西北各省的軍政首長，未能協同禦匪，七月底，匪軍二十餘萬，卽侵入甘肅。八月中旬，蘭州已告緊急，守軍馬繼援部，經二十餘日的浴血苦戰，不支撤退，雙方傷亡慘重，我軍輾轉撤到河西走廊。中央當時，曾擬將戍守新疆的大軍撤出應援，但以路途遙遠，交通不便，卒致遲疑未決。陶峙岳時任新疆警備總司令，只求苟安自保。於是，新疆處於孤懸塞外進退兩難的狀態。蘭州陷匪後，我和當時西北副長官劉任將軍（劉將軍係國大代表，退役後任東吳大學教授。）率領殘部，於倉卒間撤抵酒泉，共匪又兵臨城下。匪僞前敵指揮官王震，是湖南人，他的參謀長劉振世，是湖南湘西人，我在中訓團高級班第二期受訓時，劉任隊長，後轉任劉戡軍團參謀長，劉戡係湖南桃源人，在陝北剿匪失利自戕，而劉振世則被劉俘後投靠共匪。當時王震因我也是湖南人，曾親筆寫信，以同鄉之誼來勸誘，說什麼西北是湖南人打來的天下，從左宗棠起，湖南人對西北就大有貢獻云云。信中王匪又曾轉述毛匪的話說：過去湖南人盡爲別人流血流汗，今天湖南人自己出頭了，希望我回歸到湖南人自己的陣營去。這一派胡言，完全是敵僞的統戰詭計，我是絕對不會上當的。因爲我深知與共匪鬥爭是沒有中間路線的，他們主張「不是同志，就是敵人」，中途變節投靠，決沒有生存的餘地。但是，西北將領中，有不少短視無知的湖南人，仍然上了共匪統戰的套圈，而甘心投匪。我於開會時，曉以大義，動以利害，苦心勸阻，甚至發生劇烈衝突，亦於事無補。

西北局勢危疑震撼，酒泉四面受敵。副長官劉任將軍，在黑夜大雨中撤退時，因車禍負傷，軍心動搖，大局危殆，時　領袖坐鎭重慶，我設法打通了無線電話，先由經國先生接聽後，命我直接向　領袖報告所處困境。當我聽到　領袖和藹聲音的時候，就好像在遠方受難的遊子，投到了慈父的懷抱，得到了無比的溫和慰藉，也使我莫名的感奮。「我是委員長，上官同志嗎？我能收聽你的電話，敵人也能收到。」他老人家首先提醒我的警覺，我簡單陳述當時情況後，領袖馬上指示我兩點：「一、立刻打有線電報來；二、我立刻派專機送親筆信給西北將領。」領袖的睿智英明與決策果斷，我們可於此事中窺見一二。

指派專機，接運脫險

共匪已經包圍酒泉，飛機場外也被佔領一半。有少數忠貞人士為脫離共匪魔掌，已取道新疆而去印度；也有一部分人則在作賣身投靠的打算。酒泉危在旦夕，人心惶惶，我和劉將軍，正作由南疆繞西藏脫險的打算。在絕望中，機場上忽然降落一架軍用飛機，是空軍西北軍區情報處處長王殿弼中校親自駕駛的（王處長來臺後，曾任空軍幼校少將校長，現已退役，旅居加拿大。）攜有　領袖指示機宜的親筆信，及由成都發出的電報；　領袖在電報中飭令：「大勢如不可為，即刻飛離。」我奉到　領袖指示後，　馬上打長途電話給新疆警備總司令部陶峙岳，探問那邊情形。他說：「新疆部隊撤不能撤，戰不能戰。」他反問我：「為保全十萬官兵安全，如何自處？」並說：「他所部將領主戰主和，意見不一致。」要我謁見　領袖時，代他報告他的處境困難，並給他指示。可見陶此時的立場，業已動搖，與做人處事的圓滑（新疆後於九月二十六日，由省主席鮑爾漢與陶峙岳通電附匪）。

新疆局勢已不可為，河西部隊，又如鳥獸潰散，酒泉處在共匪重圍之中，實無法支撐殘局，於是我只得陪同負傷的劉任將軍暨其夫人，乘王處長那架小飛機，於淒風苦雨的黑夜中，冒死離去。回首西北大好河山，已淪於魔掌，傷心欲絕。從酒泉飛成都，天候惡劣，汽油耗盡，飛機又壞了一個引擎，俯衝而下，幸未肇禍。到成都後，立即馳往陸軍官校晉謁 領袖，官校留話，命我們趕往重慶。但此時重慶情況，又告緊急，無法成行。從我這一次脫離共匪魔掌的經過情形，我們不難想見 領袖平日是何等的關愛他的學生，和取信於他的部屬啊！

兩度傳見，深渥厚恩

三十八年十月，我輾轉經廣州、海南島來到臺灣，當時 領袖尚未復行視事，蒙他老人家在草山（現更名陽明山）官邸接見，垂詢西北情形達一小時之久，並命我分析張治中變節投匪經過，我不禁感傷落淚！ 領袖頻頻慰勉，並留我單獨共進晚餐。我身着棉布軍服，孑然一身，別無所有。次日即有人送新臺幣兩萬元到中國之友社（即現在人事行政局所在地），囑我添製衣物，並接眷來臺。事後始知是官邸俞濟時將軍奉命行事。 領袖對我個人如此垂愛，眞使我感激涕零，而不知如何報此恩德！

隔了幾天， 領袖再度傳見，同時晉謁的，尚有西北副長官劉任將軍，前新疆省主席吳禮卿先生（忠信）和甘肅籍的黨國元老田崑山先生（吳田兩先生已去世）。 領袖非常關注新疆情形和西北問題，談了很久，又留大家晚餐。 領袖告訴我，閻錫山先生已組織戰鬥內閣，命我和鄧雪冰（文儀）先生回到重慶，組織國軍總政治部。但等到我第二次由臺灣返抵成都時，重慶已呈混亂局面，中央政府又遷往廣州，此事遂告擱置。我一家人散居長沙、成都等地，兵荒馬亂，交通梗阻，以致父母未能撤離大陸，使爲人子者抱恨終天！尤其大陸淪陷，自己未能以身殉職，靦顏苟活，愧咎殊深！故重到臺灣，暫寄居舊友吳思衍兄（現任省黨部書記長）家時，只閉門思過，與外界鮮有接觸。

流亡青年，獲得安置

三十八年大陸撤退時，流亡來臺的青年學生約二千人，麕集在臺北市七洋大樓（原在火車站附近，現已撤除。）衣食沒有着落，讀書沒有學校，當時曾醞釀成立革命大學，行動難免越軌。嗣政府決定籌設臺灣省青年服務團，準備收訓曾在大專學校肄業的流亡學生。某日，當時任省教育廳廳長的陳雪屏先生突然造訪，陳先生開門見山的就說「有一樁事情，我曾與經國先生商議，由你來擔任，最爲適當。」但提出來只能接受，不能拒絕；他所指的就是上述青年服務團團長這一職務。陳先生又說此項決定，並非他個人的意見，曾經黨政有關方面協商，認爲我曾從事青年組訓與軍隊政訓工作很久，「經驗豐富，不容推卸。」我固辭不獲，乃勉爲同意。不久，臺灣省青年服務團，就在篳路藍縷中成立了，原住在七洋大樓的兩千大陸流亡青年，至此在生活上才獲得安定，在精神上才有所寄託，在學業方面也才得以繼續。

領袖非常重視這一批大陸流亡來臺青年的安置和教育訓練。他老人家經我恭請，曾蒞臨大直團本部，給他們訓話，勉以青年治學爲人與處世之道。緣青年服務團成立時，其團址在圓山動物園附近(卽現在的美軍顧問團所在地)，房舍簡陋，也無任何教育設備，當時學生，都是坐在小板凳上，手持圖板，集中上課，其窘況可見。後來美軍顧問團第一任團長蔡斯將軍看中此地希望服務團遷讓，作爲顧問團的團址，蒙　領袖批交省府撥新臺幣二百二十萬元，作爲搬遷費，同時美軍顧問團，也送了十棟活動房屋作爲宿舍，於是服務團就遷往大直，重建團址(卽現在大直國中所在地)。

青年服務團團址遷往大直時，原先擬定的範圍，是自山麓到基隆河邊，其中有民地，也有軍用地。陸軍大學(以後的三軍聯大)當時也正籌建校址。某日　領袖親自查勘陸大建校地點時，曾傳見我面諭：「你要這樣大的地方做什麼？服務團重要，陸大也重要；我看馬路東邊給陸大，靠河邊的歸你們好了。」我奉　領袖指示後，立卽遵照辦理

自三十八年底到四十一年這一段時間裏，我把全部精神都貫注在青年服務團的這幾千流亡學生身上，凡事以身作則，與教職員生共同生活，共同學習。後來，他們都有所造就，對國家社會頗多貢獻，沒有辜負　領袖對他們的訓勉。

垂詢鼻疾，永銘心版

民國四十一年，我奉派任省黨部主任委員，那時省黨部還在臺北市南陽街，每次召開全省代

表大會，都恭請　領袖親自蒞臨訓話，全體黨員感到莫大的光榮。我到省黨部後，發覺基層組織不夠健全，地方門戶之見甚深。於是，決定了幾項工作重點：㈠消化地方派系；㈡健全基層組織；㈢建立地方自治選舉的提名制度。不過，在服務省黨部的那一段時間，我雖然抱着戒愼恐懼的心情，勉力從事，惟地方黨務工作至爲繁雜，仍慚建樹無多。三年後，奉調中央黨部第五組主任，因之沐受　總裁耳提面命的機會也較多。民國四十五年，奉派赴土耳其、西班牙等國考察青年運動；同行者有當時任救國團副主任的鄧傳楷先生(現任中央黨部紀律考核委員會主任委員)、救國團組長包遵彭先生(已去世)、尙在臺大肄業的錢復先生(現任外交部常務次長)及反共義士數人。

我因患過敏性鼻炎，常感不適。出國前，向　領袖辭行時，他老人家很關切垂詢我鼻疾的情形，我報告曾在國內開刀兩次，沒有醫好。　領袖卽親切叮囑我趁出國之便，把鼻病診好。等到兩個月後，從歐美回來復命，領袖又問起，我的鼻疾醫好沒有？我據實回答：時間太短，病因複雜，開刀無把握，恐怕貽誤工作，所以並未就醫就回來了。　領袖對於部屬這樣慈愛，這樣關懷，怎能不令人永銘心版！

厚賜旅費，壯我行色

在中央黨部服務五年期間，由於列席中常會的關係，常可見到我們英明的　領袖，敬聆他的訓誨。薰陶日久，進益甚多，四十七年，我再度奉派回省黨部工作時，我曾恭請　領袖另行考慮人選，我的理由是現在只有這個唯一的省黨部，比我適任的同志很多。總裁諭示：「你過去做得很好，還是你去。」我惶恐之餘，惟有敬謹受命，重作馮婦。四十九年，應美國國務院之邀，赴美訪問，行前，晉謁 領袖請訓，並表示希望便道考察歐洲各國黨政。他問到費用一項，我答以美國所供給的往返飛機票是頭等，打算改換二等票，大概就可夠用了。 領袖當即命我：「不要改，改了有失體面，錢不夠，我補助。」 領袖這一次，厚賜了我三千美金，使我的美國之行，大為壯色。回國後我因為 總裁補助的旅費尚餘一千元，乃繳還中央，當時充任中央財務委員會的主任委員徐柏園先生說：「你是三代以下第一人，因為我理財務很久還沒有看見錢多了又退回的。」總裁對部屬的垂愛和體貼，眞可說無微不至，我們作部屬的，豈能不由衷感奮而思有以報効？

選舉問題，均蒙睿裁

我第一次在省黨部主任委員任內，因為基層組織既無專人，又無經費，於是，徵調曾在大陸任黨政軍工作的高級幹部，充任區黨部常務委員，為黨義務服務。如臺北市大安區黨部，我乃邀曹日暉同志出任常委。（曹同志，湖南人，軍校第一期畢業，曾任集團軍總司令，現已去世。）後來我視察黨務時，察覺曹同志不辭勞怨，不計待遇，不眠不休，推展工作，我乃調升為臺北市黨部主任委員，為時不久，因臺北市市長選舉失敗去職。中央常會檢討此事時，我已調職中央，領袖詢問「曹日暉係何人所薦？為何薦用此人？」我答以「我素不識其人，因察覺其人不計以往的地位，不計目前的待遇，獻身基層工作，是以提薦其充任市黨部主委。」領袖謂：「我瞭解曹同志比你深，他帶兵作戰，是其所長，但黨務工作，是其所短，事先爲何不向我稟報？」我答以：「此事乃省黨部主委的權責，爲幹部者凡事應替　領袖分憂分勞，不宜遇事請示，放棄自己的責任。」領袖乃首肯不究。由此，我們知道　領袖處事是最講原則的，最明是非的，只要你能負責盡職，卽令有些錯失，他也會原諒而不計較的。自此以後，我遇事堅守原則，勇於任事，既不擅權，亦不卸責。但此種作風，惟有　領袖智睿，可以支持信任，却往往招致他人的批評和不滿，使我在工作崗位上，常萌求去之心，而無所留戀。

我在省黨部第二任期間，對於地方選舉提名問題，本着一秉至公至誠，無我無私的精神和原則來辦理的；其間雖曾遭遇到很多困難問題，但都蒙　領袖的睿裁而獲致解決，使我在工作的推行上，得到很大的鼓勵和幫助。例如：㈠臺北市市長人選，我提薦某同志競選連任，可是有些黨內同志，却持不同意見。當時，我在國防研究院第三期受訓，晉謁　領袖，報告臺北市市長提名人選問題，我說：「違法而不舞弊」和「舞弊而不違法」，那一種情形可以原宥？例如：縣市長特支費規定均爲一萬元，大如臺北市與小如臺東縣，同等待遇；實際上，臺北市絕不夠用，乃由附屬機構分攤列報，這是違法而不舞弊。如果以臺北市特支費開支不當爲藉口，對於某同志不滿，是「不公道的」。我慷慨陳辭，結果仍核定某同志競選連任。㈡基隆市長選舉，我所提薦的是當時任市黨部主委的某同志，與黨外人士林番王競選。某同志不幸落選，我卽引咎辭職，但未蒙領袖核准。他老人家，並在中央黨部會議席上，指示我們：「眞民主有勝有敗，不能全勝。臺灣二十個縣市，失去一個單位，還有百分之九十五的勝利。譬如軍隊作戰，勝負無常，指揮官豈能每個戰場都獲勝利！」㈢高雄市長選舉，黨外的楊金虎每次都參加，且勢在必得。本黨在南部很孚人望的某同志，公認是最適當人選，但是他堅不願就，並以「要侍奉年高的母親」爲由而婉拒。正好 領袖那時駐節高雄市西子灣，我即趕往晉謁，報告高雄選情。領袖立允寫封信給某同志，並說：「信寫好了，你帶去好不好？」我答：「最好請官邸直接送去，使某同志知道這是領袖的徵召。如由我送去，他一定以爲是我報告，懇求 總裁寫的。」我又建議最好召見某同志一次，也蒙 領袖俯允。後來某同志乃出而競選，卒贏得勝利。

服務處站　得以保存

健全基層組織，是省黨部中心工作之一。現在各鄉鎮的民衆服務處、站，就是我當年所創設的黨的基層組織。設立之後，曾遭受黨外所謂自由民主人士的抨擊，少數不明眞相的黨內同志，也隨聲附和，因此引起它的存廢問題。中央常會討論黨的基層組織與活動方式問題時，竟有黨內一二極重要人士，因受外間批評中傷的影響，而主張撤銷民衆服務處站，我當即起而辯明：「我並不否認黨的基層幹部有許多不健全的，黨的基層組織也有許多的缺失。但是，不健全的幹部，可以調整，組織的缺點，也可以改善，豈能因噎廢食？如果撤銷民衆服務處、站，黨就變成了沙灘上的建築，有如空中樓閣。」我據理力爭，繼續舉例說：「今天也有人攻擊警察，我們是否裁撤警察？攻擊稅務，是否取消稅務機關？攻擊司法，是否就關閉法院？這是同一樣的理由。」我並非固執已見，偏愛我所創設的基層組織，而是確認它有存在的必要。當時　領袖以爲這番話，不無道理，乃裁定對於撤銷之議，不予考慮。足證　領袖英明，處事高瞻遠矚，洞察是非，而不遷就人事，犧牲原則。

代表大會　親臨致訓

我再度服務省黨部期間，尚有件事值得一提，省黨部遷臺中後，民國五十年四月三十日首次在臺中市召開代表大會，簽報　領袖，大會代表擬北上聆訓。後來侍衛長吳順明將軍轉達指示：領袖說：他應遷就多數人，要親自到臺中來。當時，省黨部遷往臺中不久，新的辦公大厦尚未建築完成，係臨時借用臺中市的中山堂辦公，附近違章建築多，環境衞生壞，而且警衞也不便。領袖要親蒞大會訓示，我建議借用中興新村的中興會堂或清泉崗裝甲兵司令部禮堂。吳侍衞長又奉命傳諭：「省黨部代表大會在什麼地方開，我就到什麼地方講話；其他的事不要顧慮太多。」因此那一次代表大會，　領袖專機飛到臺中後，就在破舊的中山堂訓話，達一小時之久，情詞懇切，諄諄訓勉，全體代表於聆訓後，均極感奮。這次代表大會，我個人尤其感到榮幸，當我隨侍領袖左右時，他老人家忽然對我說：「你到省黨部很辛苦，我們來拍張照片留念。」這幀最珍貴的合影，我加印了數張，分別恭懸於辦公室、書房和客廳，俾能每日瞻仰，時懷教澤，而知有所感奮自勵。

創辦市專　亦蒙關注

我離開省黨部後，鑒於臺灣都市人口不斷增加，都市建設工作日趨繁雜，乃倡議創辦一所市政學院，以培養市政建設專門人才。適政府教育政策變更，限制大學與學院之增設；五十四年乃改辦私立中國市政專科學校；至五十七年，因學校已頗具規模，曾兩度簽報　領袖，請求改爲市政學院，並蒙傳見垂詢詳情，認市政建設和市政人才的培養甚爲重要，至於學校是否適時改制，則批交總統府張秘書長岳公（羣）核辦。嗣蒙岳公與教育部研商後，以目前政府限制增設大學、學院係屬通案，牽涉問題甚多，希望暫時不提改制問題。後來，我又曾申復一次，　總裁仍批交張秘書長核辦。復蒙岳公約談，備加勉勵，改制之事，遂爾擱置。今年適爲中國市專創校十周年，十年來，在全校師生共同努力之下，無論校舍建築、教學設備、師資水準及學校學風等，均有很大的發展與進步。今後，我將以畢生精力，來辦好這一所學校，爲國家社會，培植一些優秀的市政建設人才，以報答　領袖對我個人的培育深恩，以及對本校關注的德意。

世紀巨人　自然偉大

今天是總統　蔣公崩逝百日紀念，我仍然沉浸在哀傷悲慟的情緒中。前面所追述的一些片段往事，也是含淚執筆的。我効忠　領袖四十餘年，在我的體認中，他老人家所垂示的道範實在高不可仰，但有下列四點，最令人特別值得崇敬和仰慕。

一、平凡中自然偉大　領袖畢生盡瘁國事，爲革命導師、民族救星、國家元首和世紀巨人，其對國家民族及人類和平所作之偉大貢獻，在歷史上是空前的，故逝世後，全民震悼，舉世同悲。但　領袖生前的日常生活，在衣食住行各方面，却簡樸如常人，其待人接物，尤極平易近人，凡隨侍過　領袖的人，都具同樣的感受。惟在平凡之中却蘊藉着精深的精神修養和顯現出偉大的人格來，如仁民愛物、大公至正、莊敬自強、處變不驚、冒險犯難、堅毅不拔等崇高的精神。　領袖一生最重視精神修養，我們不難從他老人家於蔣院長經國先生四十、五十、六十歲生日時，曾親題「寓理帥氣」、「主敬立極」、「精一執中」等字軸以贈一事窺知。這十二個字是我國數千年聖哲相傳的道統精義所在。也完全在　領袖日常生活中，自然具體顯示出來，所以說，他老人家是「平凡中自然偉大」。

二、慈祥中自然威嚴　我們敬愛的領袖　蔣公，是一位大仁、大智、大勇的聖哲，他老人家平日待人接物，特別慈祥和藹，視部屬學生如同子弟，督導其工作，關懷其生活，並教誨他們做人的道理與治學的方法，大家都如坐春風、如霑化雨，而欣然景從，効死勿去。我自己就是親炙教益，沐受厚恩的人。例如：我從大陸脫險後，撥款囑我接眷來臺；我兩次出國辭行時，一次厚賜旅費，一次垂詢鼻疾等。不過 領袖在慈祥中，却自然具有一種浩然正氣的威嚴，常令人產生敬畏的心理。他態度莊重，目光炯炯，甚至有人在晉見時，顯得心情緊張、坐立不安。我們如今一想到 領袖的音容笑貌，仍不禁肅然起敬。所以說他老人家是「慈祥中自然威嚴」。

三、苦學力行中自然博大精深 領袖九歲時，就開始與王太夫人過着孤苦伶仃的生活；在青年時代，即追隨 國父，獻身革命，東奔西走，致力救國救民的艱鉅工作；受正規學校教育的時間，並不太長，他之所以學貫中西，道通天人，成為偉人聖哲，雖屬睿智天縱，但仍由於他自己的苦學力行，有以致之。 領袖自幼就養成好學的習慣，平日對於軍事、政治、哲學、宗教各方面的學問，無不加以精研，縱然軍書旁午，及身處危難之中，仍然手不釋卷與從事着述。如民國十一年， 國父廣州蒙難時，曾著「孫大總統廣州蒙難記」一書，民國廿五年西安事變時，曾著「西安半月記」等。 領袖的好學精神，我們可以說：是「老而彌篤」。這一點可從五十九年四月十四日，他老人家從日月潭祝賀經國先生五十晉九壽誕的手書中看出，這封手書所談的，全是研究學問之事，而不及其他。 領袖博大精深的學養，一方面，固由其一生喜歡博覽羣書的好學精神，但另一方面，則係從實際工作中體驗得來。因此，他倡導「力行哲學」，勉勵大家從實際工作中去學習。 領袖一生為革命犧牲，為主義奮鬥，經過了無數的艱難險阻，而意志堅定，化險為夷。這種大無畏的精神，如果不是從苦學力行中，獲致博大精深的學養，曷克臻此！

四、冒險犯難中自然克享遐齡 領袖畢生致力國民革命，可說無時不生活在出生入死、冒險犯難之中，但他始終抱着「不成功，卽成仁」的決心，「置個人生死於度外」，從不顧及自己的安危。如　國父廣州蒙難時，他隻身赴難，苦撐危局；西安事變，身處危難之中，大義凜然，不爲勢屈。在北伐、剿匪、抗戰、戡亂各戰役中，　領袖常以最高統帥之尊，親臨前線，指揮作戰。他曾說：「貪生不得生，求死未必死。」、「只見一義，不見生死」、「我死則國生，我生則國死」。他老人家認爲最危險的地方，最爲安全。故一生履險如夷，最後在病中，猶手書「以國家興亡爲己任，置個人死生於度外」十六字，交付經國先生保存。恭讀遺墨，更增哀思與景仰。宋儒張載有言：「爲天地立心，爲生民立命，爲往聖繼絕學，爲萬世開太平。」這四句話，正好是我們偉大　領袖一生的寫照。孔子說：「智者不惑」、「仁者不憂」、「勇者不懼」，　領袖雖在冒險犯難之中，却始終秉持不惑、不憂、不懼的最高精神修養，自然可以化險爲夷，克享遐齡。

悼念總統　蔣公並勉本校同學

編者按：四月五日深夜故總統　蔣公崩殂噩耗傳出，本校董事長上官啓我先生哀慟逾恆，於翌日晨八時正垂淚親臨主持哀悼　蔣公禮式，全校師生三千人，肅穆集合大操場，恭讀　蔣公遺囑向　蔣公遺像默哀三分鐘後，並宣讀親擬悼念總統　蔣公並勉勵本校同學辭十二條，聲淚俱下，師長、同學亦多泣不成聲，無不誓死完成　蔣公遺志，以慰　蔣公在天之靈。

一、我們要堅定、勇敢、團結、奮鬥，化悲痛爲力量，達成總統　蔣公遺志。

二、總統　蔣公訓勉我們，時代在考驗青年，我們青年要創造時代。

三、總統　蔣公是我們青年的導師，他的偉大人格與革命精神，永遠領導我們前進。

四、我們要敦品勵學，莊敬自強，做總統　蔣公的好學生。

五、我們要明禮尚義，知耻負責，貫徹總統　蔣公的遺志。

六、我們不可因總統　蔣公的逝世，憂傷喪志，我們要淬勵自強，堅苦奮鬥，掃除三民主義的障礙，建設民主憲政的國家。

七、我們要遵守總統　蔣公遺囑，實踐總統　蔣公遺志，以慰總統　蔣公在天之靈。

八、我們要鍛鍊體魄，振奮精神，砥礪品德，精研學問，做總統　蔣公的好學生。

九、總統　蔣公的精神是我們奮鬥的力量，總統　蔣公的遺志，是我們革命的指標。

十、我們要在哀傷悲痛中，團結在一起，奮鬥在一起，成功在一起。

十一、我們要從日常生活行動和思想中，效法偉大的總統　蔣公。

十二、我們要以「孤臣孽子」的精誠，同心協力，爲「實踐三民主義，光復大陸國土，復興民族文化，堅守民主陣容」而奮鬥。

六十四年十一月十一日

我國都市當前幾個重要問題的商榷

一、緒言

都市為工商業的中心，亦為人口聚集之所，二者交互為用，都市乃日益發達。此種現象，在工業革命後的國家表現最為顯著。因為工業革命以後，各國若干中小都市，因工廠林立，人口集中，一躍而為世界上最大的都市；若干荒村僻野，因交通方便，原料產地接近，亦迅速開闢工廠，招僱工人，不久遂亦逐漸成為大都市。

我國工業發達較遲，在大陸時期除少數都市因與外人通商關係成為政治文化中心，具有大都市之規模外，其餘多保持原始的市鎮型態，進步緩慢。但自民國三十八年中央政府遷臺以來，實行三七五減租及耕者有其田政策，促使地主將資金投向工商事業。自四十二年起連續實施幾個四年經濟建設計劃，工業生產迅速增加，全省經濟結構顯示重大的改變。民國四十一年農業生產佔國民生產淨額百分三五·七，工業生產佔國民生產淨額百分之一七·九；到五十一年前者減為百分之二九，後者增加為百分之二五·七；到六十一年前者減至百分之一六·七，後者增加至百分之三五・五。可見本省已顯著的由農業社會邁向於工業社會。

在人口方面，民國四十一年全省人口爲八、一四一、一三八人，其中都市人口三、四四六、〇〇〇人，佔總人口百分之四二・二。五十二年全省人口增加至一一、五一一、七二八人，都市人口六、二四一、〇〇〇人，佔總人口百分之五四・二。六十二年全省人口增加至一三、六〇六、〇〇〇人，其中都市人口若干，目前尙無確數可考，然以本省人口日益向都市集中趨勢，其所佔百分比必更大無疑。

經濟日益發達，人口逐漸增加，一方面促使都市之繁榮與發展，另一方面也顯示都市問題複雜與困難。蓋都市與鄉村性質不同，其治理亦有繁簡之別。鄉村人口稀少，社會單純，雖然也有各種公共需要，及因此而產生的各種問題，遠較都市爲簡易。例如關於汚水與廢物處理及空氣的清潔，在鄉村不成問題，在都市則爲極艱難的工作。又如警察一項，在鄉村只要有一支小的警察武力，適時予以巡邏，注意幾個特殊的場所或人物，即可維持治安。但在都市——尤其在大都市，不僅需要有一支強大的警力，同時警察內部亦需要詳細的分工，它要有交通警察、經濟警察、刑事警察、外事警察與女警察等，更需要有各種專門人才與設備，才能達成任務。其他如房屋、衞生、給水、消防、街道及交通管理等，亦莫不然。故都市行政是一項複雜的工作，需要有各種專門人才與專門學問來處理。

我國近年來因都市發展太快，不獨都市計劃與市政設備各方面，未能適應錯綜複雜的都市社會，卽市政官員與一般市民的心理上，也都停滯在靜態的農業社會狀態，不夠處理瞬息萬變的都市問題，以致都市行政欠缺實效，普遍的陷於「髒」與「亂」的境地。茲試就目前最爲人所注意的都市計劃問題、交通問題，及違章建築問題加以列論，藉以引起各方之注意與研究。

二、都市計劃問題

㈠都市計劃的意義　都市計劃，係對於都市的物質發展爲有步驟的指導，使其建設獲得協調和統一。都市計劃的範圍正與市政範圍同樣的廣濶。它不獨要計劃公園與風景，並且須注意街道的佈置、公共建築位置、交通運輸設備、運動場、飲水供給，及衞生設施等。爲達成這些目的，並須管制私有財產，使其符合公衆的利益。一個都市如果沒有都市計劃，其建設必定錯誤零亂，增加許多浪費與不便。故要將一個都市建設好，首須有良好的都市計劃。

㈡過去都市計劃的制定和缺點　我國開始注意都市計劃，係自民國二十八年開始。那年國民政府公佈都市計劃法，對於制定都市計劃的地區、都市計劃內容、土地使用區劃，及各種設施的建設等，都有規定，惟因當抗戰時期，政府忙於軍事，各大小都市常遭敵機破壞，無暇制定都市計劃。抗戰勝利，又値共匪叛亂，地方政府不克致力建設，亦未制定都市計劃。故都市計劃法雖已頒佈，在大陸迄少實施。

臺灣都市計劃的制定，則較大陸爲早。民國前十三年日本總督府卽制定有「市區計劃區域內土地使用之限制」，次年復公佈「臺灣家產規則」及「臺北市區計劃」。自此新竹、彰化、嘉義、基隆、高雄、花蓮、臺南，和屏東等地及另外十七個街鎭，都相繼制定都市計劃。民國二十四年臺灣遭受空前大地震，日本政府乘機公佈新竹、臺中二縣十九個鄉鎭市區域建設計劃；次年復公佈「臺灣都市計劃令及其施行細則」，並規定都市計劃事業補助費之來源與建築之限制，而各項制度大體具備。臺灣光復以後，臺灣省行政長官公署以行政命令規定，凡中國大陸法律未規定之情勢，仍受臺灣舊時法律未規定之管制，因此所有日本佔領時期所制定的都市計劃及建築管制等法，如不與中華民國法律抵觸者仍舊有效。現在臺灣三百六十六個市、鎭、鄉中，已有八十七個市鎭制定都市計劃，其中有七十四個係日本佔領時期所制定，嗣經我內政部審核頒佈者；另十三個則爲光復後決定擬訂，惟因下級政府普遍缺乏技術人才，迄至民國五十二年尙未完成。由此可知，本省都市計劃，有百分之八十五係日據時期所制定，因歷時太久，社會情況變更，大多不合需要。

㈢**新都市計劃法的頒佈及以後都市計劃的制定**　由於以上缺點，各市鎭都市計劃顯有修訂之必要。爲使此項工作有效進行，行政院因於五十二年組織特別委員會，研究修訂都市計劃法，於五十三年完成立法程序，經總統明令公佈。嗣又於六十二年加以修正。二次修正案均有甚多進步。除關於程序之規定不予論列外，其最重要者，爲將都市計劃分爲市（鎭）計劃、鄉鎭計劃、特定區計劃，及區域計劃四種。（第二次修正案，因決定將區域計劃另制定區域計劃法，故在本法內未列入此計劃）；又爲適應道路、公園、綠地、廣場、兒童遊樂場、體育場、民用航空站等各種需要，得在計劃區域內，設置公共設施保留地，在一定時期內，得由政府依法徵收；地方政府爲實施舊市區之改造建設，得徵收工程受益費，並發行公債。凡此規定，皆在適合實際需要，便利都市建設之進行。

關於都市計劃之制定，自五十六年起，行政院國際經濟合作發展委員會都市建設及住宅計劃小組陸續完成臺北基隆都會計劃、新竹苗栗計劃、臺中都會計劃、嘉義雲林區域計劃、高雄臺南都會計劃、臺北花蓮區域計劃等六個區域計劃，經行政院通過。此後各都市計劃均應分別與此六個計劃配合。五十六年七月臺北市改制爲院轄市，並將附近之北投、士林、內湖、南港、景美、木柵等六鄉鎭併入。當委託經合會都市建設及住宅計劃和住宅計劃小組起草該市綱要計劃，於五十七年六月完成，經該市都市計劃委員通過，報經內政部核准。其各地區細部計劃亦多陸續制定。此外，臺灣省臺中、高雄、基隆等市亦經合會之協助，完成各該市都市計劃。各縣所屬各市鎭因得臺灣省公共工程局之助，亦有擬訂都市計劃者。

目前引爲遺恨者，所有各項計劃均係由上級經濟建設機關研究擬訂，各下級地方政府甚少主動擬訂都市計劃；而照都市計劃法規定，內政部、各級地方政府，及鄉鎭公所爲審議都市計劃及監督都市計劃之執行，應分別設置都市計劃委員會。但各都市計劃委員會規模殊嫌太小，尤以技術人員缺少，不足以負起草擬都市計劃之責任。此後如欲使本省各大小市鎭普遍擬訂或修正都市計劃，尙須充實都市計劃委員會人員及經費，並由下而上的進行調查、研擬，及審議工作，庶使計劃內容適合地方需要，而為人民所樂於接受實行。

三、交通問題

㈠交通問題的重要　現代各國都市，因人口集中，機動車急劇增加，交通已成爲嚴重問題。例如倫敦市每日平均有十四萬輛汽車從郊區進入市內，通勤汽車在近十年內增加一倍，而道路寬度並未增加，因此形成市中心交通的極度擁擠。巴黎市的汽車在過去八年中增加五十萬輛，將一百公尺寬的林蔭大道擠得水洩不通，慢車道與行人道均變成臨時停車場，美國都市的建設雖較歐洲都市爲新，市區道路網也較正軌，但因汽車數目更多，市內交通也是擁擠不堪。

我國交通秩序，在世界上以紊亂著稱。幾個大都市在早晚上下班時，交通擁塞，人車混亂，車輛隨時有傾覆之虞，行人有傷亡之險。這種情形的形成有下列幾個原因：

1. 街道面積不够　以臺北市爲例，前交通部長沈怡曾在一次報告中說：「臺北市於光復之初，人口不足三十萬人，迄今已達一百二十萬人之譜，若以每人需要道路面積十五平方公尺之標準衡量，則須具備一千八百萬平方公尺之道路面積。揆諸實際，臺北市計劃道路面積爲九百萬平方公尺，現已完成者僅百分之五十，卽四百五十萬平方公尺，是則臺北市道路面積與人口之比例已日形縮小。」近年來臺北市積極修築新道，拓寬舊有道路，其進展之速實屬驚人。然以臺北市現有人口一百九十餘萬人計算，道路面積仍嫌太小，故難解決交通之擁擠問題。

2.車輛太複雜　臺灣各都市車輛大都很複雜，以往有汽車、機器脚踏車、自行車、人力三輪車、牛車、板車、手推車等，種類繁多、新舊雜陳，均行駛市區道路上，造成交通秩序混亂。近年來迭經整理，人力車、牛車、板車等，在各大都市多已淘汰，但車輛情形仍頗複雜。以臺北市而論，據最近調查，全市共有車輛三十二萬六千零九十四輛，其中汽車佔七萬零九百多輛，機車佔十五萬三千八百多輛，慢車十萬零五千多輛，尤以機車最多，大街小巷、塞滿於途，而行駛超速，橫衝直撞，爲混亂交通、滋生交通事故之最大原因。

3.市民不守交通規則　各都市汽車駕駛人大都未受養成教育，計程車駕駛人，僅在私立汽車補習班短期學習，大貨車駕駛人不少係助手或學徒出身，尤以機車駕駛人多未受過駕駛訓練，技術既欠熟練、又不諳交通法令，以致超速、超載、闖紅燈、搶越平交道等違規事件，不斷發生。至於一般行人則均缺乏交通常識與守法精神，因而不幸罹車禍者，屢見不鮮。

由於以上原因，故交通事故頻繁。根據內政部警政署統計，從民國五十七年到六十二年，因交通肇事而喪身和受傷數字，年有增加。五十七年肇事八、五四四次，死亡一、五〇六人，受傷一一、一五三人。五十八年肇事一〇、〇七二次，死亡一、七一九人，受傷一三、七五〇人；五十九年肇事九、七〇〇次，死亡一、七〇九人，受傷一三、三八四人；六十年肇事一〇、〇八八次，死亡一、七八〇人，受傷一三、四一二人；六十一年肇事一二、三〇二次，死亡二、〇四六人，受傷一六、一八三人；六十二年肇事一一、五〇〇次，死亡二、二七五人，受傷一五、四一四人。除少數年次以外，其肇事次數及死亡人數年有增加。其中最重要原因，係由於汽車輛數增加，故肇事次數亦比例增加。其對於生命的威脅日趨嚴重，自爲事實。我們要避免這種危險，須針對肇事原因，從各方面同時努力。以下試逐項加以說明：

(1)妥訂都市計劃，確定幹道系統，逐年予以完成；對於若干重要路線，路面太窄，或全線尚未聯貫者，應卽予拓寬或打通。近年臺北市已完成若干重要街道的拓寬及打通工程，其他各大都市亦均在努力，如能繼續實施，則對於解決都市交通問題當大有裨益。

(2)在一般交通比較擁擠的街道，建築天橋或地下道；使因鐵道通過街道而形成之平交道，應積極消除，以保障行人越過道路的安全。近年來臺北市對於天橋及地下道之建築已普遍實施。關於消除鐵道平交道問題，原擬將鐵道遷離市區，改築地下鐵道，或改築高架鐵道三項擬議。前據行政經濟合作委員會都市計劃及住宅小組研究，以臺北市現有鐵道對於該市工商業的繁榮尚有價值，不宜遷移，而主張改築高架鐵道；但改築高架鐵道，因火車經過市區噪音太大，煤煙散播，影響市民衞生，傷害都市價值，爲各方所反對，其議遂行擱置。近據報載，交通主管當局已決定將北市鐵道改築地下鐵道，且已着手設計，如此當爲根本解決之途。惟此項工程，需費浩繁，目前有無財力，尙係問題。盼能妥爲規劃，早日實現。

(3)打通各主要道路的行人道騎樓地，禁止攤販及乙種車輛佔用；對於零售店、違章建築，及侵佔街道的其他障礙物，尤應絕對撤除，以維持街道的適當寬度。

(4)廣闢停車場，減少因路旁停車而佔用道路之有效寬度；對於市內修車廠無停車設備，而將車輛停在行人道上或慢車道者，應勒令停業。

(二)**改善車輛運輸**　車輛太雜爲都市交通混亂原因之一，其基本解決辦法，在淘汰落伍車輛，同時增加公共汽車，使市民賴此以爲主要交通工具，則私人汽車相對減少，交通秩序自易維持。臺北市過去淘汰人力三輪車、牛車、板車等已完全奏效。惟目前機車太多，宜注意管制取締。其法，可設計機車專用道，使機車專在此種道途上行駛，以免其在快車道、行人道上亂闖。其次，在過於擁擠的路段，禁止機車行駛。這不獨對於行人可免遭受車禍，即對於機車駕駛人亦不啻爲一保障。此外，中央似可在政策上加以考慮，限制機車數量，以免其膨脹過速，造成無法管制現象。

關於增加公共汽車一節，臺北市近年已如此辦理，並將一部份公車路線開放民營，已增加市民交通便利。惟路線設計，似尚感迂緩，宜加速進行。又大型貨車在市區行駛，亦足以混亂交通秩序，宜規定其行車路線，每月在一定時間內，禁止其駛入指定的市區道路。

(三)**加強交通管理**　交通管理，在警察機關依照規定的程序，指揮車輛與行人在街道上的行進、轉彎、越過街道，及停車等，藉以維持交通秩序。我國交通管理原極鬆弛，車輛、行人在街道上橫衝直闖，形成交通上之紊亂。政府現爲糾正此種現象，已制定「道路交通管理處罰條例」

及「道路交通安全規則」正積極施行。惟交通管理範圍廣泛，爲期施行有效，似須選擇重點，加強實施，以下各項尤須特別注意。

(1)在交通重要地方，增設必需之標誌及標線，以便車輛及行人遵守。

(2)規劃單行道系統及禁止左轉彎之路口，以免車輛擁擠，紊亂交通秩序。

(3)嚴格取締違規停車，以免車輛侵佔街道面積。

(4)在指定區域內嚴格執行支路車輛進入幹道時，不論幹道有無車輛行駛，必須停、看，然後行進。

(5)規定行人穿越街道之秩序，加以指揮及管制；尤其在上學及放學時，注意保護學生行走及上下公共汽車之安全。

(6)嚴格執行旅客在車站排隊乘車之秩序。

(7)嚴禁醉酒駕駛、疲勞駕駛，及不聽取締之駕駛人。

(8)設置違規教育場、扣車場勞役場、扣留所，以備對於違反交通規則者施以教育與制裁。

㈣推行交通教育　交通秩序不獨與駕駛人員有關，且與每個市民都有關係，故欲改善交通秩序，必須推行交通教育，使市民瞭解交通規則，並衷心遵守。現在各報紙、電視、廣播，及一般宣傳機關，對於交通教育之推行，已普遍注意。爲加強效能，似須在國民小學及國民中學，每週以適當時間講授交通規則、交通道德，及交通禮節，並編印簡要小册，交由學生轉送家長，並隨時予以宣傳，以期深入。此外，宜由交通部或省、市政府設立汽車駕駛學校，培養優秀駕駛人員，提高駕駛水準，增進交通秩序。

㈤增加交通警察員額及設備　各大都市宜增加交通警察員額，並加強訓練，以提高其管理交通之技能；此外，宜增加交通警察設備，使富有機動力，以應付瞬息萬變之交通現象。

四、環境衞生問題

㈠環境衞生的重要　環境衞生包括兩方面的意義：其一、在預防疾病，保障市民健康；其二、在整理市容，增進公共秩序與美觀。此二者對於市民生活都很重要。臺灣各都市因工商業發達，人口增多，而各項公共設施未能與時俱進，環境衞生都不甚好，尤以臺北市最爲骯髒，爲國內外人士所詬病。最近各級地方政府已注意及此，臺北市政府並已成立環境衞生清潔處，以統一事權，改進環境衞生工作。環境衞生包括的事項，有下水道的建築、空氣與水污染的防止、垃圾水肥處理等。這些事項都極複雜而很費錢，須長期努力，才有成效。玆分別加以討論。

㈡下水道問題　都市人煙稠密，各住戶工廠商店每日均有不少污水流出。此項污水如任其積滯，不予排除，對於公共衞生有莫大妨礙。各國都市爲排除污水，均不惜支付巨額經費，建築下水道系統。其法制：有分別制與集合制二種。在分別制下，街面之水及工廠廢水由粗管或大溝滙合排洩。至於住戶之污水，用獨立的小管排除之。在集合制下，則無論何種污水，統用一種陰溝系統排除。

臺灣各大都市，都沒有完整的下水道系統。以臺北市爲例，以前除城中區衡陽街有大小水溝通淡水河三號水門外，其他各處皆爲斷續的小水溝，每遇天雨，處處積水，甚至水淹及樓房，所有污泥也因此散播市面，甚不衞生。民國四十六年聯合國組織專家斯密士 (A. P. Samth) 來臺擔任臺北市下水道工程顧問，在其指導下，完成一現代化的水道計劃，但未克實施。五十六年臺北市改制爲院轄市，先後訂定第一、二期四年工務計劃，均以修建雨水下水道，爲其重要工程之一。綜計全市區興建幹支線三百五十公里，截至六十三年度止，已完成一百五十公里，爲總計劃長度百分之四十四，抽水站計劃總抽水量爲每秒二百十七立方公尺，現已完成每秒一百四十五立方公尺，計完成總抽水量百分之六十七。擴大之新市區計劃興建幹支線一百八十公里，現已完成四十五公里，約爲計劃長度百分之二十五；其未完成部份約在六十四年度可以全部完成。以後市區排水當不發生問題。

關於污水之處理，北市正在計劃建立衞生下水道系統，採區域性分區佈置方式，而基隆河、新店溪、大漢溪三條幹線收集污水，在大竹圍設污水處理廠及海洋放流管線延伸六公里，使污水處理後入海。綜計幹線二百五十公里，分線一千四百公里，需十六年始能完成。但據行政院衞生署環境衞生處處長莊進源表示，臺北市已經修建有下水道，處理雨水、家庭污水、工廠廢水及水肥四種污染物。現在另建下水道，專管家庭污水、工廠廢水及水肥，而將原有下水道專供雨水流通，頗不合理。蓋如興建水肥處理廠，即可處理水肥，工廠廢水在水污染防治法公佈實施後，由工廠自行處理；留下的家庭污水，因污染濃度很低，就不需處理了。在經費方面興建水肥處理工廠，只需臺幣三億五千萬元，而修建污水下水道需費新臺幣六十六億元，此外，每戶接管費又需二千至三千元，增加市庫與市民負擔，實不爲小，不如只建水肥處理工廠可以節省大量經費。以上二項辦法，究以何者爲宜，臺北市政府實應爲審愼的決定。

㈢空氣與水污染問題 空氣與水污染，爲都市環境衞生嚴重問題之一。空氣污染的主要原因，是由於住戶使用生煤，工廠與汽車排出廢氣。無論何種原因，對於人體健康都有很大的妨礙。因爲浮在空氣中的煙塵多含有毒素，有些與其他物質混合後，發生化學作用，變成新的毒氣，不但有害人體，且可使樹木枯萎。多數工廠所排的二氧化硫，雖目不能見，但能破壞建築物，使金屬腐化。汽車排出的二氧化炭，受日光影響，在氧氣與蒸氣中發生化學變化，成爲一種特具危害性的物質，刺激人的鼻眼與肺，其破壞力可謂無微不至，故現代各國對於空氣的污染無不盡力防止。

臺灣各都市，近年來由於工業的發展與人口的增加，空氣污染已甚普遍。據測驗報告，臺北市的落塵每日約有四十噸，對於人體的危害甚爲嚴重。因此，北市於最近所訂定「空氣防污辦法」，規定各機關團體及民間不得燃用生煤，爲防止生煤買賣，並在各路口要道設置運輸管制站。又市區內行駛機動車輛（包括火車）排放黑煙，不得超過儀器所測定之最高限度。新設工廠申請設廠時，須附送空氣防污設備圖，經有關機關審核及格後，始發給登記證。舊有工廠亦列入管制，定期予以檢查。

關於水污染問題，其重要亦不亞於空氣污染。臺灣各都市附近河流近均遭污染。例如臺北市郊的新店溪、淡水河、基隆河等，由於沿岸及上流一帶工廠廢水、家庭污水、垃圾水肥的傾入，及在溪中採取沙石，攪渾水質，其污染程度日甚一日。尤以新店溪目前爲臺北自來水廠最大水源，每日取水量佔總出水量四分之三以上，包括臺北市在內之大臺北區，百分之八十的自來水，均取自此一水源。但據臺北水廠五十五年十月宣佈，新店溪水質，已由第三級降爲第四級（卽最低水質）；又臺灣省環境衛生試驗所，亦於五十六年三月發表報告稱，新店溪水源含鹼量高至十一個PH，已達影響人體健康程度。是則新店溪水污染防止，已屬不容緩。防止之道，如上文所述，最基本的在建立大臺北區之衛生下水道，以收集並處理此一地區內之家庭污水、工廠廢水及水肥，否則；亦宜建立水肥處理工廠，並嚴格督促工廠自行處理廢水。目前臺北市環境衞生處所採取之辦法：1.檢查各廠礦流放水，輔導其設置或增設廢水處理設備，防止工業廢水污染河川。2.加強水源巡邏，取締亂倒垃圾及廢棄物。3.全面禁止在水源上游市轄河川區域內，採取砂石及飼養猪鴨。4.組織專案小組分赴新店、永和兩鎭及景美區沿岸帶，實施家戶訪問，分發維護環境衞生宣傳單，勸導勿將垃圾、水肥、污物倒入河川，並將所得資料，送請臺北縣有關單位參考改進。年來由於認眞疏導防範，新店溪水流污染程度，未再增加。

除臺北市附近河流外，臺灣省各重要河川，如急水溪、高屏溪、基高兩港港面、高雄愛河、西子灣等皆有污染，臺灣省政府已成立「水污染防止委員會」，負責規劃及推動全省水污染的防止工作。惟此一問題涉及廣泛，尚待各方面協調全力以赴，不稍弛懈，方能確收實效。

㈣**垃圾處理問題** 垃圾分爲街衢薦屑料（street litter）、灰燼（ashes）、家庭雜屑（household rubbish）、棄菜（garbage）、及溝渠穢物（sewage）等。前面三種不妨害公共衞生，惟爲都市便利與美觀，仍須予以處理，一般係將其收集後，加以焚燬，或填補窪地。在另方面，棄菜以及溝渠穢物，則形成嚴重的衞生問題。棄菜多半用關閉的車輛運送郊區，有的用以餵猪；有的則加以焚燬，或提取肥料。前一方法頗爲經濟，但對於公共衞生仍有妨礙；後二者較爲費錢，但頗安全。溝渠穢物，在濱海或位於大河旁的都市，多將其流入海河，藉洪水的力量，予以沖淡；在內陸或無大河流的地方，則須設置處理工廠，將其淨化或製造肥料。

臺灣各都市對於垃圾，均未按其性質分別處理。臺北市係由環境清潔處設置衞生大隊，運用垃圾車二百五十餘輛，載運到郊區掩埋。據統計，北市每日共有垃圾約一千噸，惟僅有焚化爐二座，垃圾堆積場五處，目前已有難於容納之勢，如人口再行增加，垃圾日多，將無處可以堆置。

現在欲改善臺北市的垃圾處理情形，可有如下三種辦法：其一、在郊區購買大批低窪土地，添置垃圾場，用以堆積不妨害衞生之垃圾，如灰燼、街衢薦屑，及家庭雜屑等，在十數年後，土地爲垃圾堆平，即可用爲建築基地，解決房荒。其二、集合公私力量，興建垃圾焚化爐及堆肥場，處理棄桊、溝渠穢物等有害衞生之垃圾，用以製造肥料。其三、添置垃圾車、溝泥車，謀求清運機械化，提高清運效率。

至關於臺省其他各都市的垃圾處理問題，據報載，全省八十五市鎭，除有八市鎭已設置堆肥工廠外，其餘七十七市鎭，業經省環境衞生委員計會劃，分期設置堆肥廠，處理每日產生之垃圾。

㈤**水肥處理問題**　水肥在過去係用做肥料；又當時都市的人口少，農村的人口多，都市水肥供附近郊區農田使用，尙嫌不夠，無用另行處理因自工商業發達，都市人口驟增，水肥隨之增加，附近郊區不能容納衆多水肥；運往他處，又因運費昂貴，不易實現。近代醫學發達，證明水肥中含有病菌，容易傳染急性胃腸炎及寄生蟲病，不加消毒，卽用爲肥料，亦甚危險，於是發生水肥處理問題。

在開發國家，都市下水道系統建築良好，水肥經過溶解，再由下水道流入附近河流或海洋，對於衞生不發生妨礙。但在亞洲國家，都市下水道系統多不完整，對於水肥仍須另行處理。此種情形，卽在日本亦不例外。

臺灣各都市關於水肥的處理，以臺北市爲例，現有人口一百六十餘萬人，以每人每日產水肥一公斤計算，全市每日共產水肥一千六百公噸以上。該市環境清潔處所屬水肥處理大隊共有員工五九四人，配備大、中、小型水肥車七十四輛、拖車九十五輛，平均每日約清運九百公噸，尙有一千公噸，或係由私人化糞池流入溝渠注入河川，或係由郊區人民自行處理。總之，水肥處理大隊尚無力量處理全市大量水肥。關於水肥之處理方法，每日約配售一二〇公噸給鄰近鄉鎭農會，經腐熱後作爲肥料。此外，於本市延平北路四段，華江大橋上游約一公里及東園街之堤防外，設置三處簡易過濾池，將水肥經沙質土壤滲透後分別向淡水河及新店溪下游流放。但三處均位於堤防外沙洲上，如遇颱風河水上漲，卽遭淹沒，河川常有被污染之患。北市原擬建設一座八百噸級濕式氧化法之水肥處理工廠，以澈底解決水肥處理問題；惟嗣又擬建設衞生下水道及污水處理廠，將水肥投入下水道內，輸送至污水處理廠加以處理。故現時仍稽延未決，此誠爲一亟待解決之問題也。

五、違章建築問題

㈠違章建築的發生　違章建築係爲工業化過程中所引起的都市問題，世界各國普遍存在，在亞洲各開發中國家，尤爲普遍。蓋國家工業化，鄉村人口必然湧向都市，造成都市的房荒。人們爲在都市覓得枝棲，有些擁擠在原有的舊式房屋以內，衞生條件很低，造成所謂貧民窟(slum)；有些則違背規定，自己搭建簡陋的房屋，聊以棲身，卽所謂違章建築(squatting)。據美國都市計劃及居住問題權威白郎姆氏教授 (Prof. Charles Abrams) 估計，馬尼拉市約有百分之四十的人口，居住在違章建築以內；在土耳其則有所謂「蘑菇屋」(Nushroom house)，蓋形容其生長之速如蔴菇。此種蔴菇屋在短短二、三年以內，其在首都安哥拉即建了二萬多戶，另依斯坦堡市建了八千多戶；又伊拉克首都巴格達，有此種違章建築六萬餘戶，巴斯拉(Basara)則有三萬餘戶。

臺灣各都市違章建築的產生，除因工業化都市人口增加以外，在第二次世界大戰期間，各都市受盟機轟炸的影響，房屋損毀甚鉅；民國三十八年以來，因大陸淪陷，反共同胞大批隨政府遷移來臺，以後陸續脫難申請入臺者，亦屬不少。房屋原甚缺乏，房租甚爲昂貴之情形下，他們無處可以棲止，因在市區內空地，甚至道路兩旁搭蓋克難房屋，一面住家，一面兼營小本生意，於是產生違章建築，時日愈久，而違章建築越多。至民國五十三年，僅以臺北市而論，即有違章建築五二、八八七間，住戶七二、〇五六戶，人口二九二、八九四人，佔全市人口四分之一。

㈡違章建築的處理　違章建築的產生，固有其客觀原因，但他們對於都市計劃、都市交通、都市觀瞻、環境衞生、公共安全均有妨礙，且因其佔用公私土地，常常發生糾紛，實有取締之必要。

本省對於違章建築的取締，最初採強制執行辦法，勒令違建戶無代價的將房屋拆除。但此種政策實施的結果，並不圓滿，除了市中心區和某些主要街道，因嚴格監督，大力執行，情形較好以外，其他各處，違章建築反而不斷增加。近年以來，政府瞭解違章建築的存在，不僅是一個合法與否的問題，也是一個複雜的經濟與社會問題。因之，乃以同情的態度處理違章建築。對於歷時已久的違章建築准予就地整建；此後又實行先建後拆的政策，在拆除違章建築之前，先爲住戶建造新屋，使違建戶願意合作，其結果較爲成功。

以臺北市爲例。北市於民國四十九年撤除中華路的違章建築，興建了中華商場，不獨使違建戶得到適當經營商業的場所，且使市容爲之改觀。自五十四年起，訂定兩期處理違章建築計劃，第一期自五十四年七月一日起至五十九年六月三十日，共拆除違章建築一二、二一〇間，住戶一五、四九〇戶；第二期自五十九年七月一日起至六十三年六月三十日止，共拆除違章建築三六、二一六間，住戶一四、七三四戶，在興建住宅安置違建戶方面，五十四年至六十三年共安置五、五八〇戶，又六十四年又計劃安置三、一五〇戶，共安置八、七三四戶。按違建中有百分之二十係半拆戶，仍住原址，不另安置；又有一部份係不合規定之違建戶，均以發給救濟金之方式安置之；其餘合於規定之違建戶八、七三四戶，到六十四年即可完全安置安畢。北市處理違章建築問題，尙稱妥善。

按違章建築處理問題已與住屋及社會福利政策聯成一體，實爲市政的一種新趨勢，苟各都市能朝此努力不懈，對於都市建設及公共觀瞻各方面，將有良好影響。

六、結　論

以上經就都市計劃、都市交通、環境衞生、違章建築等幾個問題加以討論。雖然我國都市所發生的問題，不以此數者爲限，但以此數事最爲突出，也爲當前市政之重心所在，如獲得解決，則其他市政建設，亦將隨之推進。希望各地市政當局，循此繼續努力，則中國市政將可日漸邁向光明的前途。

五十六年十一月十一日

石油問題與中東危機

壹、石油問題

全世界能源的需要量，隨人類物質文明的進步而與日俱增。一九六〇年全世界所需能源，約相當於三百億噸石油的能量，一九七〇年則增至四千九百億噸。到了一九八〇年，將達八千四百億噸，其增加如此之速且巨，値得人們重視。

能源的種類，由於技術的革新，亦起了很大的變化，卽石油重要性，逐漸超過了他種能源。例如一九六〇年煤炭佔全世界所消費的能源百分之五〇・七，石油佔百分之三三・二，天然氣佔百分之一三・六，其他佔百分之二・五；到了一九七〇年，煤炭減少至百分之三四・六，石油增到百分之四三・九，天然氣增至百分之一八・八，其他爲百分之二・七。至其所以有如此大的改變，這與用石油作燃料的航空及汽車工業之突飛猛晉，有其密切關係。

不但如此，由於石油化工之發明與進步，石油且與人類的日常生活連成一體，而有其不可分離之密切關係。

然而石油在生產與消費上極不均衡。中東地區產油最多，超過全世界總產量百分之五〇以上，美國所需石油的百分之四五，歐洲所需石油的百分之六二，日本所需石油的百分之七六，皆來自中東，所以中東石油產量的增減、油價的漲落，以及石油禁運的威脅，莫不與各該高度工業化國家地區，息息相關。

二次大戰後，油價以美元爲計算標準，因爲美元與黃金同被視爲國際通貨。在過去美國總統艾森豪第二任期快屆滿之前三個月，也就是杜勒斯去世剛不久，瑞士銀行掀起美鈔擠兌黃金風潮，艾森豪乃被迫採取各項禁止黃金外流措施，接着美元又兩度貶值，到了尼克森任美總統時代，竟宣佈停止美鈔兌換黃金，於是在歐洲金融市場流動的八百億所謂「歐洲美元」，乃告慘跌，且從此一蹶不振。是以平心而論，石油之暴漲，固含有後來因以阿戰爭而引起的重大政治因素，然而美元之貶值，實與美元停止兌換黃金，有其直接促成之因素。

一九七二年初，石油每桶不過一·八美元，一九七三年升至三·〇二美元，迨以阿十月戰爭爆發後，中東產油國家，以石油作政治武器，每桶竟漲至一〇·一五美元之多。

基於中東石油暴漲的敎訓，各工業國家與各大石油公司正不遺餘力，開發新的能源，探勘新的油田，以冀減輕對中東石油的依賴。例如近年來，北海、非洲（特別是撒哈拉沙漠南端）東南亞暹羅灣、澳洲北部、墨西哥南部、南美叢林地帶、加拿大、阿拉斯加普魯荷灣，和南中國海等地區，或已在開採，或尙在鑽探階段，其主因卽在此。講到新的能源，核能發電最爲突出，惟以幅射線難於防範，美國已先後關閉若干座核能發電廠，現正研究利用海水裏的重氫核融合來發電，此種能源既無幅射危險，又不致汚染環境，且其原料取之不盡，用之不竭，一旦研究成功，誠人類一大福音，而水力、風力、地熱與太陽能，或受地域限制、或受季節影響，皆不甚理想。此外，舊有的能源如煤炭，因石油暴漲，已恢復其開採價值，但煤渣煤煙之處理，頗使人感到困擾。關於能源問題，目前唯一可行之策卽爲節約石油的消費，一以節省外滙，一以壓低油價。例如美國已採取飛機汽車限速、室內冷暖氣限定最高額、假期不賣油、鼓勵民衆乘坐公共汽車與地下火車等措施；歐洲共同市場決定今後十年內，減低石油消費量百分之十五。

石油漲價的結果，全世界資金盡流入石油生產國家之手，一九七四年十三個產油國家共收入美金一、一二〇億元，除掉各項開支，淨餘六百億美元。依此累積計算，在二、三年內可以買完各國中央銀行所存儲的黃金，在十五、六年內可以買完全世界各大公司所有的股票。同時由於各國一般民衆已喪失其購買力，乃導致今日世界性的經濟萎縮，各國失業人數之多，創戰後空前紀錄，其癥結在此。石油消費國家的對策，一面阻止產油國家在石油消費國家置產，另一面則以減稅融資加速經濟復甦。季辛吉且嚴重警告產油國家，在工業國家經濟如受到窒息時，美國不惜考慮動用武力以佔領油田；五角大厦並已秘密擬訂了作戰計劃。不過，這是一個萬一的準備，同時也是一種嚇阻作用。在季辛吉發表上項談話後，產油國家大嘩，表示將以炸毁油田作爲報復手段；聯合國秘書長及法國西德政府，則認爲武力不能解決國際能源危機。並認爲能源危機的解決，要靠各消費國的合作協調，而不能依賴兵艦飛機大砲。鑒於石油消費國家態度之一緊一鬆，產油國家外長於數度集會後，語氣變得緩和多了，他們只要求長期穩定油價而已（目的在保障他們的既得利益）。而產油國家大都是反共的，當然不願意看到自由世界被能源危機拖垮，因此沙烏地阿拉伯還堅主適度降低油價。

現在各產油國家運用石油美元，向主要石油消費國家購買軍火，引進技術，並對各該國作適度投資，以促進美元回流，緩和各該國經濟危機，以達成利人利己之目的。

貳、中東危機

中東處於歐亞非三大洲的滙合點，種族極爲複雜，宗教信仰亦互不相同，而歷史上的恩恩怨怨，政治上的利害衝突，使得整個中東形成一個大的火藥庫，人類整個命運都將受到它的牽連，凡留心世局的人們，莫不將目光投注於此。

以色列受埃及、約旦與敍利亞三國三面包圍，另一面則爲地中海，於一九四八年建國，已與阿拉伯國家打了四次大戰，一九七三年十月戰爭佔了對方不少土地，蓋以國需要生存空間，要求生存權利，故希望保持既得戰果，維護其安全疆界，他免遭受突襲；而埃及、敍利亞與約旦則堅持收復失地，是以中東隨時有重燃戰火之虞。季辛吉穿梭外交已促成了以埃在蘇彝士運河，和以敍在戈蘭高地的隔軍協定。季辛吉能有這重大成就，實由於下列四大原因有以使然：第一，以阿雙方在「十月戰爭」中耗損過鉅，無力再戰；第二，美蘇兩超級強國在背後供給軍火，如不適時合解，很可能被捲入中東戰爭漩渦，導致美蘇大戰；第三，阿拉伯國家體認到以石油作政治武器，可壓迫美國促使以色列讓步，較訴諸戰爭更易達成作戰目標；第四，以色列體認到在過去四次戰爭中雖佔優勢，但軍事優勢並非長久可靠，不如試作讓步，以期獲到永久和平的保障，所以季辛吉斡旋於以阿之間，水到渠成，已獲致初步成功。

在歷次以阿戰爭中，美國支持以色列，蘇俄則支持阿拉伯集團，壁壘極爲分明。但到了十月戰爭之後，這種情勢發生了急劇的變化，埃及總統沙達特竟由反美轉而親美，由親俄轉而反俄。事實上埃俄關係的裂痕，早在一年以前就發生了，據說是埃及軍方不滿意蘇俄遲遲不肯供應武器，且不願意俄國軍官頤指氣使，更不願意聽別人說俄國人是在替埃及打仗，所以逼着沙達特於一九七二年七月十八日，將大部份俄國人撵走。不過埃俄關係的破裂，還有經濟上更重大的理由，俄援興建的工廠，其產品必須運銷俄國；俄國對埃經援，並非贈予，而是借貸，埃及償還之棉花，蘇俄竟將之在國際市場傾銷，使埃棉價格大跌，損失慘重。可是，這時候俄國少數軍事人員，仍留在埃及，直到十月戰爭終了之後，才全部撤走。

美國惟恐以阿繼續衝突，而再度導致石油禁運，大不利於美歐日諸國。但蘇俄則欲藉和解拖延時間，換取戰略武器的優勢。所以美蘇雙方，都致力於以談判解決中東問題。

原來俄外表葛羅米柯在季辛吉中東之行以前，與季的和平計劃完全不同。俄主張先召開日內瓦會議，討論中東問題，要求以色列撤出全部佔領區，支持巴勒斯坦解放組織建立新國家；而季氏的中東和平計劃，則是要求以色列與阿拉伯國家，逐步謀求和平，將蘇俄摒棄於中東之外。但當季葛於二月十六、十七兩日在日內瓦會晤時，葛瞭解季的中東穿梭旅行，也有助於日內瓦會議的重開，於是不再反對季的逐步和平計劃，因爲沒有埃及、敍利亞和以色內的三角和談，日內瓦會議也就無有特別作用了。

季辛吉在十月戰爭之後十度訪問中東，去年春天，先達成了以色列和埃及間的停火和隔軍協定，使以軍自蘇彝士運河西岸撤回東岸，又在運河東岸劃出一條走廊，作爲聯合國和平部隊監督地區，分隔以埃兩國軍隊，以免兩方軍隊近接接觸，易燃戰火。接着又促成以色列與敍利亞之間，在戈蘭高地停火與隔軍協定，停止了以敍間進行數月之久的每天炮戰，也在戈蘭高地劃出一條停火線及緩衝地帶，讓聯合國部隊駐守，阻止以敍間直接衝突。這是季的中東和平計劃的第一階段。

最近一次，季的中東之行，將謀第二階段和平計劃之實現。以色列方面，已表示願以最大忍讓，作實質的讓步，以表現和平的誠意，即以色列願意歸還西奈半島兩個戰略要地——邁特拉和吉狄——及阿不羅得斯油田，但要換取埃及非戰承諾的保證。然而埃及的表示，則要收回了所有的失地之後，才提供非戰保證，這是事實上的歧見，也是根本問題。季辛吉雖以最大耐心和努力斡旋其間，仍得不到雙方的同情與諒解。在萬不得已情況下，季辛吉乃很疲憊沉痛地宣佈調解失敗，他在離開機場時對記者說：「這對美國是個可悲的日子，美國對這次的談判，寄予很大的希望和信心。我們知道，這對以色列也是個可悲的日子，因爲以色列需要和平。同時他又說，「我們現在必需尋求新的各種不同方法與新的方式，以求得此一地區眞正持久的和平。」

當季辛吉宣佈調解失敗後，以埃雙方相互指摘對方要負和平破裂的責任；同時用戰爭姿態來威脅對方。談判既失敗，雙方當然緊急備戰，以防萬一。美國則譴責以色列太固執，不肯讓步。不過我的看法是這樣：以色列雖有充份軍事準備，但不敢過份開罪美國，美國可以使它建國，也可以使它失國。這就是說，只要美國不供應武器，它就只有投降之一途了。埃及失去了蘇俄支持，軍需準備不夠充份，也不敢輕易重啓戰端。沙達特總統深知美國是以色列幕後的主人，它可能再壓迫以讓步，所以戰爭仍可望避免。在不久的將來，季辛吉可能再度訪問中東或遷開日內瓦會議。可是，如以埃雙方實質上的歧見不能消除，季辛吉的再度中東之行，也將於事無補。卽令召開日內瓦會議，最大希望，也不過達成西奈半島及戈蘭高地聯合國部隊駐留監督期限的延期。至於美蘇是否因埃及拒提非戰保證而越俎代庖，竟向以色列共同提出此項保證呢？這當然是不可能的。且美國新孤立主義正在抬頭，他們決不願介入中東爭端；蘇俄則正好是隔岸觀火，痛癢無關。所以我認爲中東僵峙的局面，大概要拖延一段長時間，最後結局如何？祇能依未來情勢發展而定了。

現有一個很不好的消息傳出，就是沙王費瑟爾遇刺斃命。他是一位堅決反共的阿拉伯國家領袖，也是中東的主要安定力量，同時也是主張石油減價、謀取工業國家合作的倡導人，他在這個時候去世，新王卡里德在阿拉伯集團高階層尙未建立其領導地位，所以對石油問題、對中東局勢，都將產生莫大的影響。

美國撤出中南半島，使巴黎協定變成廢紙，而美國社會新孤立主義日漸抬頭，國會處處給福特掣肘，這一切對中東將有深遠的影響。

埃及因不堪蘇俄壓制與剝削，迫使蘇俄撤退駐軍與顧問，轉而投靠美國懷抱，這固然是件可喜之事；不過，如果久久不能達成以阿間和平協議，那末埃俄之重溫舊夢，並不是不可能的啊！

叁、結　論

由於中東十月戰爭，帶來了石油危機，也造成今日自由世界的經濟萎縮與不安。美國與其他工業國家，為取得中東石油的供應，不惜迫使以色列讓步，以博得阿拉伯產油國家的同情與歡心，足證石油是挽回阿拉伯國家失敗命運的一個重要關鍵。可是話又說回來，以色列的讓步是有限度的，現在它已擁有核武器，當它的安全失去保障時，說不定會「寧為玉碎」。其次；石油帶給阿拉伯國家偌大的財富，而他們本身又無力保護，可能會給他們帶來災害，「匹夫無罪，懷璧其罪」，這乃千古不磨的道理，值得阿拉伯國家領袖們深思熟慮。

總之，中東未來局勢的發展是和是戰，石油對阿拉伯國家是禍是福，這只有留給未來事實發展，作為見證了！

六十四年四月三十日

坦誠的檢討與澈底的改進

甲、一般提示

一、本校自開辦以來，由於各位同仁的一心一德共同努力，現已粗具規模，聲譽漸著。過去立法院教育委員會委員，與教育部歷次蒞校視察，對本校的環境美化、設備充實，及管教嚴格等方面，頗有好評。今後我們不可以此自滿，須知「保持現狀，就是落伍」。望各位同仁，百尺竿頭，向前邁進，來實現我們的共同理想。

二、五年制專科教育制度，最初在一般家長和學生眼光裏，尚未建立良好信譽，所以投考人數雖多，但並非第一流的學生。本校是我國教育史上第一所市政專校，其教育目的與內容，局外人並不甚瞭解；尤其是一般人望文生義，誤以為本校是為市政府培養公務人員的機構，雖然每年招生足額，但取錄成績，並不理想。不過最近幾年來，五專招生的狀況，已大見好轉，我們從聯招會規定五專第一屆招生取錄最低分為一百六十分，到今年的三百三十分，就可以了解。同時本校的新生取錄分數，本年最高分為公共工程科土木組的五七一分，與最低分為公共衞生科的四三六分。從此也可看出社會人士，對五專的觀念已在逐漸改變。我們要趁這個機會，將本校繼續發展壯大下去，以高度的信心和最大的決心，作持續的努力，以樹立優良學風，培育優良人才，然後才能開拓新的境界，奠立堅實不拔的基礎，爲我國教育史上寫下嶄新的一頁。

三、教育是一種神聖事業，更是國家百年樹人的大計，我們要有宗教家奮鬥犧牲的精神，來獻身這一百年樹人大計的神聖事業。雖說本校係我個人創辦的，但在創辦本校之始，我就決定「私校公辦」的宗旨，決以至公至誠無我無私的態度，將學校公諸於社會，爲大衆共同的事業，也是爲國家培育人才的學府。故凡在校擔任教職同仁，均應以主人自居，努力本位工作，榮辱與共，休戚相關，來善盡興學的責任。董事會決以最大努力，設法逐漸改善同仁們的生活與應有的福利，俾大家能安心工作，獻身學校。

四、學校如家庭，也如軍隊，學校任何部門，均屬整體的一環，全體同仁須建立整體觀念，揚棄本位主義，發揮團隊精神，一方面固應善盡本身職責，另方面也要幫助他人的成功。不矜不伐，不怨不尤，處人要反求諸己，作事也要盡其在我。

五、董事會對學校用人態度，採行精簡政策，希望一個人要作幾個人的事，但目前現象，分工不甚明確，勞逸不甚平均，工作效率有待提高，互相合作有待加強。主動積極的精神尤待發揮。今後各處組務必劃清職掌，分層負責，主動積極，合作無間。更要緊守「盡其在我」觀念，發揮最大的工作效率。

六、本校目前經費收支，尙難達到平衡要求，但董事會決以最大努力寬籌經費，繼續擴建校舍，充實教材設備，並逐漸提高教職員工待遇，增加優秀學生各種獎助學金數額（上學期各種奬學金名額已大幅度增加）。關於各種費用的繳納，除恪遵教育部規定標準外，決不額外增加分文。且考慮將來收支平衡經費許可時，計劃逐步減輕學生們的負擔。

七、一個學校要辦得有聲有色，受到輿論推崇，先要有品學兼優的好老師，其次是勤奮讀書的好學生。目前競升大學之風仍熾，職業教育，未能受到社會的重視，故五年制專校，一時尙不能招收到第一流的學生。但盡管學生素質，一時難以提高。我們仍要延攬第一流的老師，以誨人不倦的精神，盡循循善誘的本分，來教導學生，使學生受到最完善的教育。古云：「教不嚴，師之惰」。老師之教好學生，其最有效方法，爲必須具有高度的愛心和耐心，我認爲世界上祇有不盡責任的老師，沒有教不好的學生。但爲維護校譽，少數品質過劣無法管教的學生，仍應毫不保留的予以淘汰，以免老師上課時望而却步，好學生不願爲伍。

八、統計幾年來，本人引爲最大遺憾的，卽爲學生讀書風氣仍欠高昂，各同學沒有自動自發奮勉勤學的精神，最近雖稍有改善，但進步並不太大。現在本校已有獨立的圖書館，藏書六萬餘册，目前仍在不斷的充實之中，望全體擔任教職同仁，竭盡心智，提高讀書風氣。不過，要提高學生讀書風氣，首先老師也要有良好研究精神，才能教學相長，相得宜彰。

九、一年級同學，異動較大，此卽升學主義影響而重考高中之故，此種盲目的升學主義，他們不管國家經建的需要，也不管自己的性向，一窩風的投考辦理不善的高中，實爲不智之舉。今後希望此輩對五專教育認識不清的人，最好不必投考，以免堵塞了其他切望進入五專求學者的途徑，減少在教育上不必要的損失。

十、教務、訓導兩處，對各年級的學生，尤其是新生，應澈底瞭解其性向、志趣與學業成績，儘可能予以轉科方便，並輔導之。對學業操行較差學生，要作重點的個別輔導，期使其改過遷善，用功讀書。千萬不可以動輒處罰開除爲能事。須知青年學生，見解幼稚，意志薄弱，對事物辨別不清，如能予以親切勸導，曉以利害，動以感情，定能促其改過遷善，奮勉上進。凡是遭受退學處分的學生，各導師教官，已否善盡教導的責任，已否做到我所再三強調的「作之君，作之親，作之師，作之友」的要求。希望切實加以反省檢討，千萬不可以拿無辜學生作犧牲品，斷送一個青年美好的前途。

十一、凡學生如有特殊困難，應該儘量寄予同情，並設法協助解決。尤其是眞正優秀的學生，更應在可能範圍內，予以救助，使其安心讀書。我現在希望全體教職員，尤其是導師教官們，要視學生如自己的子弟，以最大的愛心，最高的熱忱，身教言教，循循善誘，今後我將以各班學生人數異動與獎懲的比例，來決定導師教官的成績。

十二、今後對學生管教方針，一方面要加強學生生活管理，同時也要以各種方法，建立學生的榮譽制度，以提高學生各種自治組織的功能與活動。本校的管理原則，是五年制與三年制一貫，日間部與夜間部一貫，對學生們的服裝、儀容、整潔、禮貌、秩序等，決不可以放鬆。各位老師，必須要以嚴格的管理態度和良好的管理方法，以促使學生們能夠走向自覺自動自治的最高境界。

十三、本校學生有兩千五百餘人，平均年齡都在十五至二十二歲之間，但各人有各人的想法，各人有各人的看法，學校雖然竭盡所能，以符合大多數學生的願望，但他們仍難免對學校的措施諸多誤解懷疑與不滿。因此今後各位導師與教官，務須經常與學生作親切的交談，接納其可行的建議。如果學生見解不甚正確，亦應善爲疏解剖明，以消弭學生們對學校的差距。學生對學校有向心力，學校才有前途。如果學生對學校持怨恨態度，則校務將無法順利發展。所以我提出「一切爲學生着想」這句口號。換句話說，學校是爲學生而存在的，不是學生爲學校而存在的。學校的一切措施，要替學生着想，才是正途，這個簡單道理，大家應該深切了解。

十四、此次教育部調整學雜費的幅度，以五專爲最少，前三年後兩年平均不到百分之二十，但我們學校調整待遇的幅度，最少爲百分之四十，最高爲百分之六十。然而教師部份，還沒有完全比照公立學校的標準。不過調整的態度，是非常公平合理的。第一：本同工同酬原則，縮短教師與職員間之距差。第二：本生活平等原則，縮短高級人員與低級人員之距差。同時不能「只吃飯不做事」，所以對學校一切教育設施，仍應寬籌經費，繼續充實發展。否則；大家閒着無事做，那也不是好的現象。

十五、勵行四大公開：

㈠人事公開：本人主持任何機關學校團體，從不任用私人。本校創辦之初，所用人員，大半係公開考選而來。自本校有畢業生以後，所有工作人員，幾全由畢業同學擔任。不僅本人如此，即所有董事與校長，均未引用私人，這是有目共覩的事實。

㈡經濟公開：本校目前收支，尚難平衡。所有收入，取之於學生，用之於學生，杜絕浪費，涓滴歸校。本校自成立以來，歷任出納與會計，均係公開考選而來，可見本校經濟的公開。

㈢意見公開：定期舉行各種會議，每位同仁，應有指陳學校缺點的勇氣，學校亦應有接納批評的雅量，對於學生週記上意見的反映，不論鉅細，可行者立即接納，難行者詳予解答，以建立學校與學生的情感。

㈣獎懲公開：好的人不出頭，壞的人就囂張，壞的人不制裁，好的人就畏避。譬如一個班，如有一、二個害羣之馬，假使不予制裁，則課堂秩序，就無法維持，老師就將望而却步。所以是非要明，獎懲要公。

乙、教務方面

十六、本人還要強調的，教育事業，是百年樹人的神聖事業，同時也是一種犧牲自我獻身國家的良心工作。全體同仁，務應建立起「得天下英才而教育之一樂也」的工作態度，與「夙夜匪懈」的工作精神，貢獻個人才智、精力和時間，以教育今天的英才，期能發展個人抱負。切望大家努力再努力，進步再進步。

一、一所學校，如果有第一流的學生，再有第一流的老師，這個學校，一定是最好的學校。但今天升學之風甚熾，五專無法招收到最好的學生。儘管如此，本校仍應延聘最好的老師，以提高教學水準。本校延聘專兼任老師的原則如下：第一、以業經教育部檢定合格者爲優先。第二、以年富力強學有專長而又有教學經驗者爲優先。第三、年老力衰、教導無方而又不受學生所歡迎者停聘。第四、無故不遵守學校規定或缺課太多而又不補課者停聘。本校一方面要敬重好的老師，同時也不容許不稱職不盡責任的老師濫竽充數。

二、目前政府公營事業機構與公立學校，均厲行退休制度，私立學校亦應研究比照辦理。故本校對今後兼任教師之遴聘年齡，以不超過六十五歲爲原則。至於專任教職員，視其所擔任職務之性質，亦應有年齡之限制，最高以不超過六十歲爲原則。俾學校能朝氣蓬勃，活力充沛，呈現出興隆景象。

三、嗣後專兼任教師之遴聘，如前所言，以教育部檢定合格者爲優先。但現有教師如未送審者，應鼓勵並督促其辦理。如久不送審，或送審不合格者，亦應逐漸以合格人員取代，俾符政府規定。

四、克服一切困難，分期添置必要的實驗器材，增加實驗教學時數，並切實檢查督促。俾符合手腦並用即知即行之教育要求。對於各科作業次數，必須明確規定，製成可行辦法，分送任教老師及學生，共同遵守，尤須切實督導檢查，明訂獎懲，以免流爲具文。

五、對老師考勤，應製作專用卡片，詳細登記曠缺課、請假、補課、監考、修改作業，及能否管理學生等資料，爾後之應否繼續延聘，即以此卡片上之記載，作爲準據。並對教學成績優秀之老師，儘可能逐漸聘爲專任，並予以提升。

六、上課時全校應保持靜肅氣氛，凡浮囂、狂笑、大叫、吹口哨等現象，絕對遏止。老師與學生，均須嚴格遵守上下課時間，並派值日人員，逐日巡視。如果有一間教室提前下課，鄰近教室的學生就會浮動而不安心聽講了。

七、課程編排，上午務應做到不排空堂，如有老師臨時請假，應立即通知該班導師，前往督導自修以免學生喧嘩。軍訓及體育課儘可能排在下午，此點教務訓導兩處，應於排課前，先行切實協調實施。

八、各科使用課本，儘可能採用本國文字，如高年級建築、土木、衞生各種教材，萬一無國文寫成之課本時，也應商請教師編訂本國文字講義，並須先期印發。因五年制學生程度，無法接受原文課本，千萬不可讓學生好高騖遠，採用外文教材，而得不到實際效益。

九、各性質相近課程，其內容有無重複，應先作詳細檢查，並協調相關任課老師，使之互作聯繫，何者應敎，何者應刪，以免重複，引起學生不良反映。

十、研訂獎勵及協助辦法，鼓勵各科教師出版教材及與本校有關的各種叢書，以擴大校譽，奠定本校教育基礎，提高本校學術水準。

十一、維持考試制度的尊嚴，培養學生讀書優良風氣，故任何考試之舉行，監考務要嚴格。如違反考試規則，一經察實，卽予照章處分，絕不寬貸，以確保優良校譽。

十二、學生註册，必須依規定時限，嚴格執行，如無特殊事故，並提出確切證據請假者，不予寬限。凡有意故違者，一律按照規定處理，使學生重視學籍的管理。

十三、對重讀學生與留校補修學分的學生，最不易管教，敗壞校譽，今後應指定專人加以輔導，嚴格點名，切實督促其用功，舉行考試時，尤應從嚴辦理絕不寬假。務使學生了解「補修重讀定可通過」的觀念爲絕大錯誤，以改變學生平日讀書不用功而臨時存僥倖心理的惡習。

十四、提高新生錄取標準，爲今後全校師生奮力以赴的大目標，望本此旨，努力下去。

十五、學校儘最大努力，逐年增加學生各種獎學金及工讀生名額，而對優秀清寒學生之獎助，尤應多加注意。以符合經費「取之於學生，用之於學生」的宗旨。

十六、大量增購圖書，凡本校教師學生，均可開列書目，向圖書館建議增購。圖書館於買到新書後，應儘速辦好編目列管手續，並卽予公佈借閱。

十七、舉行學藝競賽，實施統一抽考，並逐漸擴大抽考課業範圍，統一閱卷，認眞評分，對抽考成績特優班級之老師與學生個人，均應分別獎勵。

十八、本人察覺各科的課程安排，仍有待商酌之處甚多，其中何者應刪，何者應減，何者應增，宜邀請科主任與教課老師，再作深度的研究。又對於課程的配當，前三年太重，後二年太輕，亦應加以研究調整。

十九、本校目前普通科專任教師，已不算少，今後應設法遴聘各專業課程的專任老師。而各科科主任最好能完全專任，並尊重其職權，始能發揮專業教學之功能。

丙、訓導方面

一、本校管教學生，一向以嚴格為主，並輔以愛的感化。故對學生態度，無論導師、教官暨各任課老師，不僅要「作之君，作之師，作之親，更要「作之友」，嚴格而不苛刻，愛護而不姑息，一面以師長立場，用嚴肅態度，要求學生學業，糾正不良言行，一面又以親友慈祥面孔，鼓勵學生立志向上，敦品勵學，以期師長與學生之間，溫暖有如家庭，和諧直如親友。

二、本校創辦之初，本人卽提出「文校武辦」的要求，其用意是鑒於今日一般文學校的學生，生活散漫，不懂禮貌，不遵守公共秩序，不注意服裝儀容，甚至男人留長髮，穿喇叭褲，眞是男不男，女不女，此種歪風，如再不痛加矯正，眞不知迷失墮落到什麼程度，言之心痛。反觀一般軍校學生，身體健壯，精神奮發，儀表整潔，步履齊一。因此我一向主張有志青年，應投考軍校，所以我揭櫫本校生活教育七大中心要求，卽是「整齊」「清潔」「禮貌」「秩序」「靜肅」「迅速」「確實」，每一要求，應由訓導處規定具體內容，切實要求，貫澈實施，並按月公佈成績，予以獎懲，務求本校學生無論在什麼地方，無論在什麼時候，都做到以上七大中心要求，才不愧爲一個頂天立地有守有爲的模範青年。

三、學校寒暑假時間很長，尤其例假很多，如果不規定假日的課業進修，或舉辦各種體育與文康活動，則學生祇知放假爲玩樂，甚至到處遊蕩，滋生事端。所以我特別要求應就假日的性質，以及時間的長短，分別規劃舉辦各種有益身心活動；但我鄭重聲明，我並不主張讀死書，不休閒。我是不主張讓學生懶散佚蕩，浪費青春。

四、我一向主張管敎嚴格，但是要達到上項要求，僅賴少數導師敎官絕對辦不到的，一定要遴選好的班級幹部，與社團幹部，加以訓練掌握，啓發學生自覺意識，養成學生自動精神，培養學生自治能力。現在本校一個年級五百人，僅有一個輔導敎官，一個班五十人，僅有一個導師，就算每位敎官導師負責盡職，如果未有好的班級幹部，做他們的基幹耳目和手足，是很難完滿達成管理任務的。所以我提出每一學期的開始，先要遴選優秀的班級幹部和社團幹部，並舉辦幹部講習一次，端正其觀念，賦予其任務，並授予服務的方法，做到如身之使臂，臂之使指，才能事半功倍，貫澈管理的要求。

五、一個大學生，年齡較大，思想較爲成熟，明辨是非的能力較強，祇要把他「敎好」就行。但是一個五專學生，年齡不大不小，思想尚未成熟，情緒不很穩定，如果要把他「敎好」，先要把他「管好」，「管不好就教不好」，所以訓導工作，在五專是非常的重要。一個不敦品的人，勵學也就不易做到，一個不善於做人的人，也往往不會安心讀書。所以我說生活輔導，在五專較在大學重要，因此教官和導師的責任，在五專也較大學爲重。

六、家長聯誼座談會，每學期每年級務須酌情舉辦，分別約請有關家長，來校參加，先由教務、訓導兩處報告本校教育概況訓導重點及生活輔導等。使家長對本校有深刻了解，並徵詢家長對本校意見，以期家庭與學校對學生管教要求，趨於一致，達到相輔相成的效果。尤其對頑劣學生家長，更應經常聯繫，採取共同對策。蓋以學生如被勒令退學，家長事先毫不知情時，是不會諒解學校的。

七、建立責任導師制度，無論日間部和夜間部學生，均宜從嚴管教，無分軒輊。對高年級之散漫態度，更宜嚴予糾正，絕不姑寬，務使高年級學生能做低年級學生的好榜樣。

八、課外體育和文康活動，始終不很理想，一個學校之有無蓬勃朝氣，有無學術氣氛，有無對社會服務成就，全賴訓育工作與課外活動之究否盡到責任。凡承擔課外活動及體訓人員，應切實奮勉，善盡職責，務要做到學生活潑健康而又愉快。學校有蓬勃生氣而又有榮譽。

九、加強勞動服務，使學生勞心勞力，手腦並用，培養堅強體魄，養成勤勞習慣，並美化校園，以提高讀書風氣與生活情趣。勞動服務時，各班導師尤應以身作則，先之勞之，切不可袖手旁觀，頤指氣使，更不可規避不到，浪費學生大好時光。

十、拓展社區工作，擴大社教功能，增進學生爲社會服務興趣及才能，並加強本校與所在社區羣衆的情誼，以及協助政府推展並強化社區的行政效能。

十一、雙重點名制度，自實施以來，仍欠澈底，致少數逃課學生有隙可乘，相機溜出教室，今後盼加強對輪值點名人員之督導，並情商任課老師隨堂點名，詳確統計，立作獎懲。以期根絕逃課事實，務使頑劣學生改過遷善，安心讀書。

十二、嚴格禁止學生抽香煙、打彈子、跳舞、打架、賭博。凡此類行爲，一經查覺，卽應依情節輕重，立予處罰；尤其對集體鬥毆學生，應予從重處罰，使知悛改，以免影響校譽。

十三、課間秩序、教室整潔、公物維護，各樓主任導師及教官，務善盡責任，時予督導檢查。學生在課餘時間之怪聲叫鬧，見到老師之扭頭輕蔑等不良行爲，必須糾正。各教官在軍訓操課時間內，均宜依陸軍禮節，詳予講解。「禮節爲治事之本」，此點不容忽視。

十四、軍訓教官爲學校整體教育成員之一，因此全體擔任軍訓工作同仁，應任勞任怨，無分彼此，以負擔學生生活輔導責任。對學生採「軍事管理」方式，應嚴而不苛，使學生敬畏而不恐懼。處分學生，要在合情合理原則下，使其心服口服，絕不宜粗暴衝動，動輒叫罵，以傷學生自尊心，使之走向極端，那就失去軍訓教育的意義了。

十五、每學年上學期，應配合校慶，舉辦運動大會，下學期應舉辦文康大競賽，這是訓導處的兩大重點工作，望妥爲規劃，擴大舉行，務宏實效。

十六、預官考試，關係學校榮譽與學生前途至鉅，應及早督促學生準備，並予以補習，以提高錄取比例。

十七、生活教育競賽，登記不夠詳盡確實，獎懲不盡妥當，公佈亦未能適時，所以成效不彰，望切實檢討改進。

十八、每個學期，應舉辦若干次週會，若干次班會，每次週會，應由何人講話，內容爲何，每週班會討論什麼題目，事先應研訂大綱。最好頒發一個結論，以收敎育上統一的效果。

丁、總務方面

一、總務處所有一切努力，均以支援敎育發展爲唯一要務。因此總務處同仁在支援敎育工作需求下，對敎、訓兩處合理要求，務須予以方便。千萬不能以事不關己的態度處之。但敎務、訓導兩處，亦應體諒敎育經費的困難，與總務處作業人員的缺乏，彼此尊重諒解，彼此協調合作，使敎育工作推行順利。

二、對公物要統一採辦、統一調配、統一保管，尤其應注意物品之修護。因爲「保管重於修理」，「修理重於補充」。我鑒於本校物品毀損太大，故特別強調此點，切盼特加注意。

三、世界能源缺乏，我國物力尤艱，所有文具紙張等消耗用品，應注意節約。對於水電，更要嚴格控制，切實做到隨手關燈，隨手關水，以免稍有浪費。

四、公物統一登記編號，交由各單位使用後，應責成使用單位負責保管，總務處要隨時檢查，如有破損遺失，立卽追查，並責令賠償。

五、公物之破壞，除屬於自然耗損者外，另有兩種原因，一爲學生有意的破壞行爲，一爲學生無意的過失行爲。後者固應責令賠償，前者除賠償外，並予以嚴格處罰。公物被破壞後，如不能立卽查出追賠，則學生將毫無畏懼，學校建設也因之受到重大影響。

六、校舍物品，要隨時檢修，校園環境，亦要隨時整理，我們要切實做到全校不容許有一個地方髒，不容許有一件物品壞。

七、本校經費，取之於學生，並以用之於學生爲原則，學校校舍修建與校地添置，應另籌經費，預算編定後，非經董事會核准，不得超支或作他用。

八、各種人事資料，應搜集整理齊全，考勤應認眞，奬懲應公正，要作到汰弱留強，新陳代謝。

九、文書應卽到卽辦，不可積壓，以往因公文貽誤，檔案不全，犯了各種錯誤，今後要切實補救改進。

十、本校福利社，應卽改組爲師生消費合作社，廉價供應日用必需品，對於餐廳膳食供應，尤須注意衞生，倂應物美價廉，以免招致學生之不滿。

結論

本校自創校迄今，已歷九年，就現況言，學校一切發展，尚屬正常，但距離本人的理想仍甚遙遠。須知我國教育史上，向未有市政學府的設置，在都市日趨繁榮擴大，鄉村亦日漸都市化的現狀之下，都市各項建設，經緯萬端，在在需人。故健全本校組織，充實教學設備，擴大招生人數，遴聘優良老師，提高學術地位，以培養優秀市政專材，實爲本校無可旁貸的責任。切望全體同仁，人人以主人自居，時時以責任爲重，爲自己爲學校爲國家，盡最大的努力，完成我們的共同任務。

六十三年十二月二十四日

回顧與前瞻

一、創校的旨趣

民國五十四年十一月，我鑒於臺灣工商業日漸發達，大小都市不斷興起，而都市建設人才缺乏，不足以因應需要，乃於臺北市郊區創設中國教育史上第一所市政專科學校，迄今已有八年，追憶以往，瞻念未來，誠不勝感慨系之。

回憶我當時有創辦學校動機的時候，一般關心我的朋友都勸我辦一所工業或商業性質的學校。我認爲工業或商業專科學校固然重要，但是目前國內已經有了許多所。教育是國家百年大計，創辦學校應走在時代的前頭，不能隨波逐流的跟着別人走，要着眼到未來社會進步的趨向與國家建設的需要。此外尚有以下兩點因素：

第一、我看到臺灣教育人口之逐漸膨脹與各級學校之不斷擴增，政府已深感教育經費負擔之沉重。甚願遵奉　國父「教育事業應由政府與人民協力共謀」的昭示，創辦一所私立學校，以期對國家社會貢獻一點個人的力量。

第二、我先後到歐美各國考察看到各國市政建設之日趨專業化與企業化。且以各國均設有市政性質之大專院校，以培養市政專才。因思臺灣工商業日漸發達，大小都市相繼興起，市政人才極感缺乏，而無一所專門培養市政建設人才的學校。爲適應未來都市發展之需要，乃力排衆議決定創設這一所我國敎育史上前所未有的市政專科學校。

我創辦之初，鑒於目前有不少的學校，只是些販賣知識的商店，而不重視青年的道德培育與體格鍛鍊，更忽視軍事訓練與團體生活。我於是針對這些缺點，揭櫫以「品德的陶冶」、「知識的傳授」、「技能的專精」、「體魄的鍛鍊」，及「服務的人生」爲本校的敎育方針，以冀學校的一切設施，均本此目標以赴。更提出「私校公辦」、「一切爲學生着想」、「一切爲敎師服務」的辦學態度，厲行人事公開、經濟公開、意見公開，及賞罰公開，以求學校之健全發展。

關於本校在敎學上應養成的風氣，我曾提出「尊師重道」、「敬業樂羣」、「自動自治」、「篤實踐履」爲全校師生共同努力的目標。

凡此，皆在培養德、智、體、羣四育兼備的學生，成爲優良的市政建設人才，以達成敎育之目的。時光匆促，瞬歷九載，我覺得這些想法與做法到今仍屬正確，而應爲今後一貫努力的鵠的。

二、辦學原則

辦理本校的主要原則，以左列四項爲準：

（一）私校公辦　即不把「學校作家庭」、「校產當私產」，在經費上只爲學校設法寬籌基金，絕不私人動用學校分文；在人事上，決爲事擇人，用人惟才，絕不因人設事，引用私人。故本校在創立之初，卽已辦妥財團法人登記手續。六年以來，所有一切經費收支，均嚴格實施會計制度，並採取聯合採購辦法，以杜絕中飽浪費，做到經濟絕對公開。至於人事方面，現全校近兩百位教職員同仁，俱爲經驗豐富、熱心服務，而爲各方所鄭重推薦，或爲學校所主動禮聘，而無一人爲本人之親眷。以是本校雖爲私立學校，却完全採行「公辦」方式，以「大公無私」之精神辦理。較之一般公立學校，尤能貫徹教育法令，實現教育理想。

（二）崇法務實　卽一切教育設施，均遵奉政府教育法令，依據教育原理，力避浮誇虛假，粉飾點綴。六年以來，只注重優良師資之遴聘、誠樸學風之培養、圖書設備之充實、教學工作之加強，以及校舍之增建等。從未從經費觀點，錄取新生，及招收插班生、旁聽生，與借讀生等，亦未降低課業考試標準，爲不及格學生融通；更未巧立名目，在部令規定以外，多收學生一文。且酌情減收各項費用，以減輕學生家庭負擔。本校每學期均提撥相當數額經費，設置清寒優秀學生獎助學金及工讀生助學金，以扶助清寒優秀學生之完成學業。現領受各種獎助學金者，全校達一百八十人以上。故本校雖係私立學校，學校經費之開支，固有賴學生學雜費之挹注，但絕不多收一文，使學校變爲學店。近年來由於五專發展過速，各學校教育水準，難免參差不齊，今竟有人批評目前五專為「小學設備，中學師資，大學收費」，這種譏評，未免過於戲謔。衡諸本校目前師資設備，與收費情形，殊失公允。

（三）教師至上　即是尊敬教師而為教師服務；且要注重教學工作與學術研究。本校教師，除講師有一少部份係就著名之公立高級中學資深教員擇優遴聘外，其餘均係敦聘曾在各著名大專院校教學有年而為士林所稱許者充任。諸位教師之來校任教，均抱有高度之教育熱忱，故須以禮相待，注重其服務工作，使能專心樂於教學。目前盲目升學之風甚熾，五專學生素質參差不齊，故必須使教師認眞負責，培養優良學風，以提高學生素質。六年以來，本校特別實施嚴格教學，如舉行抽考、集中閱卷、檢查作業、逐堂點名、加強自修輔導，以及增加國、英、數等基本學科之教學時數等，均已收到良好效果。

（四）學生第一　即是把學生視為學校的主體，而一切為學生着想。學生進學校接受教育的目的，是希望成為國家的健全公民和社會的有用人才。學校教育倘不能以學生為主體，一切為學生設想，則將失去創辦學校的旨意。八年以來，本校一切設施，均係把握此一原則，不斷謀求改進。為幫助學生達成此一目的，我在創辦之初，曾揭櫫「品德的陶冶」、「知識的傳授」、「技能的專精」、「體魄的鍛鍊」及「服務的人生」五項為本校教育的方針。平日除加強各科目之教學與實習實驗外，特別注重學生生活教育之加強，勞動服務之實施，以養成學生刻苦勤勞的習慣，並鼓勵學生組織各種自治社團，積極展開活動。我希望本校畢業的學生，人人都是「四育兼備的好青年」、「服務社會的好公民」、「成家立業的好子弟」及「建設國家的好幹部」。

三、八年來建設

本校自創辦以來，無論物質的建設、教學的設施，以及校風的培養，均持以恒毅，黽勉將事，如今雖離理想尚遠，但已粗樹規模。玆將犖犖大者敍述如次：

（一）校舍的興建　本校校址位於北市郊區興隆路旁，其地原爲荒山曠野，蔓草叢生，三面環山，中爲盆地。本校鳩工之始，即將山上坡地夷平，塡補低窪地區，如是乃成爲階梯形的橫斷平地，全部土地大約三萬坪，足敷學校將來發展之用。

五十四年，建築第一棟教室，名爲「崇德樓」，共分三層，計教室十八間。樓後建平房二棟。當時學生僅三百人，所有辦公、教室，及學生活動均集於此，實本校肇基之所。

五十五年因辦公佔用學生課室，殊多不便，乃於左方山上建築「弘道樓」一棟，共分三層，第一層爲教務、訓導、總務三處辦公室；第二層爲董事會及校長辦公室，另闢一大會議室；第三層則爲圖書館及閱覽室，屋頂闢爲花園，是爲本校第二期的建築。

五十六年夏本校第三期學生行將入學，原有教室已不敷用，而學校各種設備亦急待充實，乃又興建「格致樓」一棟，共分四層，計普通教室十四間，特種教室六大間，其中有物理、化學、生物、打字、測量、繪圖及材料實驗等教室；屋頂並建置網球場及溜冰場，爲本校師生課餘憩息遊樂之所。此外，又於右方山上建築「新民樓」一棟，爲學生寢室，可容住宿生一六〇人。在「新民樓」上方建築「明倫堂」一棟，爲學生食堂，可供四百人同時用膳，在本校大禮堂未建築前，兼用爲禮堂，可供一千人集會之用。

五十七年本校第四期學生入學，原有校舍已敷運用，故未繼續興建校舍；至五十八年夏第五期學生入學，乃於「崇德樓」左方建樓「自強樓」一棟。該樓計分五層，本年先完成三層，第一層爲醫務室、資料室、體育室、保管室等，第二層爲各科辦公室，第三、第四、第五層爲教室。

五十九年，繼續完成自強樓第四、第五兩層，於是巍巍屹立的五層大樓，全部完成。同時又於山間建立介壽亭、陶然亭兩處，作爲學生們課餘遊息之所。

六十年及六十一年，繼續興建「光復樓」一棟計分六層，第一層爲地下室爲　國父思想教室兼作音樂及電化活動之用，其他各層均設圖學專用教室，其餘則爲一般教室。另興建實習工廠一所，計佔地約一百坪，內設土木建築用機械工具，作土木建築組學生實習作業之用。

自六十二學年度開始，對各樓使用，重新調整分配，其概況如下：

㈠格致樓：全部改作辦公大樓，除第一樓設理化實驗室，及水泥製品實驗室外，第二樓爲校長室、會議室、教務處、訓導處、總務處及文具儲存室。第三樓各科主任辦公室、專任教師室、出版委員會、畢業生指導會、孔知能辦公室。教育用品陳列室、第四樓則爲學生活動中心。

㈡弘道樓：全部改爲圖書館，其中有教師用參考室、大閱覽室，及各種圖書陳列儲存處所，共有圖書計五萬餘册。

㈢自強樓、崇德樓、光復樓全部作爲學生敎室，（含英語電化教學中心、實習銀行、繪圖教室），尙有空間頗多。

本校學生運動場原在「崇德樓」與「格致樓」中間之平地，旋以學生人數日增，經於五十八年在本校後山另闢地四千坪，拓建爲運動場，所有田徑及足球場等均設於該處。運動場地擴大，每屆下午課餘，全校學生均可參加運動，對於學生體格之鍛鍊，有莫大裨益。六十一年又於後山增購山坡地約四千餘坪現已堆爲平地，作爲大禮堂體育館等建築用地。本校前臨興隆路，爲一平原。自興隆路經校門至校區中心，爲一縱深大道，左右栽植洋柏，間以椰子樹，參差排列，枝葉扶疏，頗饒幽趣。校中心各棟大樓，環繞平地四面，巍峩矗立，形勢壯偉。現校區山坡均已闢爲校園，且遍植花木，每當春暖花開，杜鵑花滿佈山坡，萬紫千紅，悅人心目，實爲學生讀書之優美自然環境。

（二）教學的設施　本校在五十四年創立之初，分設市政管理、公共工程、公用事業管理，及公共衞生四科。蓋以市政管理人才爲市行政之基幹，而公共工程、公用事業，及公共衞生則爲市政建設之主要內容，與市民生活關係亦最爲密切。五十五年鑒於社會福利爲現代市政之新興事業，且與社會安全、市民幸福關係至爲重要，故又增設公共福利科。惟因一般家長及學生對本科之性質與需要不甚明瞭，至五十六年乃決定將該科暫停招生。五十七年新增二年制營建技術科，招收高中畢業學生，修業二年畢業。又因當前社會對公共工程人才需要至爲迫切，而在性質上土木與建築須分別訓練，方能造就專才，故將該科分爲土木與建築二組。又爲充實教學內容，將公用事業管理科改爲工商管理科。至五十八年增設財務金融科。由此，本校現共有市政管理、公共工程（分土木、建築二組）、工商管理、財務金融、公共衞生五科，及二年制營建技術科，其內容大致包括大專院校之法、商、工、醫各科系，故本校雖名爲市政專科，實則爲綜合性之專科學校。本校先後招生八次，總數約爲三千餘人，但以今日一般社會心理偏重升學主義，我教育當局雖普設職業性質之五年制專科學校，仍未能遏止盲目升學之趨向。同時五年制專校功課負擔繁重，本校管理甚爲嚴格，吾人雖視學生如子女，未敢輕言淘汰，但以部份學生，學行過於低劣，吾人雖以最大之愛心與耐心，循循善誘，仍不能收教育之效果，故五年來學生人數異動頗大，除各屆畢業生外，目前在學學生僅約二千五百餘人。

由於本校教育內容日益擴充，敎職員人數亦逐年增加。除教務、訓導、總務三處職員外，現全校共有敎師二百餘人。全體敎師約有四分一爲專任，餘爲兼專任。除講師有一少部份係就著名之公立高級中學教員擇優遴聘外，其餘均係敦聘曾在各大專院校敎學有年，而爲士林所稱許者充任。

本校爲恢宏敎育效能，對於圖書儀器等設備均不斷力求充實。現圖書館共有藏書五萬餘册，除一部份係供學生閱覽者外，多係供敎學參考之用。此外，另設市政資料室，專門蒐集國內外各都市及大學市政學院學系有關都市建設之圖書雜誌，以備研究參考。凡各種實驗應有之儀器、機械，及器材均力求充實，足夠教學應用。

（三）校風的培養　我在創辦本校的時候，鑒於今日許多私立學校的弊端，是公私不分，學校有如「家庭」，乃倡導「私校公辦」的作風，公私分明，一切公開，堅持教育政策，樹立各種制度。同時又看到一般大專學校學生生活散漫，服裝儀容不整，行動過於自由，又倡導「文校武辦」的作風，要求學生明禮義，知廢恥，負責任，守紀律，又建立責任導師制，養成學生整齊、清潔、簡單、樸素、確實、迅速的生活習行，達成　總統所指示的要使學生成爲一個正正堂堂的中國人與活活潑潑的好學生。年來由於訓導處同仁之認眞管教，學生之自愛自重，本校一般風紀尙稱優良，目前一般學校散漫零亂、放任無紀之現象幸未發生。

此外，本校爲提高學生研究興趣，鍛鍊體魄，又鼓勵學生組織各種學術、體育及康樂團體數十個，積極從事各種有益身心之活動。規定各班學生每週應有一小時勞動服務，整理校園，美化環境，藉以養成重視勞動、手腦並用之良好習慣。

（四）初步的成就

⑴本校創辦已有八年，五年制第五屆畢業生，至於本年暑期結業，凡男生參加大專預備軍官考試者，本校取錄人數比例，欣列前茅。可見本校教育主旨的正確與訓練的嚴格。

⑵二年制技藝部畢業生，因學有專長，技有專精，幾全部輔導就業，並受到各服務機構的稱

道。

(3)本校規定四年級學生，必須全部參加實習，而實習成績及格，始能畢業。因爲本校要求理論與實務相結合，如不在實習印證所學，檢討缺失，則將來就業時，眼高手低，難以致用。經考核過去各屆學生，全部介派各機構實習時，服務態度認眞，虛心接受指導，頗受各機構之歡迎。

(4)五年制專校，全國已有七十餘所之多，以目前升學之風甚熾，每次聯招時，報考者雖多，而實際註册入學者仍少。本校因辦理認眞，聲譽日隆，不僅每次入學考試人數足額，且錄取分數，逐年均有提高，可見本校雖性質特殊，過去不甚爲社會人士瞭解，但最近則因教學的改進，管理的嚴格，與學生在工作崗位上的表現，業已日漸受到重視。功無倖成，力不虛擲，只要辦學宗旨正確，管理與教育的嚴格，自可接受考驗，而得到不斷的成長和發展。

四、今後的努力

以上爲本校近年來建設的一般情形，雖然不無績效，然尙未發揮敎育之最大功效。今後本校欲求發展，克盡其培植市政人才之使命，尙須繼續充實設備，改進敎育內容，提高學術研究水準。以下數點尤爲努力之重點：

（一）校舍與設備的擴充　本校校舍之建築，雖已頗具規模，但爲增進敎育效能，尙須增建大禮堂、體育館風雨操場各一所；又敎職員宿舍目前尙付闕如，亦須陸續興建，期於今後幾年內全部完成。關於圖書儀器之充實，尤爲當務之急，宜隨敎學之需要，逐年添置，無論在種類及數量上，務期皆足以供敎學與研究之用。

（二）教育內容的改進　五年制專科課程標準，敎育部尙未完全核定，各科材料亦未完全編審印行，故各校各自爲政，例如各科課程太多，學生缺乏自修時間，不易消化；各相關課程啣接不夠嚴密，內容且有重複。以後宜報請敎育部酌量減少每週授課時數，以其時間集中若干重要課程，並加強各課程之相互配合聯繫，俾能增進敎育效果。在敎材方面，目前因五年制專科創設不久，坊間尙少適當敎材，本校各科敎材係採用大專院校課本，內容甚不相宜。以後除一般課程已由敎育部編輯敎材外，關於本校所獨有之課程，應訂定計劃，自己編撰敎材，期合需要。又在敎師方面，本校專任敎師尙嫌不夠，以後宜逐年將兼敎師改爲專任；關於敎師之待遇亦宜再求改善，以爭取優秀人才。

（三）獨立學院的改制　市政人才因須具有特殊之專門學識與技能，其培養須招考學識與技能基礎較高學生，予以較長期之訓練，方能有成。例如美國都市計劃敎育，大多在研究院實施，其在大學培養者並不太多，至於在專科學校訓練者，全美國現僅有設在巴爾的摩爾（Beltimore）的衣塞克斯社區專科學校（Essex Community College）及設在奧克蘭（Oakland）的梅立德專科學校（Merrit College）二校均係招收高中畢業學生，授予準學士學位。本校現在係爲五年制專科學校僅招收初中畢業學生，訓練五年。其畢業學生顯然只能擔任中下級工作，難於提供領導人才。故為培養高級市政人才，發揮教育效能，本校實有改為獨立學院之必要。前歲我曾兩次簽請總統，請求將本校改為獨立學院，均奉批交付研究。惟以教育部堅持其五年制之既定政策，一時未克實現。此後仍當繼續呈請改制，以應國家建設之需。

（四）**研究工作的加強**　現代社會進步，各種事業之分工日趨細密，因而發生之各種專門性問題亦日漸加多，必須加強高深研究，方能解決。現在學術機關一項重要的職責，即在協助公私機關解決各項專門性問題。市政教育機關亦有同樣責任。例如美國支加哥大學、哥倫比亞大學、加州，及哈佛大學均分別或聯合設置市政府研究所或研究中心，從事培養高級市政人才，麻省理工學院市政學系亦致力研究市政專門問題。再以支加哥大學都市研究中心為例，該所主要任務有：

⑴聯繫該校各部門原有都市研究與教學工作，並發動各種專案研究；

⑵主持各系間共同課程，並提供統一教學方案；

⑶接受政府委託，辦理市政人員訓練與儲備；

⑷接受公私機關委託，辦理都市業務專題研究及其他諮詢事項。

由此可知市政教育機關，對於市政問題專門研究之重要。本校如欲在市政建設上有所貢獻，也必須朝此方向努力。將來如改獨立學院，必須設置研究所，培養高深研究人才，並從事實際市政問題之研究；在未改院以前，亦須及早設置都市問題研究中心，以研究教學工作之改進及各項都市實際問題之解決。此點極爲重要，吾人必須全力以赴，方能達成建校之使命。

五十九年十一月十一日

十年有成？

十年前，我鑒於中國市政人才的缺乏，遵奉　國父「教育事業應由政府與人民協力共謀」的昭示，披荆斬棘，排除萬難，創立了這所我國教育史上第一所市政學府。十年來，由於本校教育方針的正確，辦學作風的開明，以及我全體教職員同仁一心一德、再接再厲，本校各項設施已日趨完善，而稍具規模。惟以本身條件的欠缺與客觀環境的限制，距離本人辦學的理想目標猶甚遙遠，願各位同仁繼續努力，携手共進。一般人嘗謂：「三年有成」，而教育工作則不然，因爲教育是「百年樹人」的大計，短短的三年難期有所成就，但如果興學十年而毫無成就，那就是人謀不臧了。我認爲創辦一所學校能否獲致成功，取決於本身和客觀的兩大因素。茲就其二者分述如次：

㈠本身的條件　教育是一種服務，是一種奉獻，亦爲「犧牲小我，完成大我。」的良心工作。一個成功的辦學者，除要具備高度的教育理想和遠大的抱負外；尙須其自身具有堅苦卓絕的毅力，持久不懈的恒心，再加以充裕的財源，方能有所成就。乍看之下，「本身的條件」的充沛足以克服「客觀環境」的限制；然而，這二者是相輔相成的，倘使具備了本身的條件，却無良好的客觀環境加以配合，則教育效果仍無法臻於理想的。

㈡客觀的環境　近年以來，五年制專科教育制度，在一般家長和學生心目中，雖已頗提高其地位，但依然無法滿足家長們「望子成龍」、「望女成鳳」的理想。也就無法達成學生們「揚名聲」、「顯父母」的希望。因爲教育部對於五專的設立，自五十四年以來，不到十年，由幾所膨脹到七十幾所，少數沒有興學理想與經驗而動機不純正的人，擁有三、五甲土地，湊足一、二百萬經費，就能申請設立一所五專，創校以後，師資缺乏，經費短絀，而且董事會又不健全，糾紛迭起，於是在一般社會人士的眼光裏，遲遲未建立起良好的信譽。因此，客觀環境就影響着眞心辦學者的努力了。

無論如何，我仍願本諸「自我創造」、「自我超越」的信心，善盡興學責任。所以，我一直秉持着「私校公辦」的原則，發揮至誠至公、無我無私的精神，爲造就市政人才而盡心竭力！回顧十年前創校之初，遍地荊棘，再觀今日學校一切業已粗具規模，差堪告慰；但是「行百里者半九十」，今値行將屆滿十週年之際，我特就成敗得失，加以檢討如次：

七大成果　差堪自慰

(一)有足够的校地可以拓建　建校之初，因資金短絀，無力購買大宗土地；多年來，極力寬籌資金，不斷的增購土地，至目前爲止，已擁有七甲多校地，有足夠的場地，以應將來拓建之需。尤以六十一年度闢後山爲綜合運動場後，同學們活動的園地擴增了一倍以上。此乃十年辛勤努力的成果之一。

（二）有足夠的校舍可以增班 本校不斷地拓建校舍，以配合全校師生的需要；絕不因經費短絀而停止學校的發展與進步。近幾年來，自強樓、光復樓等接連興建；進而將弘道樓闢爲獨立圖書館；本校建築總計已達六千餘坪以上，這一切建設無不歷經艱苦逐一完成。如今，七幢大樓的宏偉、壯濶，證實了古人所云：「苦心勞力，則事無大小，必有所成。」

（三）設備日漸充實 本校各科教學均力求「理論與實務相配合」，因此備置了各項教學器材，增建了各類實習場所，諸如：實習工廠、實習銀行、英語電化教室、材料實驗室、水泥製品實驗室、物理實驗室、化學實驗室各一所，打字教室二間，繪圖教室四間，暨國父思想教室兼電化教室，與中正紀念廳等嶄新設備不斷地出現，說明了本校設備已日漸充實。

（四）學風相當優良 本人於創校之初，鑒於一般私立學校公私不分的弊端，乃極力倡行「人事」、「經濟」、「意見」、「獎懲」四大公開；樹立「私校公辦」的優良學風，並以「文校武辦」爲精神，要求學生自律、自制，做到生活上整齊、清潔、簡單、樸素、迅速、確實、靜肅七大要求。十年奮進中，由於學風的優良，使得本校聲譽日隆。

（五）師資水準逐漸提高 一所好的學校，不但其設備要好，更重要的師資要好。本校一向重視教師福利，不斷地提高其待遇；並經常審查每位老師的任課態度和施教情形，並參酌學生們的意見反映，有效地督導改進，以加強教學效果。時至今日，本校的各位專兼任老師，絕大多數係學有耑長經驗豐富的優良教師。足見本校師資水準已普遍提高了。

（六）學生入學素質不斷進步 從歷年本校新生入學成績中，可以發覺一年比一年提高，一屆比一屆理想。學生素質的提高，證明了本校於今日社會中已漸受重視；也證明了本校十年努力，並沒有白費。今後，當再接再厲爲羅致更優秀的下一代，造就更傑出的下一代而努力。

（七）學生註册後異動甚少 根據註册組統計結果，最近一年來中請轉學的同學，僅有五人；而參加本校轉學生考試的却達百餘人之多。事實證明了本校於學生心目中，已逐漸建立了聲譽。學生們註册穩定，象徵着學校的進步，亦代表着校譽已蒸蒸日上。多年辛勤，亦足堪告慰了！

以上各項進步，均係十年來心血的結晶。「公其心則無私」我一直將學校公諸於社會，竭盡心力，恒久地爲國家社會發掘人才、培育人才而奉獻。「減一分私心，增一分成就」，我的教育理想相當高遠，也許目前不易被外人接受，要經過一段時間的考驗，方能受到重視而被接受；惟「一切成功完全操之在我」，我願經常地檢討，不斷地改進，完成這神聖的教育事業。

六項缺失　亟待改進

（一）讀書風氣尚未養成　一個學校讀書風氣的好壞，與老師教學的態度、學校設備的優劣，以及學生求知的慾望有着密切的關係。今後當⑴進一步擴充校內各項教學設施。⑵考核各任課老師教學情形，要求其具備高度的耑業精神，鼓舞同學們的學習興趣。⑶讓學生們認識世界上沒有所謂天才，所謂天才，不過是靠一分的智慧，再加九分的努力，才能有所成就，所以提高讀書風氣，爲今後全校師生共同努力的途徑。

（二）學生自治能力未能充分發揮　同學們的一舉一動，經常須老師們的督促，欠缺自動自發的精神。今後應嚴格要求各班導師本着「嚴而不苛」的原則，激勵同學們自覺意識奮進向上；並遴選優秀的班級幹部，訓練負責盡職的社團幹部，啓發學生們自覺意識，提高其自動精神，培養其自治能力；不僅要消極地規定同學們如何做，更要積極地要求其做得好；願全校各班均能成爲「自治班」。

（三）管教方法未盡妥善　我曾一再強調，對學生態度，無論導師、教官，暨任課教師，不僅要「作之君，作之師，作之親」，更重要的，要能「作之友」；爲師者，應以愛心教導學生，以耐心糾正學生錯誤；訓導學生，切忌傷其自尊心，免其發生反感走向極端。辦教育要「春風化雨」、「和風細雨」，萬不可用「狂風暴雨」的作法，弄得學生「淒風苦雨」。

（四）實習實驗有待加強　從「教學調查」中，得知本校同學有着強烈的求知慾。目前，校內各項實驗器材，雖已較往日擴充，却依然無法滿足同學們求知的需求。今後，應添置各項實驗器材，充實各項實習設備，尤須充分的有效加以利用，考查其績效，以提高其學習興趣，俾宏實際功效。

（五）**學校與教師、教師與學生間的差距有待消除** 差距發生的原因係由於「不瞭解」和「誤解」所致，一般教職員誤以爲學校是董事長校長的私產，而自己則居於傭傭的地位，以爲教學是一種職業而非事業，須知學校辦理財團法人登記以後，董事會是一種奉獻，不能視學校爲私有。這些觀念上的錯誤，是阻礙進步的主要因素。朱熹謂：「不能感人，皆誠之未至」，倘使師生間本諸至誠、信實不欺，必能融洽一片而毫無「差距」了。今後當⑴加強導師制度，使導師成爲學校與學生間意見溝通的橋樑。⑵重視學生意願，不斷地求新、求進，使學生對學校有「向心力」。⑶利用機會教育，給予學生適當的指導，培養其正確的觀念，加深其對學校的認識，以爲學校分擔一些創校的艱辛。⑷導師儘量和學生們打成一片，瞭解學生需要，幫助學生解決各種困難。如此一來，必能消弭師生隔閡，縮短學校與學生間的差距了。

（六）**教職員沒有高超的興學理想** 專任老師於校外兼課時數過多，精力分散，影響了在校內教學的專注。願全體專任老師與學校通力合作，應以校內課務爲重；除授課外，應對學校所指定之專勤，盡心盡責，以加強教學成果。學校行政人員尤應揚棄本位主義，發揮團隊的精神，遇事通力合作，休戚相關，自可收事半功倍之效了。

學校財團法人問題

於「檢討改進」之餘，我願將本校財團法人成立經過告訴各位：

關於學校財團法人的登記，私立學校法有專章加以規定，先依據「捐助章程」成立董事會，其主管官署係法院而非教育部；有關捐助章程中所規定的項目，包括：(1)成立目的(2)捐助金額(3)董事姓名(4)設置地點等等。本人創校之初，乃以本身信用向銀行貸款三百萬元，加上朋友捐助二百餘萬，方能得到核准立案。財團法人成立後，學校所登記的各項財產即成爲公物。所以，辦學校是一種「奉獻」，而不是「私有」，本校創辦第一年，辦理財團法人總值約七百餘萬，最近一次辦理登記時，財產總值已達八千餘萬，校內的一點一滴、一草一木均係登記的範圍。而一般社會人士對辦理財團法人的意義不甚瞭解，所以對辦理教育者的艱辛也無從得知，以爲辦私立學校是「開學店」，因此，對於本校甚而對我個人發生種種誤解。古人有云：「言得一丈，不如行得一尺；知周乎天地，不如行始於足下。」十年來，我摒除了世俗批評的流言，一切盡其在我，一切反求諸已的在極端困頓下，不斷地創進！廓清一般人對辦學者的誤解。

目前，本校財務狀況在所有五專中，已居於相當穩定的地位。創校之初，對外負債爲千餘萬，如今債務已逐漸減爲三百餘萬。當然，憑本校的信譽，想貸款絕非難事；不過目前校舍和設備，如政府不准增班，足可敷用。自私立學校法頒行後，規定各級學校董事不得參與學校行政工作，尤不可任用私人干預財務和人事；同時又嚴格規定取之於學生，用之於學生。然而，目前僅以學費的收入作爲所有人事費的支出，根本是不夠的，所以，此次改善教職員待遇，因收入不夠須另外舉債彌補，勉強渡過難關。

茲於迎接建校十週年之際，本人特將學校財務問題特加說明，希望本校全體師生瞭解本人辦學作風，願大家少批評、多做事、守本份、盡責任。「保持現狀，就是落伍」我願以果敢的決心，犧牲的精神，排除現有的困難，一切求精、求實。所謂「天地無私，故能成其大；日月無私，故能成其明；聖人無私，故能成其我。」但是，辦教育並非「爲我」的私人企業，而是「爲人」的社會事業；亦非「成己」的私產，而是「成人」的公產。子曰：「毋意、毋必、毋固、毋我」，願全校教職員爲教育英才做持續的努力，爲我國教育史上譜下光輝燦爛的一頁。

切實檢討　策勵來茲

一、積極籌組校友會　爲迎接十週年校慶，除編製校慶特刊、擴大舉辦各項慶祝活動外，並將編印校友通訊，擴大歡迎校友返校，而「中國市政校友會」將於當天正式成立。願藉着「校友會」的成立，以瞭解校友們的生活動態暨工作狀況；並將校友們服務經驗，提供在校同學參考，俾同學們畢業後，能彼此提攜，共同開創更好的前程。

二、建立人事制度　本校成立既屆十載，多項制度應逐漸建立，政府雖未規定私立學校辦理退休，但爲強化人事陣容俾能新陳代謝起見，仍應該辦理退休制度，新進人員以不超過六十歲爲原則，兼任敎員以不超過六十五歲爲原則；人事組應收集資料，加以整理，以便擬訂可行辦法。

三、實施公積金制度　私立學校不能參加公保，政府原有各民營機關團體學校，有辦理公積金辦法的擬議，惟尚未施行。爲安定同仁生活，本校可自行研訂一種可行辦法，本人初步構想，每人每月可照其本薪提供若干，再由學校補助若干，但以不能過分加重學校與同仁的負擔爲立案要旨。

四、圖書館增闢各種專櫃　圖書館應於短期內，採購各種考試用書，提供同學們閱讀，俾便於參加高普考、各種特考暨預官考試之需。

五、建立科主任責任制度　以往科主任不能完全專任，敎育設施與敎師聘任，大都由敎務處負責，今後應儘量延聘耑任科主任，並加強各學會的活動，敎室編排可以科爲單元，而不以年級爲單元，並以科主任兼任主任導師，藉以收敎訓合一之效。

六、研究高年級同學輔導低年級辦法　美國西點軍校，高年級同學可以管理低年級同學，低年級同學並須絕對服從。本校似可以效法其辦法，挑選畢業班優秀同學，每人輔導一年級同學若干人，一方面增進同學間情誼，同時可收切磋琢磨之效。

七、延長實習時間　自本年度起，凡公衞科五年級下學期全部時間列爲實習時間，此項制度如實施有效，不但可以增加同學們工作經驗，並可開闢其就業途徑，加深其實務上的經驗，其他各科亦應儘可能增加實習時間和機會。

八、嚴格規定轉學、休學、退學條件　凡優秀同學因家境清寒申請休學或退學者，應探究其家庭狀況，予以適當的濟助，免其遭受失學的痛苦。至於轉學者，當查明其轉學動機，如對所學不感興趣？抑或是對本校不滿？應瞭解其眞相，聯絡其家長，做適當的處理。

九、每學期應舉辦「學生意見全面調查」與「時事測驗」　爲瞭解全校師生的意願，爲改進本校的缺失，故將於本學期開始，每學期舉辦全面的生活與教學調查乙次，該項工作由訓導處督同學生活動中心辦理。同時，爲了加深全體同學對於時事的認識，並應按期舉辦時事測驗，並認眞評閱，績優者將予以獎勵。藉着時事測驗培養其正確的政治認識。

十、事務應支援業務　訓教的業務須賴行政工作予以支援，如二者不能配當，則努力變成白費。「天下之事，慮之貴詳，行之貴力。」一切行政支援，並非口號，應切實行事。「深事深謀，淺事淺謀；遠事遠謀，近事近謀。」願各有關負責人，善用自己的智慧，打破本位主義，發揮團隊精神，全力支持教訓的順利進行。

十一、教職員應淬勵奮勉　本學期已開學一週，應一切就緒。此次學生註册情況良好；惟多位教職員工作情緒尙未穩定，工作精神未能充分發揮。願全體師生於開學後，要有一個新氣象，作一番新努力。「好的開始」方能收事半功倍之效。

十二、注意英語會話效果　歷年本校英語會話課程，均延聘中國籍老師擔任，自上學年起，絕大多數的班級均聘用外籍老師執教；績效如何，應確實加以考查。余以爲不論其爲外籍或本國籍，應要求其稱職。而學習外文的最佳途徑，則爲「多聽」、「多講」，今後當鼓勵同學們多收聽英語廣播，自己不斷練習，如儘靠每週兩小時授課是不夠的。

十三、改善服務態度　學生調查意見反應：部份辦事人員官僚氣息太重，辦事不能爲學生設想。顧所有教職員，均能「一切爲學生着想」做最佳的服務；秉持着熱心負責的態度予學生以方便。

十四、獎懲應愼重　應於合情合理的原則下處分學生，不得以處罰來威脅、恐嚇學生；必要時，可以體力勞動，諸如跑步、清潔等方式代替處罰，使學生心服口服，尤其要注意「感化重於制裁」，要求每一位同學確實做到「處事以敬，接物以義，律己以嚴，進退以禮」，俾全體同學均能成爲有守有爲的青年。

十五、學生與教師距離太大　中央日報一項教學調查中指出，多數學生表示，最關心他的是父母，其次爲朋友，再其次爲老師。這個原因由於任課老師時間匆忙，與學生接觸機會太少，故形成師生間的隔閡。今後將格外要求導師們「以身作則」，瞭解學生性向、志趣，及其需要，予學生適當的個別的輔導，莫讓學生們對學校發生誤解而滿腹怨尤。同時，各班導師應格外留意學生們課餘的生活動態，免其在外滋事肇禍，有損校譽。

十六、注意服裝儀容　從「市專人」生活調查中，獲悉多數同學希望訂製白色夏服。惟制服的制定，須遵照教育部規定，不得任意變更。願同學們瞭解學校的立場，更願全體師生經常注意服裝、儀容的整潔；男女教職員切忌蓬頭垢面、奇裝異服；男同學切不可蓄鬍、蓄髮；此外，特別要求女同學們裙子長短適度，凡違反規定者嚴加取締。

十七、「學生抽煙」問題　學生抽煙在本校已形成嚴重的問題，願導師利用機會鼓勵同學們祛除惡習，養成良好的習慣，爲自己塑造一個瑰麗的未來。

十八、研訂修改各科課程標準　注意各科課程編配是否適當，有無重複脫節情事；尤其市政管理科係通才教育，其所學科目過多，致使同學們對於各科均「通而不精」。今後，應加強一些專業科目，使該科具有特性，俾同學們亦能學有所專，畢業後能順利就業。

綜觀上述各節，本人在茲十週年校慶前夕，不禁反問諸己「十年有成」乎？瑤階公有云：「辦理國家者，不難無人才，而難無公心；創大業者，不難無奇策，而難無眞心。」本人則謂：「辦教育者，不難無財力，而難無良心；不難無好學生，而難無好老師。」願以此自勉，並與全體同仁共勉。

六十四年十二月二十五日

談做人與做事

諸位同學：

你們肄業本校時間，長的已屆五年，短的已屆三載。由於你們平日功課的繁重，我的公私事務也較忙碌，所以未能常常與諸同學講話。韶光易逝，轉瞬諸位就要畢業離校了。今天在你們行將離校前夕，特抽空與你們說幾句話。

五年以來，我縱然竭盡心力，督導所有的教師和職員，想在生活上、學業上、品德上，把諸位管好教好，使你們畢業後置身社會，卓然有以自立，不負諸位家長的重託。但是爲主觀和客觀的種種因素限制，深感力不從心，事多乖違，現在反覆思維，不禁內疚與慚愧。

諸位就將離校，我個人此際心緒萬端，不知從何談起。僅就最重要的作人與作事問題，提出我個人數十年來的經驗與教訓，以供諸位參考。這是我對諸位最重要的一次講話，也是對諸位在校最後一次講話。

人無分性別，無分職業，無論賢愚不肖，均不能離開人羣社會而去穴居野處，茹毛飲血，過着遺世而獨立的個人生活。有如魯濱遜的長期的海上飄流，與在關島叢林中偸生二十八年的日本軍人橫井一樣，脫離人羣，孤苦伶仃的渡過漫長的歲月。

茲就一個交遊圈子極小的人來說，他有家庭、父母、妻子、兒女、兄弟、姊妹等經常生活在一起。這就發生了人與人的關係了。因爲每個人的秉賦不同，個性差異，興趣懸殊。當然就在觀念上、行爲上，產生了相互歧異的問題，如果是知識份子，那問題就更多了。除了親戚朋友關係以外，還加上同學關係、上下關係、政治關係等，因此就發生了如何做人及與人如何相處的複雜問題。

一個人如果有智慧、有學問、有臨機應變的能力，也許處事並不太難，但處人就不是那麼容易了。因爲人性多變、人心難測，故處人爲一高深學問，也爲一高度藝術。要作好事，先得處好人，如果處人成功了，一切事情可得道多助，迎刄而解了。

常見一個滿腹經綸的人，才華卓越，但拙於處人，是以雖雄心萬丈，但終生難有任何成就，殊令人爲之惋惜。

諸同學在本校讀書，現在年齡均在二十歲左右，雖然已有了與人相處的經驗，如父母、兄弟、姊妹、親友、老師、同學等，但此類關係，很少利害衝突，故相處較爲容易。一旦結業離校後，進入複雜的社會圈子，人與人的關係，就不那樣簡單了。

譬如同學們目前無論在家庭在學校做錯了事，即會得到父母和師長的諒解，並予誘導，以期改過遷善。就是加以責罰，也是本諸愛人以德，動機良善。但踏入社會上工作時，就不會受到優容了。因爲社會上有不少的人，都願意看到別人的失敗，而妒嫉別人的成功。因此「落井下石」與「打落水狗」之類的事實，時常發生。至同情他人，助人成功的事，那就比較少了。「人情冷暖，世態炎涼」，自古已然，於今爲烈。所以在工作時，你們自己一定要隨時檢束，提高警覺，淬勵自勉，才能立於不敗之地，踏上成功之路。

我以前曾看過泰山紅顏電視劇，見到劇中人二牛子，是一個很善良、有正義感、有責任心、愛家庭、重孝道的好孩子，但是他個性倔強，容易衝動，到處遭受白眼而不能容忍。所以受盡打擊，委曲而不能求全，遂使其感覺天地雖大，幾無他一席容身之地，最後乃誤入歧途，斷送了寶貴的生命。二牛子何辜，只怪人心太險惡太可怕了。

其次爲歷史上所載的西漢高祖，出身亭長（類似今之村里長），才具學識均很平庸，但他能夠掃蕩羣雄，貴爲天子，其最大原因，乃是他能夠知人善任，禮賢下士，所以得到漢初三傑：蕭何、張良、韓信等爲他效命。故能立萬世不朽之基業，這就是他處人的成功。但當時西楚霸王項羽，出身貴族，且有力拔山兮氣蓋世的雄略，竟然困於垓下，飲恨以歿，使後世研究歷史的人，都爲之扼腕嘆息，這又是什麼原因呢？蓋以項羽自視過高，不能接納忠言，而將一位足智多謀才能經國濟世的范增不予重用，遂成爲一個失敗的英雄。這就是一個不善用人而失敗的例子。

再如以假仁義着稱的後漢昭烈皇帝劉備，質本平庸，但他能識人、能容人、能用人，故能羅致文如諸葛孔明、武如關羽、張飛、趙雲、馬超、黃忠等五虎上將，是以亦能開疆拓土，與吳魏鼎足而三，此卽用人成功之明證。

一、如何做人：

㈠如何做人的基本原則，應以仁爲本位，而仁者，卽二人在一起，就發生人與人的關係之謂。說文：「仁者親也」。中庸上說：「仁者人也」，二人以上，卽應相親相愛。唐代學者韓愈有云：「博愛之謂仁」。國父說：「仁之種類，有救世、救人、救國三者，其性質則皆爲博愛」。愛人無私謂之仁，此乃我國傳統文化精神之所在。所以仁者從二人，其意卽爲多人相處之道。由於多人相處，於是就發生了孟子所云：「父子有親，君臣有義，夫婦有別，長幼有序，朋友有信」。又禮記所謂「父慈子孝，兄良弟悌，夫義婦聽，長惠幼順，君仁臣忠」等人倫關係。以上所指的人與人的關係，不僅爲做人處事的道理，亦卽先儒所強調的人倫之大經，和治國之大本。與維護血統綿延，歷史嬗遞的唯一基因。所謂「父子有親」，卽父子乃血緣關係，親近出乎天性，但其間亦須「慈」與「孝」存乎其間，以爲維繫。有子所謂「孝悌也者，其爲仁之本歟」是也。所謂「君臣有義」，卽必須以仁義互勉，君義則臣忠，這個義字、仁字、忠字，就是維持君臣與上下關係的要素。所謂「夫婦有別」，卽夫婦日常生活在一起，關係太親近，容易發生衝突。如能相親相敬，則家庭和樂，家和則萬事興矣。所謂「長幼有序」，長者愛人以德，幼者服從，於是長者惠而幼者順。所謂「朋友有信」卽朋友交往，信守爲先，踐約守信，人之大節，如能凡事一諾千金，信守不渝，則四海皆成知己，天涯亦若比鄰。果能如此，則五倫之道備矣。

(二)如何與人相處：

1.自尊而尊人：老子說：「將欲取之，必先予之」。孔子亦說：「己所不欲，勿施於人」。孟子說得更爲明顯：「愛人者人恆愛之，敬人者人恆敬之」。又說：「人必自侮，而後人侮之」，此卽自尊之要道，能自尊則人必尊之。至於尊人，孟子有更剴切的說法：「君之視臣如手足，則臣視君如腹心，君之視臣如草芥，則臣視君如路人，君之視臣如犬馬，則臣視君如寇讎」。故尊重別人，爲一個人立身處世之最好準則。但尊重別人，並非阿諛逢迎，更非趨炎附勢，而是不亢不卑，堂堂正正，且要做到：「富貴不能淫，貧賤不能移，威武不能屈」。寧做寂寞的君子，不做得意的小人，如此可見自尊並非驕矜自大，尊人亦非諂媚逢迎。

2.謙虛而含蓄：語云：「天外有天，人外有人」。一個人千萬不能自大，目空一切。所謂「滿招損，謙受益」。「樹怕高，豬怕肥」。因此做人，要退讓三分。我國歷代做人哲學，爲大智若愚，卽任何天資明敏的人，都不必賣弄才華，也勿須顯露鋒芒，以免招人妒嫉，招致失敗。世界上的人，願意看人失敗者多，願意助人成功者少。我以本身的一個小經驗，告訴你們：我自大學畢業後，奉派某個省政府實習，充任佐理員，地位在科員以下。但我對一位老態龍鍾的科員，非常輕視，擬辦文稿時，常簽名在科員之上，此事爲科長所不滿，乃改派我到滿室灰塵的檔案室工作，當我穿着畢挺西裝，看到如此汚髒環境，如何能夠容身工作下去，乃悻然離職。今天的社會，人浮於事，你們剛畢業，不會找到較好工作；但只要能有服務機會就要鍥而不捨，脚踏實地，努力做去，總會日漸進步。千萬不要眼高手低，好高鶩遠，自討苦吃。

3. 自制與容忍：中庸有云：「君子無入而不自得焉」，此爲自制之最高境界。孔子說：「小不忍則亂大謀」。荀子亦說：「志忍私而後公，行忍性而後修」。語云：「有容乃大」。凡此皆在告訴人，無論任何身份，處任何環境，首先要去私，去私則能自制。次要去忿，去忿乃能容忍。果能自制和容忍，則頭腦冷靜，清明在躬，不任性，不衝動，臨大事而沉着應付，處小事亦不粗心大意。

4. 同情與合作：「君子成人之美，不成人之惡」。「君子愛人以德，小人愛人以姑息」。先儒讜論，値得我們推崇。因此同情心的產生，以濟難扶傾爲準據。幫助人減輕痛苦，解除困難，決非助桀爲虐，更非姑息養奸。至於合作，則爲成功立業所必需；尤其今天工商業社會，更要分工合作，才可樂觀厥成。但合作要點，必需在犧牲小我原則下，以成全大我。乃能創業垂統，立德立功。

5. 存心仁厚：孔子說：「水至清則無魚，人至察則無徒。」孟子說：「明足以察秋毫之末，而不見輿薪」。鄭板橋說：「聰明難，糊塗亦難，由聰明而轉入糊塗更難」。可知爲人處世，不可太過精明，太逞才能，引起他人疑懼，則望望然而去之。因此作人必須多帶含蓄，多帶渾厚。必要時，甚至裝點糊塗，以處世對人，使人敢於親近，敢於接受任使，和敢於輸忠輸誠，以同心協力，同舟共濟。任何人不論如何精明厲害，但總無法看到自己的眉毛。此卽告訴人看到自己的短處難，看到他人短處易。故一定要存心忠厚一點，以免遭受到智者千慮，必有一失，而無法解救。

6. 不遷怒不貳過：古人有喜怒不形於色這句話，此一境界太高，不易做到。但如能做到當怒者怒，當喜則喜，已可差強人意。至於過失，人非聖賢，孰能無之，但貴在「過則勿憚改」，千萬不能怕改過。如過而不改，就是孔子所言：「過而不改是爲過矣」了。果能有過卽改，則又善莫大焉。

7. 機警識趣：機警，卽爲臨機應變，處事妥切，審奪情事，判別是非。更要維持君子風度，察顏觀色，適可而止。滿清時代，一般高級官員，有「端茶送客」的習慣，此際如不識趣告辭，必將自取其辱。古人說「知足不辱，知止不殆」就是這個道理。語云「親戚遠離香，鄰居高築墻」。「久住人易賤，頻來親也疏」。「君子之交淡如水，小人之交甜如蜜」。上述這些話，雖屬里閭俗語，但其含意，却無一不具有處人處世哲理，值得珍視。

8. 知人之明：孔子說：「不患人之不己知，患不知人也」。莊子說：「遠使之而觀其忠，近使之而觀其敬，繁使之而觀其能，卒然問之而觀其智，急與之期而觀其信，委之以財而觀其仁，告之以危而觀其節，醉之以酒而觀其則，雜之以處而觀其色」。語云：「人不可以貌相，海水不可以斗量」。孔子的提示，以知人之明為人生第一要務。莊子諸語，則告人以觀人知人重點之所在，實為考核人才之要道。但人才難得，皮相觀察也常使人才失之交臂。因此一個明於知人的人，常可以成大事。反之則往往一事無成。

二、如何做事

㈠昔人有云：「天下無難事，有心者成之，天下無易事，無恆者失之」。在人類社會活動中，事無論難易大小，必需面對事實，努力以赴，纔可以樂觀厥成。

㈡作事最重要守則：作事的涵義，極為廣泛，小如一個學校內的勞動服務，或一個家庭內的整理環境衞生，大如肩負治國平天下的重任，均包括在內。因之要作事，不論事之大小，必須先考慮到下面七個問題：

1. 做甚麼事——即工作的選擇：你們畢業離校，初入社會，首先要考慮到做甚麼事俾能學以致用，而能盡出所長，這就是擇業問題。擇業應根據自己所學、專長、興趣、經驗、理想和抱負，加以深遠考慮，再選擇適合自己的職業，從小處着眼，大處着手做起。千萬不可眼高手低，恃才傲物，更不可飢不擇食，貪圖近利，走向無發展無前途的行業中去。

2.怎樣做事——卽工作的方法與步驟：卽作任何事，均要先搜集資料，確定範圍，擬訂計畫，算定步驟。如何與人分工，如何與人合作。萬不可先不瞭解工作環境，毫無準備，就貿然從事，結果一定會招致失敗。

3.用甚麼做——卽工作的條件：做任何事，都需要工具，如開工廠，就先要選購土地，籌建廠房，預置機器，準備原料，始能開始工作。此際有一先決條件，須加注意，卽工欲善其事，必先利其器，欲求工作有成效，先應準備必要條件。

4.用何人做——卽工作的人員：如籌辦一所學校，最要緊的是師資的儲備，行政幹部的遴選，「得人者昌，失人者亡」。人可以創造環境，變不可能爲可能，同時人也可以僨事誤事，弄得一事無成。所以任何一件事的成敗得失，其關鍵在於是否得人。

5.要多少錢——卽工作的經費：如辦一所學校，應先籌畫開辦經費，購校地需款若干？建校舍需款若干？設備器材需款若干？人事費需款若干？這些錢董事會可捐助多少？向外籌募多少？必要時銀行能否借貸？都應該預爲計畫。

6.怎樣做得快——卽工作的效率：要工作進展快，先需有敬業精神，加上專業技能，而人、時、事、地、物五點，尤須高度協調，嚴密配合，以資運用，方可產生最大效果。

7.怎樣做得好——卽工作的研究發展：保持現狀，就是落伍，在工作進程中，必需一面按計畫實施，一面更要研究改進。但任何事情的創辦，必須經歷過許多錯誤，更須隨時檢討、分析、比較，以探求錯誤發生原因，立加糾正，才能止於至善。

此外無論做任何事，除必需具備上述七個條件外，總統所指示的五守：卽守時、守分、守法、守信、守密，乃是作事最基本和最重要的法則，玆分論如下：

第一守時：我國人大都脫離不了農村社會的舊習慣，缺乏時間觀念，「日出而作，日入而息」，從不準確把握時間。目前人類社會進入了太空時代，分秒必爭，差之毫釐，謬以千里，所以你們將來就業後，無論開會、上班、赴約，均應絕對遵守時間，尤以你們初踏入社會，到一個關機、團體，或公司上班，絕對不可遲到早退，予人以極惡劣的印象。

第二守分：守分就是守自己的本分，不逾越處人處世範圍的意思。你們今後與人交往及作事，都要守住自己的崗位，盡到自己的責任，該說的話就說，責任範圍內的事一定做好，言行不可浮誇，尤其不可有傲慢失態。守分也就是守禮，卽爲：「非禮勿視，非禮勿聽，非禮勿言，非禮勿動」的意思。

第三爲守法：一個現代國民，處在一個法治的國家，守法是最基本的要求，如果一個人違法亂紀，作奸犯科的話，任憑他有多高的學問，和多大的才能，也是要斷送前程，乃致身罹法網，而身敗名裂的。因之你們將來不論身擔何職，均宜潔身自愛，廉能奉公，不作任何非分之想，不取任何非分之財。須知奢華的人，雖富不足，勤儉的人，雖窮也是有餘的。

第四守信：人言爲信，就是一個人說的話，無論到任何時間地點來驗證，均無任何欺矇不實之處。孔子說：「信近於義，言可復也」，就是這個道理。如就現在工商業發達的社會而言，朋友交往，金錢週轉，尤重然諾，「人無信不立」，可見信實的重要了。

第五守密：以個人私德來講，守密就是不要揭發他人隱私，以快意於一時，結果是於人有損，於己無益，再就公德來講，守密卽爲守職務上之秘密，無論大至國家內政、外交、軍事、經濟等在未公開宣告前，如經洩露，卽可妨害政府政令推行。

㈢做事的幾個先決條件——成功之路：

1.捨己爲羣的服務精神：一個人要成功，我以爲不是機遇，也不完全是能力和學問，而是大公無私、捨己爲羣的正確觀念，奮鬥不懈、刻苦勤勞的工作態度，和與人爲善、犧牲小我的服務道德。國父說：「人生以服務爲目的」。總統亦說：「生活之目的，在增進人類全體的生活；生命之意義，在創造宇宙繼起的生命」。換句話說，一個人在工作時，必須具有正確的服務觀念，懇切的服務態度，和助人的服務道德，以爲國家、爲社會，更爲後世人羣，努力以赴。

2.鍥而不捨的工作精神：此種精神亦卽鍥而不捨、奮鬥到底的精神。做事要保持愉快的心情，不重形式，不尙虛浮，不事鑽營，不尙吹噓，不見異思遷，不有始無終，不做一行怨一行，以盡其在我。則天下事，何事而不可有爲。

3.互助合作的團隊精神：常謂：「人事」者，卽人與事之通稱，有其絕對不可分割之關係。凡事與人相處得好，則做事自會得道多助，事事圓通。如處人無方，則勢將到處碰壁，也將一事無成。所以做事一定要互助合作，幫助他人成功。既不可一意孤行，也不可依賴他人，一定要發揮團隊精神，共同努力，踏上共同成功之路。

最後：我必須懇切告訴諸同學的，我今天所講的做人做事的道理，不是我個人的意見，而是先聖先賢的寶貴遺訓，我在數十年服務過程中，並沒有做到十之一、二，所以今天對社會對國家毫無貢獻，我現已年逾六十，以我親身失敗的慘痛經驗和教訓，懇切的告訴你們，盼能緊記心頭，作爲我的臨別贈言。並盼諸位珍惜自己的年華，維護身心的健康，把握稍縱卽逝的機會，淬勵個人的品德，繼續充實學問，爲自己、爲國家、爲社會，盡最善最大的努力，完了。

六十二年六月十五日

談讀書

本週爲本學期最後上課的階段，下週起就要舉行期末考試。時間過得眞快，本人雖經常到校，但很少與各同學見面講話。今天特利用週會時間，來與各位談談讀書問題。

壹、為甚麼要讀書──讀書目的

一、知識是一種無上的權威──一個偉大的發明家，可以用他研究成果，改善人類生活，造福人羣。一個偉大學者，如我國孔子，他的思想言行，可以支配我國文化歷史幾千年，迄今爲國人奉行不衰。又如馬克斯，每日浸沉於倫敦圖書館裏，胡思亂想，發明了共產主義，誤盡了天下蒼生。原子能的發明，既可以用之改善人類的生活，又可以毁滅世界的文明。今天美俄之所以成爲世界上的兩超級強國，就是由於他們的智識領先其他國家，所以工業發達，經濟繁榮，使世界上其他國家，幾乎不敢望其項背。因此這兩大國家能夠左右世界，控制宇宙。

二、讀書是一種高尙的生活──俗語有云：「活到老、學到老」。古人更有：「一日不讀書，則語言無味，面目可憎」。一個人從出生到晚年，均須讀書，而且不分季節、年齡、地點等，只要一有空餘，就該讀書。所謂：「開卷有益」。只要肯將有閒時間，用於書本上，定然有意想不到的收穫。

三、讀書是一種精神的享受——一個詩人、一個文學家，只要有書在手，便會其樂融融。一個發明家，他的知識領域愈廣濶，研究深度愈擴大，創製新的產品愈多，造福人羣機會也愈增加，心靈所獲快慰將無法估計。昔者顏回最善於以讀書來排遣生活了，論語上記載，顏回「居陋巷，一簞食、一瓢飲，人不堪其憂，回也不改其樂」。推究其原因所在，卽顏子已將全部精力、心智，灌注於書本上，視讀書爲其生命和精神的寄託，其他皆爲身外之物，不足計較了。我常常閱讀子史經傳，發現歷史上成名學者，每因讀書而獲得對某種學理上的解答時，則其內心之慰快，常不知手之舞之足之蹈之。誠如大學上有云：「卽凡天下之物，莫不因其已知之理而益窮之，以求至乎其極，至於用力之久，而一旦豁然貫通焉，則衆物之表裏精粗無不到，而吾心之全體大用，無不明矣」。如此則其內心之慰悅，豈言語所能形容。再舉一最爲鮮明例子，諸同學在校讀書，如因某一學科，在考試時獲得百分，則心情特別舒適，如果考試成績太差，則不免悔恨苦惱。我國人讀書的目的，大略可以分下列三種，玆分別說明如下：

㈠個人主義——卽極端功利主義的讀書觀——昔人云：「書中自有黃金屋，書中自有顏如玉，書中自有千鍾粟」。又云：「十年寒窗無人問，一舉成名天下知」。更云：「揚名聲、顯父母」。與「書是無價寶，儒爲席上珍」等等。因之凡以讀書爲手段，而冀求達到上述目的者，皆含有強烈的功利思想在內，希望以讀書獲得權威和地位，再利用權位以攫取富貴利祿，而顯親揚名，光耀門楣，來滿足個人的心願。此種讀書目標，雖屬於絕對的個人主義，但在今天講求功利第一的社會裏，亦未可厚非。

㈡革命主義——卽以天下國家爲己任的利他主義讀書觀——宋人范仲淹說：「先天下之憂而憂，後天下之樂而樂」。明末顧亭林云：「天下興亡，匹夫有責」。近人前南開大學校長張伯苓亦云：「國家不亡有我」。先總統　蔣公更云：「生活之目的，在增進全體人類之生活；生命之意義，在創造宇宙繼起之生命」。綜合此種偉論，無一不啓廸着做人應多讀書。迨讀書有得，則應以治國平天下爲己任，爲國家社會服務，謀大衆幸福，改善大衆生活，以延續悠久、光輝的歷史，增進人類幸福樂利的生活。此種讀書觀點，則純爲利他主義，也是人生不朽事業。吾輩在校求學青年，應朝夕斯夕，黽勉以赴。

㈢興趣主義——卽個人心靈感受主義的讀書觀——唐朝名詩人李白常有：「花間一壺酒，獨酌無相親，舉杯邀明月，對飲成三人，月旣不解飲，影徒隨我身，暫伴月將影，行樂須及春」。因此後人有形容他這種風流自賞的情形說：「李白斗酒詩百篇，長安市上酒家眠，天子呼來不肆應，自稱臣是酒中仙」。這就是李白因讀書而聲名顯達，傲視王侯，卽使皇帝對他也莫可如何。其讀書的享樂可知矣。再如韓文公所謂：文起八代之衰，與一言而爲天下法，其快意於讀書生涯，豈王侯將相所能想像。明林古度云：「天地萬物，惟文學最貴，齊天地於古今，後萬物於不朽，燦然明世，啓廸後學」。讀書的價值就在此。明第十二代君主嘉靖皇帝，於送毛伯溫出征安南賦詩有云：「大將南征膽氣豪，腰橫秋水雁翎刀，風吹鼉鼓山河動，電閃旌旗日月高，天上麒麟原有種，穴中螻蟻豈能逃，太平待詔歸來日，朕與先王解戰袍」。帝王口胸，眞是不同凡響，也眞予讀者無盡心靈感受。如此雄豪韻文，不讀書如何能享受到。在我國歷代史書上，奇絕妙文，紙不勝書。因此現代青年，要了解前人成就，增加本身學問，培育自己情趣，必須時時讀書。

綜上所述，本人深深覺得以上三種讀書觀，均有他存在的理由和價值。如果苛責所有的人，都要以天下國家爲己任而讀書，不免曲高和寡。如果鼓勵每個人都爲自私自利升官發財來讀書，則又不免過於庸俗卑鄙。如果每個人都是爲個人興趣與享受來讀書，則讀書又何用。我以爲個人讀書，要公私兼顧，大我小我兼顧，同時要先公後私，先大我而後小我。換句話說，一個人讀書的目的，一則是在充實和改善他個人的精神生活與物質生活，同時更要發揮其聰明才智，擴大其知識領域，來爲廣大的人羣社會，與千秋萬世的後代子孫，創造更充實更美滿的生活。

貳、讀甚麼書—選校選系選書

昔人云：「吾生也有涯，而知也無涯，以有涯隨無涯，殆矣。」基於此，我們應該了解一個人的生命，最長不過百年，以百年有限生命，除去幼小、老病、寢食、工作外，所餘時日，已屬不多，以有限的時日，來研讀無窮無盡的書籍，眞是談何容易。是於我們就應對讀書，作一審愼而合理安排，不可虛擲寶貴的光陰。

茲就諸同學在求學時代說，讀書最重要的原則，應先注意下列各點：

一、選校——進甚麼學校：各類學校，林林總總，有公立、私立之分，有普通、職業之分，有文、武之分，有各種不同科系之分，又有好、壞之分，無論讀小學、中學、大專學校，均須先依自己性向與興趣，以及家庭經濟狀況，作一審愼的考慮，然後決定。但一經選定，卽應安心專一的讀下去，不可朝秦暮楚，見異思遷，躭誤可貴時間。因爲選校固屬重要，但讀書有無成就，還是要靠自己的敦品勵學。

二、選系——讀甚麼科系，由於科學的發達，社會的進步，和國家建設的需要，各類專業學問，區分細密。因此在選定學校後，對其所設科系，衡量自己性向、秉賦、興趣，再作妥愼抉擇，才不致浪費時間，貽誤前途。

三、選書——讀甚麼書。在科系有了決定之後，舉凡必修的課程，學校自有安排，但問題在選修或課餘讀物方面，決不可忽視，就是必修課程，也應有重點的選擇，才能學有專長。

目前就諸同學就讀本校來說：五專入學，係發榜後，依各人志趣，自己登記，且絕大多數同學均係依登記第一志願分發科系，按理應無不合興趣、性向等問題發生。萬一諸同學在入學後，感到所讀科系，與性向志趣不合，本人主張儘可能予以轉科之便利，以免同學們三心二意，半途而廢。

叄、讀書方法——如何讀書

讀書方法，昔人論之甚詳。例如孔子說：「學而時習之不亦說乎」。「朝如斯，夕如斯」，「如切如磋，如琢如磨」。「學而不思則罔，思而不學則殆」。「敏而好學，不恥下問」。「學如不及，猶恐失之」。「君子學以聚之，問以辨之」。子思說：「博學之，審問之，愼思之，明辨之，篤行之。」呂不韋說：「善學者，假他人之長，以補己之短」。董仲舒說：「強勉學問，則見聞博而知益明，強勉行道，則德日茂，而大起有功」。諸葛亮說：「非學無以廣才，非靜無以成學」。韓愈說：「業精於勤荒於嬉」等宏言讜論，皆係讀書方法中顚撲不破之眞理。但上述諸說，總偏重於理論和原則，爲提高諸同學讀書興趣，指導諸同學確切讀書有效方法，特就本人體驗所得，舉出下列各點，盼能切實做到，必可收立竿見影的效果。

一、心到——讀書最應注意者，即絕對不可「心不在焉」的自欺欺人，眼望着書本而心中則有鴻鵠之將至，思援弓繳而射之。如此，則儘管身在課堂，亦將毫無所得。因此在讀書時，必須專心致志，全神貫注，對書中每字每句，尤須知其含意，明其義理，念茲在茲，日久自可領悟。所謂「天下無難事，有心者成之」，就是這個道理。

二、眼到——讀書非眼到不可。蓋以我國文字，同義同音而筆畫絕不相同者頗多，且有筆畫外形大體相同而實質逈異者，或者同一字形而多一點少一橫，但字義發音則完全不同者，亦復不少。古籍上更有借用字、代用字等，亦容易混淆。如不集中眼神，確切注視書本，而目多旁騖，含糊籠統的閱讀，則不僅毫無心得，亦將對詞句分斷，字體辨識，詞意確解等，都會發生誤差。故同學們在課堂裏必須認眞閱讀課本，隨時注意任課老師黑板所寫的文字，並予抄錄摘記，絕不可於聽課時，眼觀四方，神遊海宇。

三、口到——昔人云：讀書必須口誦心維，所謂：咿唔呫嗶，明聲朗誦，以求發音的準確。因此讀書時，以清朗的聲音，抑揚頓挫的腔調，慢慢唸出，以求熟記。如在教室，不便發音，也應心維默誦，便於記憶。尤其英語會話，如果你不敢開口誦讀，則必毫無所獲。又如好的古文，更要熟讀背誦，才有心得。是以讀書不僅要了於心，也要了於口。

四、耳到——讀書尤應注意聽任課老師講解，因爲諸同學目前學業根基薄弱，對奧理精義，多所膈膜，自己思索琢磨，不易得到確解，即令經過長久推敲，而有所了悟，也可能爲一知半解。故與其課後苦心焦思，何不在聽課時屏息思維，靜聽講解，如有疑問，可當場或課餘請益。如此，才可收事半功倍之效。

五、手到——讀書，如係自行閱讀，必須隨時圈點，寫眉批，做劄記，對奧字奧詞，並應註記音義。如有認爲可作他日寫作參考材料，或者可作他日引用證解之篇章及片斷語文等，尤須用卡片摘錄，或加記號，以為將來採用時，尋找方便。如係聽課，對講解要點更要作筆記，先記大綱，課後找時間再加整理。因此諸同學在校讀書，必須時時勤於用手作筆記，做作業，尤其在實習工廠、實驗室等處，更要動才親身去做，才有心得。

此外讀書的方法，除上面所述五到外，還有下面幾種：

一、精讀或熟讀——諸同學對本校安排的課程中，有必須精讀，或熟讀者。所謂精讀或熟讀，就是對最基本最重要的學科，必須切實的下工夫，全神貫注，細心體察，如建造房屋一樣，先把基礎打好了，自然容易循序漸進日起有功。

二、略讀或流覽——由於我國歷史綿長，書籍多於浩海，加上各國文字交流、譯述太多，使書籍更多更襍，人生苦短，如每書均予詳讀，既不可能，亦無必要，因此擇書分篇略讀或者全書流覽，均應就性之所近、學之所需，予以分類確定，以把握時效，達到讀書目標。

三、摘讀——讀書所必備之參考書，如各類辭典、詞彙、集註、名人傳記、年表、編年體歷史表解等，則應依治學需要範圍，予以摘記並閱讀之。

三、閒讀——此為消遣性質的讀書法，無特定目標，視空餘時間多寡，依個人興趣，選擇輕鬆性，或者娛樂性書籍讀之，在不太耗費腦力情形下，以調節生活情趣，恢復精神疲勞為準。

總之人生時間有限，宇宙知識無窮，故讀書時，當精讀者精讀，當流覽者流覽。英國大學者培根對讀書方式有幾句名言，值得我們借鏡。他說：「有些書僅須淺嚐即止，有些書可以囫圇吞下，有些書必須咀嚼消化」。我們於讀書之前，應三復斯言。

肆、怎樣提高讀書興趣——讀書功效

一、確定讀書目的——立志。所謂立志，第一讀書應爲獲得智慧與技能，以爲國家社會服務。誠如國父垂訓有云：「人生以服務爲目的」，讀書爲達到修身齊家治國平天下的目標。第二讀書應爲明辨是非，認清時代，以立定足跟，信守不渝。第三讀書應爲了解人生眞諦，知所進退，「素富貴行乎富貴，素貧賤行乎貧賤」，安份守己，則無入而不自得焉。

二、注意讀書方法——選定必讀書籍及輔助資料，依需要之不同，確定選擇精讀、熟讀、略讀、流覽諸要領，運用五到方法，俾學者能知所取捨，讀應讀的書，而無任何時間上的浪費。

三、選擇讀書環境——在目前工廠林立，機動車輛四處流動，濃烟與噪音，旣汚染空氣，又嘈亂繁囂，使人讀書情緒，不免受到妨礙。因此選擇讀書環境，確爲重要。

四、充實讀書工具——學校對各科系通用或專用器材設備、專業施敎敎室、實習和實驗工廠等，均需充份設置，以應各種不同敎學需要。諸同學本身，對於重要中英文詞典，亦應自己購置，閱讀較爲方便。如果本身沒有力量購置，可到參考室查閱，也可省時省錢。

五、愼選良師——學生學業成績與品德好壞，直接受敎師影響甚巨。本校對師資的延聘，與敎師授課時的考察，一律從嚴，寧願因選擇師資而開罪於人，決不循情而濫聘充數，以躭誤同學們的學業。

六、交接益友——孔子有云：「益者三友，損者三友，友直、友諒、友多聞，益矣。友便辟、友善柔、友便佞，損矣」。因此諸同學在目前社會經驗不豐，思想直覺，識人不多的今天，擇友確爲重要。凡學業優良，品性端正，發憤讀書者，卽可與之交納，而作爲切磋學問之良友。所謂：「近朱者赤，近墨者黑」，就是這個道理。

說至此，本人仍有不能已於言者，卽讀書應與人們生命相終始，凡有生之日，卽讀書之年。我們看 國父垂訓「革命之基礎，在高深之學問」。寥寥兩句話，直如暮鼓晨鐘，發人深省。梁啓超先生對讀書論斷，亦爲切要。他說，第一要趣味化，第二要不息，第三要深入研究，第四要找朋友切磋。湘賢曾國藩先生强調：「苟能發憤讀書，則家塾可讀書，卽曠野之地，熱鬧之場，亦可讀書，採薪牧豕，均無不可讀書。苟不能發憤自立，則家塾不宜讀書，卽清靜之鄉，神仙之境，皆不能讀書。何必擇地，何必擇時，但自問立志眞不眞耳」。綜上諸名論，都是啓示我們讀書的要旨，望你們切實體察。

此外關於美化學校環境，添置教材設備，選愼優良師資，則爲學校責任，本人當竭己所能，黽勉以赴。回憶本校自創辦以來，無時無刻不在銳意擘劃，隨時革弊鼎新，以改善諸同學在讀書時所感到之不便。今後更當本此原則，奮力邁進。

再就同學們現在年齡來說，正値讀書最有利時期，社會接觸面小，思想純潔，記憶力强，加上社會安定，國家經濟繁榮，每一家庭多爲小康以上，同學們無任何顧慮，允宜安心讀書，發憤自強，以免不自覺的走入「少壯不努力，老大徒傷悲」的境界。寶貴時間，稍縱卽逝，青春不再來。同學們千萬不可悠悠忽忽，自欺欺人，浪費你們父母用血汗換來的金錢，斷送你們自己的錦繡前程。望你們莊敬自強，敦品勵學，勉之勉之。

六十二年十二月十九日

如何做好導師工作之一

壹、做導師的態度

一、苦心、苦口．耐勞、耐煩：大家都知道的幾句成語：「天下無難事，有心者成之，天下無易事，無恒者失之」。「苦口婆心，勞怨不辭」。這幾句話的含意，告訴了我們最重要的道理，卽是天下沒有做不好的事，同時也沒有很容易做好的事，只要我們有決心有恒心鍥而不捨的做去，就會做好它。各位擔任學生們的導師，要使每個學生均能循規蹈矩的遵守校規，進德修業，做一個好學生，當然並不那麼容易。不過，各位導師如果能以最大的耐心同愛心，不計收穫，只問耕耘的時時與學生接觸，爲學生指導課業，解決學生疑難問題，誘導學生專一向學，愛之如自己骨肉，關切如自己手足，苦口婆心，日日如此做去，其獲得學生的尊敬及改變學生氣質，是指日可待的。所謂「天下最苦之事，也是最樂之事」，如果各位能照我上面的說法去做，自不免辛苦，但如果能將每個學生都教導好了，則心境中那份愉快和享受，也是無法形容的。「

人生以服務爲目的」，各位能夠到本校來，爲教育下一代而服務，在目前生活水準日高，而教育工作者的待遇偏低之際，各位有此熱忱，已屬難能可貴。但望本諸此一熱忱，多辛勞一點，多盡一份責任，敎好每一個學生，不就達到了人生而爲人服務的目的的境界了嗎？當然，學生們年輕頑皮，觀念是直覺的，感情是衝動的，常常滋生意外事故，如予改變氣質，必須投注不少心血進去，才可以收效的。千萬不能虛應故事，粗枝大葉，抱着敷衍塞責的心理，應付公事。如此，則不僅有虧職守，同時也就愧爲人師了。

二、如嚴父、如慈母、如師長、如畏友：我們面對着一羣天眞可愛的學生，必須隨時考慮到將這些孩子敎好、管好，使之成爲未來可用的專業人材。第一，我們應自視同嚴父，但又絕不可過於嚴苛，以免學生不易接近，彼此意見不能溝通。第二，我們應視同慈母般的照顧學生生活，慰問學生病痛，撫慰學生的情緒，鼓勵學生自動向上。第三應確實做到是學生的師長，解答學生的疑難問題，指導學生的專心攻讀，誘發學生向上潛在意識。第四尤須視同學生畏友，與學生隨時生活在一起，遊樂在一起，勸善規過，情同手足，消滅師生間的差距，彼此打成一片。孔子說過：「望之儼然，卽之也溫，聽其言也厲」。我們一個爲人師表的人，必須外表慈祥愷悌，溫和謙遜，使學生見了，並不覺得可怕，而遠走趨避。相反的，要使學生覺得你像一團和煦他的太陽，給他溫暖，可敬可愛，這樣的話，學生才敢接近你，聽從你的敎導。當你向學生們講話時，措詞必須溫婉而和善，才有感化效果，使學生易於接受，而收潛移默化之功。

三、先之勞之，以身作則：要求學生們做任何事情，必須率先躬行，所謂：「起帶頭作用」才有具體效果。我們看古今中外許多成名人物，凡事都是自己篤實履踐，以身示範之後，再要求他人去做，才能如響斯應，達成任務。我們要求學生每週勞動服務，其目的固在陶冶學生，體認人生必須先勞而後獲的基本認識，也在涵養導師們，遇事先要求自己，然後要求學生，才能孕育師生合作的團隊精神。因此今後每週的勞動服務，擔任導師的人，必須自己先動手，再去要求學生們工作，如僅站在一旁，指手劃脚的指喚，甚至根本不去參加，卽爲失職。

四、其身正不令而行，其身不正雖令不從：這是孔子在子路篇答復問爲政之道時，所提示的教典。一個從事國家行政的人，具有約束、管轄人民的政治權力，尙且需要其行已也恭，也卽是本身絕對要正大光明，不閒逸，不逾越，以身教代言教，則處理任何事情，不需用政令，卽可施行無礙。反之則儘管三令五申，人民也會望望然去之，難於產生實際效果的。從政是如此，辦教育更應如此。因爲領導學生，其事雖較微小，其理則一。我們作導師的人，必須自我警惕，一切先做，然後再去要求學生做，則學生未有不心悅誠服，樂於聽從的。

五、嚴而不苛，愛而不姑息：近來我常留心各位對學生管敎的態度，因爲學生良莠不齊，優秀者固多，頑劣者亦不在少數，不免有人情感容易衝動，每因一點小事故，而感情用事，毫不寬假，且近乎苛求的，採取嚴厲制裁，有時甚至採取報復手段，使學生怨恨學校，迫使學生消極的請假或曠課之後，甚至打架破壞公物來洩忿，視師長如虎豹，乃設法休學乃至轉學。也有部份導師，過份愛護得近乎姑息，對學生們行爲，不加約束，有時幾近放縱，使學生們爲所欲爲，學生請假就准，學生犯過加以袒護，凡此：一爲太過，一爲不及，均非正常做法。作爲學生們導師，一切動機是「愛」，但是該糾正的要糾正，該責難的要責難，該鼓勵的要鼓勵，該感化的要感化，絕不可過於苛求，亦不可有所放任，凡事得其中道，不偏不倚，本諸良知，中正和平，則自可獲得學生們的敬畏與信任。我始終有如此的一個看法，「天下沒有敎不好的學生，只有不負責任的老師」。青年無罪，我們身爲老師的同仁，應該知所警惕

貳、做導師的方法

一、心到、身到、眼到、口到：做導師不難，難在是否隨時關注學生的言語、行動、情操、意趣。要做到這種境界，就得隨時用心觀注學生一切，要用心觀注學生，就得隨時接觸學生，當然就可隨時看到學生生活動態與課業好壞。能夠隨時看到學生生活動態和成績優劣時，則易發現學生言行失常，自可立加糾正和開導，就很自然的做到心到身到眼到和口到了。所以我要請求每位導師應該先學生到校，後學生離校，對學生不時予以照顧，以減低、甚至完全革除學生違犯校規機會，而安心學業，力圖上進。又學生之於導師，依敎育心理學者研究，類似子女之於父母，隱含有獲得指導、慰藉、倚賴、協助等諸多複雜情緒在內。因此你們必須隨時活動於學生週圍，他讀書遇有疑難，應立予指導，他情緒受到外感刺激，應立予慰勉，他生活遭遇困難，應立予解

決，他上課、集會、打掃清潔，或者早讀等，均儘可能與之在一起，則你必定成爲本校最好的導師。

二、多作個別性接觸，少做集體領導：人之不同，各如其面，學生人數衆外，每人性向不同，智愚賢不肖亦異；因此作導師的人，必須與每個學生作個別的接觸，了解每個學生嗜好、偏向、特長、缺點，然後針對每個學生優劣點，作多方面接觸，採取多元手段，化解和融合學生性行，使之趨向努力學業的單方面發展。千萬不能視學生爲一體，對多數學生，用單一管教方式，推動導師工作。如此則必陷於一般高的領導方式，其最後結果，一定是無法達成本人對各位付託之重，與寄望之殷的。

三、瞭解學生家庭環境與日常交遊：家庭環境好壞，家長職業背景，日常來往友朋善惡，對學生讀書勤惰，生活習性，有絕對不可分的相互關連。所謂「問題學生，多出自問題家庭」，如家庭貧困，父母失和，來往朋友不正常，會使一個學生陷於沮喪、消極、曠課等現象，而一個富有家庭，驕縱姑息、奢侈浪費、隨意花錢，也能使一個學生變得驕矜墮落、荒廢學業，甚且聚衆滋事、擾亂學校秩序。是以身爲導師的人，必須從正方面和側方面去了解學生這些因素，必要時，並得與學生家長直接用電話、函件連繫，甚至作家庭訪問，或請學生家長來校會晤，以加深對學生了解，促進學校與家庭密切合作，然後再去管教學生，必能事半功倍。

四、發覺問題，解決困難：學生問題，不外課業與操行兩項，而兩者有不可分的關係。根據歷年統計，操行不良的學生，大半成績不好，成績好的學生，大半操行也好。貪玩就會引起課業不及格，連帶的，就會產生逃課及乖張行爲。這類學生，必須及早發現，然後個別鼓勵勸導，使他振作起來。至於清寒問題，我特別重視，對於學品兩優學生，一經發現，應破格給予獎勵，本學期有六名學生，雖未循審核程序，給予清寒獎學金，但我一律特准。今後如查出學品確優而家境確實貧苦學生，可以免除一切費用，准其註册就學；但要察實，不可浮濫。

五、防微杜漸，洞燭機先：一個學生之發生嚴重錯誤，其來有自，決非偶然；例如，打架、考試夾帶、曠課四十五小時退學等，無一不是先有前因，再生後果。如能經常與學生接觸，這些事件，必能事先獲知蛛絲馬跡，一經發覺，立即採取疏導行動，定能化解於無形。尤其曠課退學一事，以四十五小時之多，而不能作適宜之處置，使這個學生，眼睜睜被犧牲，這位導師，實在是疏忽職守，無論對學生個人或者對學校來說，在道義上，均未盡到應盡責任。

六、注意校園整潔，保持公物完好：校園與教室，均應隨時督促學生打掃，下午放學前，尤其澈底檢查門窗玻璃、講臺、黑板，期能纖塵不染。至於校內公務，人人均有維護責任。以往有少數不肖學生故意破壞公物，此種行爲，實不可饒恕，應查明嚴懲，並責令賠償。學生儀容服裝，務求整潔，頭髮不可超過規定，鞋襪顏色，亦應整齊劃一，指甲也要隨時修剪，使每一學生，均能做到儀容端正，衣履整潔才好。

六十二年十一月十一日

如何做好導師工作之二

導師制度，因爲有許多難以克服的困難，目前在各大專院校，難有良好的表現。例如私立學校專任教師較少，而且兼課又多，若遵照教育部規定，僅爲每月鐘點費兩小時，但導師工作的負擔，則超過兩小時教課若干倍以上，難以貫徹對導師的要求。此外一個好的任課老師，不一定是一個好的導師，一個好的導師，又不一定是一個好的任課老師，職員擔任導師時，因與學生接觸機會較少，而且不爲學生所重視。所以學校對導師的調配，很難盡如人意。

本校創立以來，因本人特別重視導師工作，所以有關導師制度的規劃，與對導師工作的督導考核，均極爲縝密嚴格，更有賴各位導師同仁的努力，才勉能達成任務。目前本校在全國數十所五專當中，生活管理的要求，雖不能達成本人的理想；但是差強人意，這是值得欣慰的。

據中央日報七月二十八日刊載：不久以前，有個機關，對大專學生，作了一次有效的抽樣調查，其調查資料中有一個題目是：「你認爲誰是最關心你的人」。測驗結果，百分之五十以上的人答以：「父母」。百分之三十五的人，答以：「朋友」。只有百分之五的人，答爲：「師長」。

從這一個調查所顯示出來的結果，看出個很嚴重的現象，就是大專學校，師生之間的距離太大，教師的地位，眞是一落千丈了。

「經師易得，人師難求」，這句話就是說明教師的可貴，不在知識的傳授，而在道德的陶鑄，與生活的關切和照顧。換句話說：一個好的教師，不僅要教學生如何求知，同時更要教學生如何「做人」和如何作「事」，不會做人的學生，將來畢業後，不僅對社會無貢獻，還可能成爲社會上的害羣之馬。

我在建校之初，對教師曾提出「作之君，作之親，作之師，作之友」的要求。因爲今天師生之間，距離太大了，老師聞鈴聲匆匆上課，聞鈴聲又匆匆下課，與學生個別講話的機會都未有，卽或有學生提出問題，也只是迫不及待的草草回答，因爲這種現象，並不是教師不負責任，而是他所擔任的課程太緊湊，或者行政工作太繁忙，以致無法與學生們從容研究討論。尤其五專學生，年齡不大不小，性向極不穩定，一個在校青年學生，是否能夠「成龍成鳳」，抑或流爲「太保太妹」，就決定在這一求學階段，也就是年齡由十五歲到二十歲這一關鍵時間。如果沒有負責盡職的導師，多接近他們，以了解他們的性向、家庭的背景、朋友的交往、學業的好壞，與個人的嗜好行爲等，而適時適切的，加以規戒、疏導、鼓勵，就很容易走向偏激、衝動、逃課、散懶等道路上去，甚至趨於消沉、墮落、犯罪，而難以自拔。

任何一位青年，皆爲可塑性者，習於善則善，習於惡則惡，古往今來，此例俯拾皆是。我在報端上，看到一位學品優良的導師，他能挽救一個在沉淪中的青年，使之回頭向善，乃至學成立業。我又看到有一些不盡責任的導師，對於學生，視同路人，採不問不聞態度，或者有意吹毛求疵，使學生不敢接近。更有剛愎自用的導師，學生們望而却步。因此我要大聲疾呼，身爲導師的人，一定要發揮愛心，善盡責任，講求方法，視學生爲子弟。絕不可漠不關心，有虧職守。

本校一般導師，大體上都能盡心盡力，故培育了不少品學兩優的好學生，本人深引爲慰。茲本諸春秋責備賢者之義，提出下列各點，盼各導師同仁，加以注意。

一、韓愈在師說裏，有一句千古不朽的名言，卽：「師者所以傳道授業解惑也」。此言中所含的「師」，當然是一般的敎師；尤其是指像今日的導師而言。因爲唐之時，未有像現在一樣的正式學校，老師與學生，本來就是生活在一起，研究在一起，親如骨肉，愛如家人，故必須對學生傳授作人作事的道理，講解學業上的困惑與疑難。今天一般大專學校，旣沒有專任的導師，就更要做到傳道、授業、解惑的工作了。

二、就最近三年來轉學生報考人數言，可以看出本校漸受到社會人士的重視。例如前年第一次招轉學生時，報考者僅十八人。去年第二次招轉學生時，報考者則爲四十八人。今年第三次招考轉學生時，報考人數已爲一百三十六人。但本校今年轉出的學生，則僅爲五人。這當然是學校的成就與榮譽，也可以說，是各位導師努力工作的具體表現。希望繼續努力，發掘學生問題，解決學生疑難，以消滅學生與學校間的差距。使學生與學校休戚相關，榮辱與共。

三、現在各導師，有的兼任行政工作，有的擔任授課，更有少數導師在校外兼課，不能將全部精力時間，用於導師工作上。但任何一位負有導師責任的人，不論工作如何繁忙，千萬不可將導師工作，視爲附帶職務，而無足輕重。務須把握機會，機動工作，主動工作，並且要隨時隨地的工作，只要有工作方法，與工作熱忱，必可勝任愉快的達成導師任務。

四、一般學生，不願學校管束太多太嚴。例如：學校備有宿舍，學生不願進住，寧願住在租費高、房子小的民間住宅內。學校設有福利餐廳，學生不願進食，寧願擠在環境髒亂的民間小餐館內午餐，實在是既不經濟，又不衞生。導師對這類事件，應就學生本身利害關係，加以勸說，使之領悟。學校也要不斷改進宿舍和餐廳的設備，儘可能予學生以便利，使之有安適、舒服的感受。

五、今後對學生獎懲，以「多鼓勵少責難」爲原則，依年齡大小、班級高低、犯規動機和行爲結果等，審愼考量，再作處置。記大過以上之處分，尤不可草率決定。記小過以下處分，可多用勞動服務等適當的方式，以達到「罰期無罰」的目的。千萬不可一味衝動，感情用事，以處罰學生爲洩忿手段。此點請訓導處特別注意辦理。因爲處分學生，關係此一學生課業品德，及其心理情緒甚大，千萬不可等閒視之。

六、學生與學校目前仍有距離，導師與學生必須多方接近，建立情感。但如何建立情感呢？道理很簡單，就是身爲導師的同仁，必須爲指導學生的課業，解決學生的疑難，關切學生的日常生活，糾正學生的偏激言行，灌輸學生克己恕人的道德觀念等。如此行之稍久，則學生受到潛移默化，自然會對學校、對教師的態度，有所改變了。

七、現任助教，均係本校畢業生，他們應該最瞭解學生們的心理趨向，可召集全體助教，舉行一次會議，請他們現身說法，提出教務、訓導兩處那些措施，會引起學生們對學校的不滿。只要助教們以學生立場所提問題，不違反教育法令，而有助於學校與學生間差距縮短時，均可立卽研討改進，並付諸實施。

（註）召集助教會議，業經舉行，所有建議事項，已倂入全校改進事項內辦理。（編者）

八、主任導師制爲本人構想，以便於統籌一個科別的導師工作，兼具示範作用，過去主任導師工作表現，雖有進境，但有待積極加強之處正多，各位擔任主任導師同仁，盼能益自淬勵，率先躬行，以期不負本人設置此制的用心。

九、暑假期間，偶有學生來舍提到管訓未盡合理的事件，尤以受到退學處分的家長，表示未能事先接到本校任何通知，不明瞭孩子究竟爲何遭受退學？我認爲這些事件的發生，可能有下面三種原因。其一，可能因爲訓導處生活管理組工作人員，未隨時將學業品行較劣學生在校情形，適時通知家長，並與家長保持連繫。其二，可能爲家長本身過於繁忙，疏於管敎他的孩子，而不查問他的孩子在學校的一切情形。第三、學校雖有通知到家庭，可能因地址移遷，沒有收到，或者由於學生自己隱藏而不讓家長知道，免遭責罵。蓋以一個學業品行較差的學生，經常會在學校與家庭之間尋找空隙，並對在校受到處分之類情形，隱匿下來。因此今後學校與家庭，應密切接觸，共謀補救才對。

十、家庭訪問，對一般品行學業較差學生，有迫切需要，各班導師，應自行檢查，如覺得本班學生，有少數需要與其家長聯繫時，應利用各種空餘時間，儘速實行。所需交通費、餐費等，由訓導處統一規畫，從寬發給。

十一、校外學生管理，較爲困難。一個學生的言行失檢，就可影響全校的名譽，訓導處應速研討可行辦法，付諸實施。

十二、學生班費，學校不可留用，應悉數撥交學生活動中心及各班自行支配，但課外指導組，應全盤計劃，切實監督，不可讓學生隨便動用。

十三、班級幹部，應選擇品學兩優學生擔任，絕對不准學業操行較差的學生，濫竽充數。

十四、學生損壞公物，如係出於無心，必須責令賠償，如係有意破壞，則除了賠償之外，並須從嚴議處。

十五、本校教職員私生活，學校從未干預。但請自行檢束，學校附近，不允許作不正當的消遣活動。

十六、全校同仁，要以助人成功爲第一要義，互尊互敬，互助互勉，千萬不要互相攻訐，彼此嫉視，此點務盼各同仁特別注意。

本年七月二十八日，中央日報第九版發表該報記者胡有瑞、徐克昉，就採訪一千名國中學生，對學校老師批評特點，分爲下列三大類，玆轉述如下，

一、一般不受歡迎老師：

㈠教學嚴肅呆板。㈡製造緊張氣氛。㈢諷刺學生。㈣偏愛部份同學。㈤打罵學生。㈥女老師打扮俏麗。㈦講廢話、吹牛。㈧未明事實眞象，卽處罰學生。㈨上下課不準時。㈩所教課程非其所長。㈡故意爲難學生。㈢國音不標準。㈢過於專斷。㈣不注意學生是否在聽課或在吵鬧，概不聞問。㈤在學生面前批評別人。㈥有口頭禪。㈦過於謙虛。㈥待學生太好。㈨不能約束學生不正當言行。㈩年紀老邁、體形衰弱，且多嘮叨。

二、特別不受歡迎老師：

㈠腹中無墨水，自充賢德。㈡過分嚴厲且淡漠無情。㈢善於挑剔，刺傷學生自尊心。㈣性情怪癖，態度傲慢。㈤專出難題，且動輒扣分。㈥不負責任。㈦愛發牢騷，並無故攻擊其他老師。㈧歡喜學生巴結討好。㈨對異性學生另眼看待。㈩教課方式，千篇一律，且照書宣讀。㈡不善運用教學技巧，聽課時味同嚼蠟。㈢膽怯，缺乏民族自尊心。

三、老師可厭習慣：

㈠無故抓頭皮、挖耳掐鼻、下意識冷笑。㈡說話口沫橫飛，並隨地吐痰。㈢上課抽香煙和翻白眼。㈣衣冠不整、服裝髒汚。㈤授課表情有如小丑。㈥動輒緺眉苦臉。㈦好講粗話。㈧語音模

糊，方言過多。(九)過於做作，外型呆板。

以上所舉，純係國中學生對國中老師的反映。本校爲專科學校，而且現有師資水準，均係嚴格甄選而來，當然不會有以上所舉的諸般現象。不過；仍希望全體導師們，自我省察一下，有則改之，無則加勉。

最後，本人必須強調說明的，卽本校創辦之初，對於導師敎導學生原則，特別提出以「愛」爲出發點，因此每位導師同仁，應着重：(一)身敎重於言敎。(二)感化重於制裁。(三)個別重於集體。(四)啓發重於注入。(五)自治重於管理等。以要求學生做到：尊師重道，敬業樂羣。期使學校家庭化，學校社會化，學校軍隊化，爲社會培育好公民，爲家庭培育好子弟，爲國家培育好人才。如此，就達到本校敎育學生的目的了。

心理建設

漫長的暑假，使我們違別兩個月之久了！今天在開學典禮上，又很高興的看到你們回到了自己的校園。而且一年級的新同學，也從本省不同地區，和不同的學校加入了本校的行列，這是值得我們共同欣慰的事情。

在今天開學典禮上，我針對過去諸同學在校的表現行爲，特提出「心理建設」這個問題，來策勉大家。

荀子說：「心者形之君，而神之主也」。就是說，心爲人體發號施令的主宰。

管子說：「心也者，智之舍也」。就是說，心爲人們智慧的泉源，人們所有活動，皆爲心所控制。

國父垂訓有云：「人者心之器也」。就是說，人爲心之工具，善惡是非，悉由心定。

先總統蔣公亦云：「存養省察，愼獨存誠，使此心常湛然清明，公正無偏，不爲物慾所蔽，不爲感情所勝，如其一有忿怒恐懼，或好惡便辟之心存着，則此心就不得其正了」。又云：「唯有寧靜，才能專心一致，以心爲主，以志帥氣，則此心不亂、此志亦堅」。

綜合以上各家學說，皆不外以心爲人們的主宰，和智慧的泉源。而 國父與 蔣公所有提示，對於心的闡述，則更爲明確。

當明瞭了心的重要以後，再與諸同學談「心理建設」的幾個問題。卽第一：要發揮愛心。第二要摒除私心。第三要秉持誠心。第四要堅定信心。第五要痛下決心。以爲諸同學今後對人處事，與敦品勵學的切要之圖。希望大家在今天驕陽照射下，能夠確守秩序，靜下心來，聽我分別講解。

一、發揮愛心

愛，純就字義解釋，卽：愛者惠也。禮記曲禮篇云：「賢者狎而敬之，畏而愛之」。孝經上說：「愛親者不敢惡於人」。廣雅、韻會、字彙有云：「愛者仁也、隱也，亦恩也」。概括言之，愛心，卽爲示惠予人的表現，治國者，以愛心予人則國治。治人者以愛心予人則人從。執教者以愛心予人則人勸。身爲學生，能以愛心對人，則人皆會樂與之親近。爲師者自然會熱心指導學業，爲友者自然會竭誠切磋學問，這是很自然的道理。

(一) 忠愛國家

國家爲每一國民所共有，國家的興衰強弱，直接影響每一國民在國際間的應有地位。儘管今天人類高唱和平、公理正義，但弱肉強食、優勝劣敗，在所難免。是以中華兒女一定要獻身國家，發憤圖強，竭誠擁護我們的政府，使全國上下，團結一致，以期外抗強權，內固國本。

在國家多難之秋，一國國民，尤其是知識份子，一定要盡瘁國事，以維護國家悠久光榮的歷史和文化。雖在造次顛沛的當中，也要遵守國家的法令，並竭盡自已的力量，來維持國家的生存與社會的安定秩序。

記得二次世界大戰時，盟軍甫收復巴黎，少數法國人，在支離破碎的巴黎街頭，唱起馬賽曲來，一唱百和，使生活早陷絕境的法蘭西人民，很快就團結起來，於是大家努力重建家園，使法蘭西很快復興。我們忠愛國家起碼先要做到下面兩件事：就是第一要敬重國旗，因為國旗是國家權力象徵，國旗所在，卽為國家權力所在。因此，我們同學必須重視國旗。第二要重視國歌，因為他代表國家心聲，和建國的理想。是以我們唱國歌的時候，一定要莊嚴肅穆，唱出感情來。

（二）愛護學校

學校是諸同學連續五年朝夕相處的共同園地。同學們自進入本校的第一天起，卽與本校建立了血緣關係而不可以分開。亦如子女與父母之血緣關係，同樣重要。因此同學們必須共同努力、共同經營，為愛護本校，而善盡責任。尤其同學們必須與本校休戚相關、榮辱與共、謹守校規、敦品勵學，以期提高本校榮譽。因為本校榮譽好；則大家將來離校後，會受到社會各階層的重視與歡迎，則就業的機會多了。當然，成就事業的機會也就更多。

一日爲師，終身爲父。

（三）敬愛師長

本校所有師長，皆是爲諸同學傳道授業延聘而來，每一位師長的德業學養，皆經過本校愼重遴選，始予約聘，師長們對諸同學櫛風沐雨，不眠不休的苦心教導，目的在使諸同學由一個少不更事的青少年，而成爲一個知書識禮的大專學生，這是何等重大的事。是以諸同學必須竭誠尊敬師長，使之發揮敎而不厭誨人不倦的崇高精神，以引導同學們邁向好學途徑奮勇前進。

（四）友愛同學

諸同學來之於社會不同階層、不同家庭、不同地區、不同學校，各有所長，亦各有所短。在五年朝夕相處之下，無論從一年級到五年級的每一位同學，都應當愛如手足，親如兄弟姐妹，旣無強弱之分，也無尊卑之別，務要相互尊重、相互照顧、相互策勉，以求德業的共同進步，才是最基本的做人的道理。卽令彼此相處，因時日較長，在情感上，容或有偶爾失調之處，亦應以相互容忍態度，予以化解。卽或彼此化解不易，則應立卽報告有關師長，他們自會謀求合理的解決。千萬不可私結怨嫌，以相互尋仇報復的方式，集衆毆鬥，以求了斷。因爲這樣作法，會產生許多惡果。卽㈠仇恨愈結愈深，了結不易。㈡毆鬥互相損傷，殘害身體。㈢嚴重違犯校規，妨礙彼此學業。㈣影響社會秩序，破壞國家法令。由之同學們在校求學，千萬要發揮愛心，自重自愛，則一切問題，皆可迎刄而解。所謂：「愛人者人恒愛之，敬人者人恒敬之」，就是這個道理。

二、摒除私心

私者，公之對稱。任何人對任何事，均以利己爲出發點則爲私。諸同學爲人，必須摒除私情、私慾、私見和私行。

老子有云：「非以其身無私耶？故能成其私」。又云：「少私則寡欲」。

先總統　蔣公垂訓說：「光明磊落，無偏無私，不說謊、不誇大、不飾短、不虛僞，坦白誠實，無不可對人之事，無不可告人之言」。又云：「持身者端其內存之心意，律己者謹其外發之行爲」。

生而爲人，無論置身何種職業、何種年齡，均具有良知。一個人應自我養成言行純正，思慮專一。並以誠信待人，公正處事，儘管流俗有虛僞狡詐之處，諸同學仍應一本坦誠純樸之道，與人爲善。則人人皆可與之處，事事皆能做得通。反之，則天良泯滅，動輒欺世玩俗，則其詐騙虛狡行爲，也許得逞於一時，但日久圖窮匕見，雖有孟賁之力，也難以大力爲之掩飾。最後非弄到身敗名裂不可。

美國過世總統甘廼廸曾有句明言傳世，他說：「如果我第一次受到欺騙，則騙者應負良心上的責任。如果第二次我仍然受到欺騙，則我自己負責任」。此言含意非常明白，也卽是說，一個人如果連續兩次受到欺騙，則自己太低能了，受騙並不冤枉。因此諸同學就可以了解，當今的人，誰都很明智，想以一己之私，去待人處世，則必弄巧成拙，而自尋苦惱。

是以我於詳察社會人心後，特將有關經驗心得，告訴諸同學，希望在求學階段，和爾後進入社會服務的任何時期，均要「摒除私心」，才可立於不敗之地，以發揮在校所學，來創造你們的事業，而抵於成功。但應該注意者，尚有如下各點：

(一) 熱心服務

國父說：「人生以服務爲目的，不以奪取爲目的」。諸同學在求學期間，應該多爲學校服務，如淸除髒亂、拔芟雜草、打掃教室、暢通溝渠、撿拾紙屑菓皮、整理花卉樹木等。即用自己的腦，動自己的手，流自己的汗，齊心合力，以美化校園，建設學校。

(二) 提高公德心

學校各種建設，盤根錯節，創辦不易。但同學們只要一舉手一投足，就可破壞。如踐踏草皮、攀折花木、污損牆壁門窗、毀損課桌椅等。尤其少數同學，因學業品行較差，受到責難時，故意破壞公有設施，以洩私忿。這種行爲，絕對不可原諒，千萬不可有意違犯。

(三) 愛護公物

學校是一點一滴建設起來的，所有公物，皆是國家的資源，同時自本校辦理財團法人登記之後，凡一本書、一寸土、一塊瓦，都是公共財產，而不是董事長的私產。國家物力維艱，學校經費短絀，全體同學應體念國家與學校的艱難，對公物應特別愛護。先總統 蔣公剴切指示：要「特別注意廢物利用，更要注意公物的保管維護」。但本校不少同學，經常有意或無意的，有破壞公物行為。此種行為，不僅不配做一個今天的大專學生，簡直不配做一個現代公民。

(四) 遵守公共秩序

一個現代青年，一個在校五專學生，一定要潔身自愛，無論在任何場所、任何環境，均應遵行公共秩序，愼言謹行。例如：在校內活動，必須適應各種生活規範，即教室有教室規則、圖書館有圖書館規則、運動場有運動場規則、考試有考試規則。此外服裝穿着，儀容整潔，均有規則等是。這都是屬於維持公共秩序應有的措施。如同學們能循規蹈矩，進退合度，則校園內即呈現一片熙和景象。再如進教室、進禮堂、上公共汽車等，如能確實遵守先後秩序，而不爭先恐後，你推我擠，自然秩序就會有條不紊了。

三、秉持誠心

中庸上說：「唯天下至誠，為能盡其性」。又曰：「誠者物之終始，不誠無物，是故君子誠之為貴」。「誠者非自成己而已也，所以成物也」。更曰：「自誠明，謂之性。自明誠，謂之教，誠則明矣，明則誠矣」。

所謂誠，最基本解釋，卽在於去僞，也就是眞誠無妄，正直無私。古語云：「一誠天下無難事」、「惟誠可以破天下之至僞」。因此任何人處世待人，如能主敬立誠，勢必無往而不利，與無求而不得。蓋以精誠所至，金石爲開，其他事物，又何足道。

諸同學在校求學，要表現誠意，應該非常容易。因爲諸同學當前所接觸的人，在家爲至親，在校爲師友，所有這些人，絕大多數，都是在感情上愛護、照顧，在學業上指導督促你們的人。他們每一舉措、每一要求，甚至偶爾責難等，都是以愛爲出發點，絕無惡意參雜其間。

至於同學之間，彼此皆爲求學而來，目的一樣，大家只有互相切磋學業、鼓舞上進等事，其間絕無利害衝突，亦無相互傾擠因素。因此同學們日與上述這些人相處，自應坦誠相見，愉快共處，以達成追求學業的共同目標。

同學們彼此相處，必須諄誠無我，坦蕩無欺，爲同學服務，尤須熱忱純貞，心口如一。但人非聖賢，誰能不犯錯誤，一旦有了錯誤，也須本諸一片純誠，立加改進。絕不可以做出違背良知的行爲，以自欺欺人。或者投機取巧，諉過爭功，甚至越禮犯份，恬不知耻，但求卸責，不管是非，那就是最壞的表現了。

(一)不說假話，不做假事

當前社會中，有不少人具有不良習性，卽違背眞實，競尙欺詐。或曲意吹拍，或矯俗干名，或過重私利，損人利己，說假話，做假事，但求本身志得意滿，絕不考慮他人得失禍福。如此行爲，實爲人羣中蟊賊。同學們決不可以模仿學習，以養成在校則干犯校規，離校則玩忽法紀的愚笨行爲，而貽害終身。因此同學們一定要謹守校規，努力學業，絕對不說假話，不做假事，考試絕不舞弊，聽課一定專心，複習要認眞，作業準時交出。如此，則學行兩優，將來進入社會，勢必出人頭地。

(二) 不吹毛求疵，不勾心鬥角

學校爲訓練同學們求知向上，培育專業技能所在。因此對同學期望，則爲人人心地清純、思慮專一、奮力向學，以求得可用技能，爲未來國家、社會，多出一點力量，多做一點事情。而且要求同學們態度誠懇，言行一致，生活儉樸，性行純良，不浮誇、不驕慢、不虛情、不詭譎，言則有物，行則有據，坦切熱忱，以爲改良當前浮薄風氣倡。千萬不可以遇小事則吹毛求疵，臨大事則勾心鬥角，以致同學間互弄狡詐、互爲欺騙，弄到最後互相鬥毆爲止，那就失去在校求學的目的，與學生的可貴身份了。

(三) 不苟且敷衍，不爭功諉過

同學們皆來之於有教養的家庭，更具有聰慧明敏的天賦。一般皆本性善良、心地純潔，以優良的家庭背景，加上優良的資質，如能奮發潛在心力同智慧，虔誠力學，則未來不僅學業可以如期完成，將來在社會上，亦必能發展所學，成爲有用人材。故在求學現階段，無論聽課、複習、寫作業，絕不可苟且敷衍，以搪塞師長們要求，得過且過。更不要遇着公益事務，稍有表現，或者無心錯失，卽爭功諉過，但望自己所求得遂，不計其他同學的禍福得失。須知同在一校求學，務要共患難，共榮辱，盡其在我，反求諸己。人安則己安，這是最基本的道義行爲，同學們務要信守勿渝。

四、堅定信心

先總統　蔣公訓示有云：「信心本於信仰，同時信心亦足以堅定信仰，這個信心的固執和實踐，就能產生創造力和責任感」。又云：「信心乃是創造生命、建立志節，提高勇氣，衝破危局的精神力量。所以信心不僅是信仰、信任，與自信的三信心的根本，而且是其事業成功大小的尺度」。

從以上垂訓中，可以知道，信心能夠創造一切事實，解決一切困難，並可化無爲有，成功立業。由之，人在社會上生存，從開始有感情，懂得是非，了解善惡，明白功過，辨別有無等起，就應該具備信心。

首先在家庭裏，信賴自己的父母，接受父母的教導。一旦年歲日長，漸次離開家庭，正式接受學校教育時，則必須信賴每一位師長。並以最大信心，竭盡一己智能，致力追求學業，師長們指定的參考書務要認眞研讀，以求了解領悟，乃至能付之於實際的運用。

迨學業完成後，進入社會，從事工商事業，或公敎工作，則更要具備信心，以期能從基本工作上着手，在信心支持下，奮力向前，以達到成功爲止。

（一）確定目標、絕不動搖

任何人底任何事，均要先確定目標，再努力向前，朝斯夕斯，永不改變，即或偶遇挫折，也應堅持到底。如此，則假以時日，終必有成功的時候。

古今中外所有功竟名立，學成業就的人，無一不是在確定目標之後，一往直前，儘管犧牲一切，都在所不計，最後終底於成。

國父當年從事革命，赤手空拳，該遭遇多少艱苦，受到多少挫敗，但終以意志堅定，百折不回，最後終於創造了以三民主義爲立國基本的中華民國，並推翻了數千年來根深蒂固的專制政體。我們今天才能享受到民主幸福的生活。

在求學時代，每位同學，應該明明白白的認清自己當前所作所爲，皆應以讀書爲第一，因此就要堅定信心，絕不三心二意，除了讀書而外，其他皆不予計及，斯爲上策。

（二）堅守原則、決不改變

不論從事學問與謀求職業，皆爲同學們的兩件大事。因此同學們經過深長考慮後，就須確定一個可大可久原則，然後本此原則，竭盡一切以赴，則未來成就，必如影之隨形，如響之隨聲，而水到渠成。

無論個人也好，團體也好，倘要籌辦一件事業，皆宜先確定原則，一旦原則確定後，即要堅持下去，永不悔改，終必能達到成功的目的。

諸同學在校，無論學工學商等，只要信心堅定，持之以恒，則不僅學有所成，將來事業前途，亦必燦爛輝煌。

（三）堅持毅力、決不後退

毅力可以創造一切，國父說：「吾心信其可行，雖移山填海之難，終有成功之一日，吾心信其不可行，則反掌折枝之易，亦無收效之期」。信然；埃及人之造金字塔、秦始皇之造萬里長城，在當年物資條件極端缺乏之下，而能造成如許雄偉的歷史偉蹟，即由於堅強不屈的毅力，有以使然的。當前，改變人類生活條件的諸多發明和創造，那一樣不是由許多專家學者們，日守斗室，用盡智慧、絞盡腦汁，由幻想空想，再經由化驗、實驗，而積漸累進，研究成功的。這些研究人員，誰不是憑藉毅力，堅持不懈，受盡無望與絕望的時間煎熬後，而獲得實現的。

凡我同學，先要有自信，然後才有共信，最後方可產生互信，以共同向歷史大道邁進。我個人信仰三民主義，諸同學也共同來信仰三民主義，並且擁護三民主義為治國之大經大典，以建立民主自由的國家。因此我們大家很自然的就是同志，所以我們也要為復國建國大業，共同竭盡所能，奮勇向前，決不後退。

五、痛下決心

先總統　蔣公有云：「人無大決心，不可以當大事，要通過各種惡劣環境的思考，來求得其健全的決心」。又云：「健全的決心，有兩個要素，一是心靈的力量，一是意志的力量。有智慧的人，才能發揮心靈的力量。有信心的人，才能發揮意志的力量。惟有兼具智慧信心的人，其決心才是健全而堅定的」。

從以上訓示，可以知道產生決心的淵源和決心的重要。須知決心，對人的一生成敗得失，具有絕對影響，爲人生一貫的行動指標。無論在任何時間、任何地點，對任何事務，只要下定決心，就宜努力以赴。

（一）天下沒有打不敗的敵人

世事如浮雲，變幻無定。在當前國際間，國與國的交往，只有權利，絕無道義可言。猶之今天甲乙兩國是朋友，明天他們兩國也許就變成敵人，目前如此，過去亦然。春秋時代的秦晉兩國就是最好的例子，他們要好的時候，互爲婚姻，卽所謂「秦晉之好」，等到有了利害衝突，又成爲「世仇」。當晉文公爲公子時代，因爲宮廷變故出奔到秦，受秦保護，後並得秦之力立爲晉君，乃至霸諸侯，可謂受秦恩惠至深，但後來竟在「殽之戰」（這是春秋時代有名的兩大戰役之一）出秦不意而猛攻秦軍，秦全師覆滅，主帥被擄。使秦侷促西戎之地不敢東嚮問鼎中原。由此可以看出國與國間的交往，純由利與害來決定。

近代國際關係更復如此。例如：日本之有今天，完全由於當年先總統　蔣公之以德報怨之德政所致：保全天皇制度，使他們的信仰中心和領導的中心保持完整。遣返日俘，使他們的人力資源不致匱乏；不索取賠償、不拆除他們軍事的與一般的工業設備，使他們在經濟上工業上減少損害，他們休養生息，因利乘便，在短短的時期內，不僅是從戰爭的廢墟裏站了起來，而且蔚成所謂「經濟大國」。以我們東方的道德標準來看，日本是應該大大的「以德報德」才是，但他們竟棄絕我們而與匪僞建交。像這樣的事實，就十足證明了國際間還有何道義可言？自日匪建交以來，我國政治、經濟各方面，反日漸欣欣向榮，並無因日匪之建交及與我之斷交而受到影響。所以天地間，也無非交不可的朋友。

再如二次世界大戰前，日本、德國、意大利，皆爲世界上一流強國，我國則以承滿清政府腐敗墮落之餘緒，與民初軍閥武人之割據，以致積弱難振。但當二次世界大戰發生後，日本竟爲我國所擊敗。由此我們了解，天下事無一事不可有爲，只在人們決心之有無而已。

（二）天下沒有不能克服的困難

我國退出聯合國，爲我國近代歷史上一件大事，也是世界歷史上，一頁缺乏眞理正義的醜惡記載。但我們在「莊敬自強，處變不驚」的國策下，全國上下，同舟一命，團結合作。因此這幾年來，我國國勢不僅未爲之衰頹，人心未爲之消沉，相反的，國家經濟，反而日漸繁榮富裕，人心反而日漸奮發上進。走遍全國城鎮、市區、農村，無處不充份顯出興隆景象，工廠日增，高樓大厦，普遍興建，這種表現，使自由世界來的訪客看見了，無一不嘖嘖稱爲人類奇蹟。這是甚麼原因呢？一言以蔽之，卽以堅定決心，克服困難，努力創造而已。

所謂：「天下無難事，有心者成之」。人們如能痛下決心，卽可改變一切，創造一切，今天我們在艱難的處境下，由於政府決策堅定，國人奮力向前，所以能化無爲有，化不可能爲可能。

(三) 天下沒有不能成功的事業

事在人爲，古有明訓。漢高祖劉邦不過是一個泗上亭長（類似現在之里長），奮起逐鹿，反秦滅項，卒成帝業。劉秀，舂陵一農夫耳，亦能中興漢室，登帝位。劉備爲織履小販，也在草澤羣雄之中，三分天下，而創帝基。

在中外歷史上，以出身微賤，白手興家，垂名千古者，實大有人在。任何事業，只要秉持勤懇，念玆在玆，不眠不休，未有不成功者。只是好高騖遠，淺薄輕率，而又見異思遷，畏難苟安者，未有不失敗的。

我們今天處於反共復國前夕，在匪僞華、鄧、葉、李諸酋爲着權利互爭互鬥，僞黨僞軍爲着領導權互爭雄長的當中，我們該感覺到：敵人的脚步已亂，我們揮軍西指的日子快到了。在這樣一個勝利的形勢下，凡我國人，又須認定：自己國家自己救、自己敵人自己除、自己道路自己開、自己事業自己建。這是我們今天要緊緊把握的準則，我諸同學必須痛下決心，現在安心力學，一旦時機成熟，在政府反攻命令下達時，大家勇往直前，向大陸進軍，義無反顧。相信最後的勝利與成功，必不會遙遠的。

勤儉建校

克勤克儉乃是我國數千年傳統的美德。一個國家的全體國民，如能做到勤儉，則這個國家一定能夠富強康樂。一個家庭男女老幼能夠做到勤儉，則這個家庭一定富裕興盛。一個學校全體師生能夠做到勤勞儉約，則這個學校一定能夠健全發展。一個人能夠做到克勤克儉，則他的學問事業均會有所成就。因此一個國家的富強，不在廣土衆民，而在全國國民之能發奮圖強，刻苦自立，如現在的以色列卽是。一個家庭不在父兄的官高爵顯，而在子女的勤儉樸實，忠厚傳家，如曾國藩先生的家風卽是。一個學校不在校舍的輝煌與設備的充實，而在每個學生均能勤奮向學，砥礪品德，蔚成良好學風。一個人不在聰明才識，而在他能夠自立自強，敦品勵學。

當前世界上大多數國家，都正在受到能源威脅的時候，我國自然也不例外；同時我們是一個多災多難的國家，目前社會表面雖然安定，人民生活水準也逐漸提高，但臺灣省地下資源缺乏，重要物資，必須仰賴國外輸入，如果我們不節衣縮食，刻苦耐勞，則這種表面上的繁榮和安定，是經不起考驗的。況且目前正受世界性的物價飛騰，通貨膨脹的影響，儘管由於政府措施適宜，一般物資準備充實，但物價漲幅也不算小。例如同學們過去五塊錢就可以用膳，現在恐非十塊錢莫辦了。你們的家庭，有的富裕，有的小康，有的則較爲貧困。大家雖然環境不同，但克勤克儉，是我國傳統美德，卽令部份同學家庭富裕，也不可以奢侈浪費，養成揮霍無度的惡習，妨礙學業發展。諺語說：「家貧出孝子」，中外歷史上許多成大功立大業或在學術思想上有貢獻的人物，絕大多數都是出身寒微，而不是富家子弟。我們學校歷屆成績優秀的學生，也是以家境清寒者居多。所以我今天爲響應政府勵行能源節約號召的時候，來與你們大家講「勤儉建校」問題，以期共勉。

一、勤儉二字的闡釋：所謂勤是積極的，或作懃，勞也。說文：「執勞辱之事也。」憂也，呂氏春秋：「勤天子之難」。苦也，法言先知：「或問民所勤」。助也，國語晉語：「秦人勤我矣」。勤有勞動創造，生生不息之意。所謂儉是消極的，約也，說文：「約者纒束也，儉者不敢放侈之意」。顏氏家訓：「儉者省約爲禮之謂」。故儉有節約刻苦，不奢侈、不浪費之意。譚子云：「奢華的人，雖富不足，勤儉的人，雖窮有餘」。蘇格拉底（Sacrat）：「自足是自然的財富，奢侈是人爲的貧困」。朗費羅（Lanvilo）說：「債台，絞台也」。洛震（Lozen）說：「不負債，是通向快樂境地最輕便而又最妥善的捷徑」。富蘭克林（Fulancline）說：「浪費者終難久富，節儉者必不致貧」。歐美學者對勤儉與奢浮的解釋，與我們歷代先賢前哲所云，如出一轍。因此我們對於勤儉，必需身體力行，不可忽視。

二、勤儉的效益：總裁說：「凡一個民族的勃興，一個國家的建立，一個軍隊的強大，乃至於家庭及個人的成功，都是由克勤克儉作起，天下未有不勤不儉而能成功立業者。」又說：「天下無不勞而倖得之收穫，亦無徒勞而不穫之耕耘。」總裁對勤勉的深意，已經作了剴切的指示。我們再看孔子的說法：「生之者衆，食之者寡，爲之者疾，用之者舒，則財恒足矣。」這幾句話，不僅說明了勤勉的絕大效用，更指出了勤儉的因果關係。

孟子說：「鷄鳴而起，孳孳爲善者，舜之徒也。」呂氏春秋說：「戶樞不蛀，流水不腐。」曾國藩說：「勤勞則身強體壯而長壽，安逸則病弱而早亡。」詩經上更有：「夙興夜寐，無忝爾所生」典訓。凡此皆足以警惕我們，遇事苟能以勤勞處之，即令力有未逮，而遭遇困難，但祇要勤勉自勵，克盡厥責，日以繼夜的做去，則任何困難問題，終將迎刃而解。

曾國藩先生所訂勤學箴，更強調五勤之道。卽第一要身勤：任何艱難險阻困苦之事，皆要親身去體驗，以身作則，躬行實踐。第二要眼勤：對人對事，要親身觀察，反覆週詳。第三要手勤：凡事必須躬親以赴，不可假手他人，讀書更要專心致志，隨手做劄記。第四要口勤：卽是敎不厭，誨不倦，苦口婆心，循循善誘。第五要腦勤：卽是精神愈用而愈出，智慧愈磨鍊愈明。玆斯五者，於治人治事，體用兼備，如能力行不怠，在個人自可鍛鍊體魄，充實智能，在社會則可創造財富，增強國家力量。

總裁說：「奢侈爲亡國之本，勤儉是建國之源。」「養廉首務，在節約勤儉，敦厚樸實。凡百弊病，皆從懶生，一切敗德惡行，都從奢侈開始。我們要戒除百病，要修養品德，就要拿勤字來醫懶惰，拿儉字來醫奢侈。勤勞者必不驕傲，節儉者必不淫佚。勤則身健，身健則雖柔必強，雖愚必明。儉則寡欲，寡欲者聲色嗜利皆淡。我們要修養心身，改良個人生活習慣，這是唯一必經途徑。」從 總裁的訓示裏，可以深知國家之富強，與個人之發展，皆從力行儉約而來，別無倖致。

朱柏廬說：「勤與儉，治身之道也，不勤則寡入，不儉則妄費，寡入妄費則財匱，財匱則苟取，愚者爲寡廉鮮恥之事，黠者入行險徼倖之途，生平行止，由此而喪，祖宗家聲，於此而墜，則生理絕矣。」揆其含意，卽爲勤與儉爲人們生活準則，亦爲富與貴之所由來。如果既不能勤儉，又懶惰浪費，必使生活困窘，而走入違法敗紀之途徑，如此則不啻自趨毁滅。總裁說：「節約愛惜物力，縱令是一針一線之微，都不可隨便毁棄，而要精勤處理，盡其效用。」又說：「節約就是生產。」從 總裁的垂訓裏可以了解，物品無論大小，皆應珍惜，以備作必要時之用。

宋代大學者也是大政治家司馬光誡其子說：「夫儉則寡欲，君子寡欲，則不役於物，可以直道而行，小人寡欲，則謹身節用，遠罪豐家。」其含義卽爲減少支出，對士大夫言，可以不受物質奴役，保持清白操守。對普通人而言，則寡欲愼行，可減免罪行，使家庭過着安定生活。從這一段文字裏，獲知儉約，關係人生的重大。宋代愛國詩人陸務觀云：「天下之事，常成於困約，而敗於奢靡。」這一說法，與司馬光所說，僅爲文字表面的差異，而其深遠含意則一。月盈則虧，水滿則溢，人如能克制不必要支出，戒絕浪費，量入爲出，則必能持盈保泰，財用恒足。

儉，德之共也，唐武宗時，尙書右僕射李紳，爲名詩人，曾有教子詩五古一首如下：「春種一粒粟，秋成萬顆子，四海無閒田，農夫猶餓死。鋤禾日當午，汗滴禾下土，誰知盤中飱，粒粒皆辛苦。」學者筆下，道盡了人們生活食糧得來不易，因此必須儉約食用，絕對不宜浪費。宋名相張文節公，居官無私，雖在顯位，淸約如寒士。常云：「由儉入奢易，由奢入儉難。」旨哉斯言，春秋時魯大夫御孫曾云：「儉，德之共也。侈，惡之大也。」蓋以強調能儉則寡私念，可任由良知良能來治事，遂成德業。侈則多私欲，私欲一多，勢必枉道觸法，招致禍患加身，故儉則成德，侈則招災，可不三思而抉擇之？

三、如何做到勤儉：前述各段，偏重於理論的探討。本段則完全以「勤儉建校」爲準據，說明本校全體師生，在此一大前題下，如何配合當前政府節約能源決策，達成建校的目標。

自能源問題發生後，引起全世界工業衰退、物價上漲、經濟拮据、人心浮動。我國以政府力行大有爲作法，合理調配民生所需重要物資，並嚴加管制，故社會秩序，勉維安定。但國際能源僵局，難以澈底解決，日久仍將有諸多困難問題不斷發生。爲未雨綢繆計，本校全體師生，應共體時艱，努力節約。

㈠水電節約問題：水電爲本校主要能源，過去每年所支付水電費用，爲數頗鉅。本年二月份起，水電加價，則所需費用，爲數更鉅。此項鉅額支出，固爲本校沉重負擔，同時因水電消耗過多，使國家工業發展所需資源，受到嚴重影響。因此我鄭重勸告，今後用水用電，務必從嚴管制，儘力減低用量。如水管滴水，應立卽旋緊，天光未暗，一定不得開燈，任何老師同學，均應努力做到。如此：一面可爲本校減少支出，一面更爲國家儲積資源，發展工業，共渡難關。總裁指示我們：「隨手關燈、隨手關水」，這些事或有人認爲是細微末節，無關宏旨，實則關係一個人的品質與家庭的家風，和一個國家的盛衰有其密切關係，千萬不可等閒視之。

㈡文具節約問題：文具紙張，每年耗用甚鉅，其中浪費尤多。例如：對任課老師發通知，很簡單幾句話，就耗用六裁紙一張，外加封套、郵費等，全校二百七十餘位老師，發一次通知，就得消耗二百七十餘張紙，二百七十餘個封套，而寫封套、登記、寄發等耗用人力尙未計算。嗣後校內聯繫，絕對不可行文。普通事項，可口頭通知，或廣播週知，較多規定，可書面統一通報，不必單獨行文。校外文件，可分別查明受文老師任課時間，置於敎師休息室內，俟其來校上課時，自行取閱。或者寫成統一通知，張貼敎師休息室內，以省去個別通知。非萬不得已，絕對避免郵寄。此外，消耗紙張最多者，尙有講義之印製，與試卷之印發。此等講義、試卷，無保存價值，務按需要油印，不可超量印出。又如敎職員所必需文具，應於每學期開學時核實配發一次，不能隨時請領，以免漫無限制。

㈢經費節約問題：凡敎材設備的添置、補充、修理等，允宜充份優先辦理。但物品採購，必須依訪價、議價、比價方式，交互進行，以達到用最少的錢，買到最合適、最堅實耐用的物品，以符合節約原則。其他事務行政開支，則應力求節省，使每一分錢，均能發揮確切效用，絕無分文浪費。

㈣人員節約問題：各級專任人員工作分配，一定依其聰明才智、體能、興趣，賦予最合適、夠份量之工作，俾能發揮所長，克盡厥職，使業務推行，無任何缺失。固然，本校學生逐漸增多，各同仁工作負擔日重，惟基於節約原則，新進人員，仍暫予凍結，盼能勉為其難，以節省人事費用支付。

㈤土地利用問題：本校空地頗多，過去一般雜草叢生，滿目荒蕪，缺乏蓬勃興隆景象，應利用假時，將雜草普遍割除，耳目一新。今後不僅要保持現狀，且需就空地種植花木，美化庭園，予人以爽心悅目的感覺。

㈥勞動服務問題：利用課外活動，鼓勵諸同學，從事勞動服務，此一措施，其教育意義甚大。蓋以諸同學自入學到畢業，連續在校讀書五年，為時頗長，在此一段時間內，為同學們漸次脫離少年童心，而到成年成熟階段，每人生理心理，習慣性向，均有決定性改變，諸同學未來成就如何？可說在校已作了初步培植，其關係何等重大。因此，督促諸同學課餘從事勞動服務，一以磨練身心，知所勤奮，一以活動筋骨，健壯體魄。更重要者，為使同學們了解生活之不易，付出一分辛勞，才有一分收穫，以考驗諸同學們工作勤惰，也使同學們體驗團隊精神。所以我特別要求諸同學，瞭解勞動服務積極目的，在於教育訓練，而不在節約金錢。

(七)時間效率問題：一個學校之能否有進步，一個學生學業之能否有成就，關鍵在重視時間、把握時間、運用時間，與絕對的不浪費時間，以加強工作效率，和提高學習成果。例如目前天氣日漸緩和，早上空氣新鮮，各工作同仁，應早點到校，先將當天應辦事項，依情況緩急，作一有系統規劃，並排好先後處理秩序，然後依序做好做完，以達到「今日事今日畢」之要求，而且這一要求，要堅決做到，絕對不可抱着今天做不完，還有明天的觀念，敷衍拖拉，誤時廢事。諸同學讀書，更應遵照教務處排定作息時間，準時按時上課，專心聽課、寫筆記、做練習，精神貫注，絕不旁騖，且一定要下定決心，將當天功課，當天作完，更要作好。絕不可得過且過，混過算了。同學們每日到校時間，最好在早上七點鐘左右，早來校，乘車人少方便，無須等車擠車。到校後，應即利用升旗以前一段時間，開始早讀。由於早上空氣清新，頭腦明敏，讀書容易熟記。且早到校，養成早起良好習慣，蔚成本校早讀風氣，俾諸同學於五年完成學業之日，大家學有專精專長，就業容易。

(八)愛護公物問題：學校為培育人才，為社會服務，故董事會竭盡心智，出錢出力，創辦本校。可說對正在求學階段青年，安排了優良讀書環境，以培育在校同學，使成為有用人才。因之本校全盤設施，無一不是基於教育上需要，而費盡心血、金錢，予以購置，以備施教時之用的。全體同學，必須妥予維護，善為運用，使其在施教及實習兩方面，發揮出最大功效。至於門窗、玻璃、窗簾、黑板、講台、電燈開關、樓梯上扶手、牆壁上所貼瓷磚、飲水器、水管龍頭、沖刷厠所用自來水箱拉索、垃圾筒、校園內花木、交通道上所舖花磚、噴水池設備等，或爲照明用、或爲蔽風雨陽光用，或爲清潔衞生用，或爲觀瞻美化用，均應加意維護，以延長使用年限，與節省無謂開支。尤其目前物價高漲，物力維艱時期，無論添置修理，均不容易。諸同學必須以最大愛心，視同己物，曲予維護使用，絕不可輕予毀損。萬一有不明事理同學，或則掉以輕心，以致損壞，或則有意玩忽，而致破壞者，一經查出，決從嚴處分，絕不姑寬，以警頑劣。

四、如何做到勤奮讀書：總裁提示，讀書要道極多，玆摘錄數則如下：㈠「讀書和研究學問的方法，我以爲第一要有恒心毅力。第二要博而能約。第三要以理論與實際印證。第四要能虛心。」㈡「學問無窮，全靠實地研究，切不可以一得自足。高深研究目的，在使那些基本智識，更能有效發揮，若捨棄了基本知識，就無所謂高深研究。」㈢「古人說，開卷有益，歷來成大功、立大業的人，無不是手不釋卷，及時發奮，力爭俄頃，師法古人，進學成德。」㈣「古人說：『知今而不知古，謂之盲瞽，知古而不知今，謂之陸沈。』又說：『記事者必提其要，纂言者必鈎其玄。』這是守約的方法，此正與孔子所說「博學於文，約之以禮」之義相脗合。」㈤「研究一切學問，要由近而遠，由卑而高，不要好高騖遠，如能於最平實、最淺近之處做起，則高深學問，卽在其中。」㈥「我們看一本書，要能知其整個要領和基本含義，更要隨時注意圈點，並另作讀書筆記。此外，還有一個最簡單要訣，就是一本書拿到手，在未看正文之前，應當先將卷首之序文、緒言、目錄，先用心看一遍，就可以得知全書的主旨，基本要義和整個系統。」 國父對讀書的遺訓亦多，玆簡摘二點如下：「㈠我們求學的目的，不是爲個人自私自利、升官發財，而是要救民濟世，造福人羣。我們要救民濟世，造福人羣，就必須要有相當的才智，而才智之儲備與增進，全在學問。㈡學問應以濟世爲目的，濟世必以學問爲基礎。」我國另有些傳統說法，如士爲四民之首，與萬般皆下品，惟有讀書高等是。宋朝名臣王安石說：「貧者因書而富、富者因書而貴。」明朝賢相張居正說：「人情物理不悉，便是學問不透。」總上諸論，使我們深深了解爲人處世，非讀書無以自處，非讀書無以廣識，更非讀書無以創業成已，濟世濟人。但應如何努力，才能使讀書有成就呢？我以爲第一要立定志向，亦即讀書的願望和信心。第二要諄誠懇切，亦即全神貫注於所讀之書本上。第三要堅忍有恒，亦即朝夕勤奮，不避寒暑。清朝曾國藩對讀書用功之道，有其洞中肯綮說法：「學貴初有堅定不移之志，中有猛勇精進之心，末有堅貞永固之力。」諸同學果能恪遵上述意義，精勤讀書，則以在校五年之時間，必有大成，這是可以斷言的。因此，我殷切期望每一同學，務知讀書對人生之重要與可貴，珍惜當前瞬即消逝的青年時光，摒除一切雜念，全心全意，致力學業，期能於學程結束之日，即爲學有所得之時，以服務社會。則於自己、於家庭、於國家，均有裨益，而仰不愧於天，俯不怍於人。

五、一個國家最值得珍貴的，不是廣土衆民，物產豐富，而是全國國民勤勞堅忍、忠貞不二。一個學校的進步健全，不是學生人數衆多，經費充足，而是全校師生勤奮上進，謹守繩墨，人盡向學，物盡其用。宋儒歐陽修說：「憂勞可以興國，逸豫可以亡身。」須知怠惰使人如慢性中毒，浪費使人趨向腐蝕。一個人無論在求學時代，或者工作時期，均須養成勤勞習慣，與崇尙儉樸行爲，才能成爲一個眞正的時代先驅，過着愉快舒適的生活，走完人生美滿長途。

總之，我今天講話的主旨，希望全校師生以勤儉節約，勞動創造來發揮人力、物力、財力的最大效用。手腦並用，勞心勞力，建設本校成爲一個最理想與最完美的學府。

當前大專學生應有的認識與努力

時間飛逝，本學期轉瞬卽將結束。在本學期內，這是本人第二次向諸位講話，也是最後一次講話。

這一次講話動機，起緣於最近看到國民黨中央黨部青年工作會，對大專學生當前生活環境的看法所作的專案調查後的一個報告。

這一個報告的調查範圍，爲大專學校四十八所，對象爲日間部二年級以上學生四、七四四人（本校亦有五十位同學接受調查）。調查內容極爲廣泛，牽涉問題很多，特別値得重視。

玆將原報告所列諸多項目中擇其兩大重點，就個人觀感所及，分別講解如下：

壹、生活的體認

大專在校同學，應先以立志爲第一。所謂「立志」，就是要先注重品德，次講求學問。所謂「士先器識而後文藝」就是這個道理。而品德與學問，是相輔相成，不可或缺的。因此當前身爲大專學生，努力追求學問，固爲重要，而涵養崇高的品德與人格，尤爲當務之急。

在國家多難的今天，一個青年，學問自然愈淵博愈好，但如品德差遲，則學問淵博，適足以長其惡，濟其奸。如此，則學問雖好，又何裨於國計民生。歷史上諸多大憝巨惡，出賣國家利益的那些人，誰不是學富五車，才智高超的人。

今天，諸同學在本校求學，一般年齡約在十六歲至二十一、二歲之間，意志不堅，血氣方剛，見解幼稚，尙難以確切明辨是非與善惡。故於習染之道，不可能有明確定見。因此染於蒼則蒼，染於黃則黃，這是難以避免的。因此本校爲救此弊害，特於各班設置導師，各科設置主任導師，以冀引導諸同學，均能循規蹈矩，恪守校規，並將全部心力、時間，投注到諸同學的修養品德，及追求學問上去。

論語上說：「子以四教，文、行、忠、信。」而且強調：「有教無類」。這種教學方式，在我國教育史上，數千年來，發揮了它的絕大功能。因此使我中華民族，能蕃衍綿延於數千年之久，而且尙日在茁壯之中。

孔子是我國歷史上第一位傑出的教育家，也是使我國教育制度，由最初的貴族獨佔，普及到平民化的一位至聖先師。但我們今天來探究他的教學重點，在課業方面，學問祇佔四分之一，其餘四分之三，則在追求品德。由此使我們更加了解，品德重於學問多矣。

依照青年工作會的調查項目，可以看出當前在校的大專學生一般心理反應，再就其反應，參酌我個人的意見，略加闡述如下：

㈠關於求學目標的問題：今天在校的大專學生，卽爲未來承擔國家責任，與延續歷史命運的人。因此在求學期間，必須培養出：「先天下之憂而憂，後天下之樂而樂」的博大胸襟，與人饑己饑，人溺己溺的高尙情操，並做到人生以服務爲目的而不以奪取爲目的的道德標準。儘管：「十年寒窗無人問，但一舉成名就天下知」了。祇要大家有理想、有抱負，在校奮力向學，勤修品德，使學品兩皆出人頭地，則未來的成大功、立大業，應爲自然的結果，勿待強求。

㈡關於生活動向問題：諸同學今天年齡尙輕，認識不夠，與社會接觸機會不多。對於變化無定的人生百態，尙難以作正確的論斷，與正常的選擇。因此在如此關鍵上，務必多與父母請益，辨別善惡，並多向師長就教，以求得辨解，期能走向正當努力途徑。卽或遭遇疑難或頓挫，也要本不負父母的希望，和師長的訓誨，擇善固執堅忍圖成，不達到目的，決不中途改變。國父有言：「吾志之所向，一往直前，愈挫愈奮，再接再勵」。諸同學果能如此做去，則成功一定屬於你們。

㈢關於個人情操問題：情緒的安定與生活的安全，這是人生最起碼的需要。當人們在遭遇逆境時，情緒上的慰藉，與生活上的安全保障，這應該是一致的要求和願望。但這種要求及願望，如取給於朋友，固無不可。但父母與師長，則應優先向之請益，蓋以同學們自己，尙不夠成熟，他對你們的助力，可能極爲有限。且「益者三友，損者三友」，如將一切希望，都寄托於不夠成熟的朋友，則利害各半，損益互消，能否獲得臂助，這是無法把握的。但父母與師長則不然；即父母對子女的關切愛護，師長爲學生的解決疑難，無不盡心竭力以赴，其間決不附帶任何企圖。此爲我國幾千年來最優良的文化傳統，也是人羣社會中最高的道德準據。因此諸同學在未來任何環境變遷中，如需助力，應先向父母及師長提出，再及友朋，此點千萬要銘記於心，以免僨事。

㈣關於職業選擇問題：工作的嚮往，在我國過去以農立國的傳統習俗裏，有：「滿朝朱紫貴，盡是讀書人」。與「天子重英豪，文重敎爾曹，萬般皆下品，惟有讀書高」。及「士爲四民之首」。和「學而優則仕」等古訓。但自工商業興起以後，人們努力的方向，皆以致力自然科學，來發展工商事業爲第一，繁榮國家經濟，亦列爲第一目標。因此披蟒袍、繫玉帶的顯赫外貌，已不足爲今天所艷羨了，這是歷史發展的正常軌跡。蓋以人們的生活與生存，物資條件佔有絕大比重，任何人皆不可能離開物資條件而生存。因此諸同學在完成學業之後，在工商業方面去努力，這是天經地義的事。等到他日在工商事業有了成就，再去爲大衆謀福利，爲國家效忠忱，這樣做，就合乎世界潮流了。所以學而優，不僅去從政，學而優並應則工、則商，應屬於正當努力的途徑。

㈤關於學以致用問題：選擇職業，以具有與自己所學習的專長相符者爲優先。其次則以將來有無發展爲基準。這樣做去，可謀學以致用，適才適所，當然最佳。尤其當前科學日形發達，分工日益精細，如不能學以致用，以期其舒展懷抱，確實比較困難。但世間事，有時也往往出人意表，如過去曾任教育部長的陳立夫先生，與朱家驊先生，一爲學礦冶的，一爲學地質的。但他們的事業，則是用與學不盡相符的。不過；這種事例不是常態。是以諸同學他日學成就業時，仍應審愼觀察，以脗合自己所學所專爲選擇重點，以免發生削足適履的困窘爲上策。

㈥**關於前途的估計問題**：對自己未來成就，視機遇而定，這一點是値得商榷的。因爲一個人如能奮發向上，則前途是極爲樂觀的。古人有「人定勝天」說。蓋以人能創造環境、改善環境。歷史上所有成功立業的人，誰不是從艱難困苦的環境中，奮鬥創造出來的。所謂：人生機遇，無窮無盡，惟以自己不斷的努力可以掌握。如能朝乾夕惕，奮力以赴，則何事不可有爲。「祇要工夫深，鐵杵磨成針」。若能以「人一能之已百之，人十能之已千之」的精誠，奮勇邁進，則無往而不利。但若隨波逐流，一切聽其自然，則終其一生，必無成就。因此視機遇以決定未來，是不太健全的想法，這是可以斷定的。所以今天的青年同學，應該是以自己的學能、才智、勤勞，來創造機遇，拓展事功。千萬不能坐待機遇的到來，而不作積極的努力。

㈦**關於如何應付困難問題**：生活遭遇了困難，通常幫助解決的是父母師友，這是靑少年時代自然現象。於是在學業上、情感上，乃至未來選擇職業上，發生了抉擇的疑難，則你們最先應該請教的人，自然是你們的師長，尤其是導師。因爲師長和導師，他們天天與同學們接觸，對你們的思想、智能、興趣，乃至未來發展趨向，均有較爲廣泛的了解。是以識見較遠，看事較爲貼切。因此他們必可爲諸同學提供應該閱讀的書籍、應該修養的情趣，以及應該積極向上的志事等。所以諸同學今後無論遭遇任何問題，均宜信賴老師，以求教益，俾免躭誤或阻礙了黃金時代的旅程。

(八)關於娛樂問題：諸同學目前讀書固然重要，但正當娛樂，亦不可少。因爲今天的社會，到處都是青年人的陷阱，偶一不愼，就會落到痛苦深淵，而不克自拔。所謂：「開卷有益」、「讀書最樂」。你們應該首先在書本上去找樂趣，如果你遇到一個疑難問題，因讀書而豁然貫通，得到解決，那該是人生中多大的賞心樂事。但正當的體育與文康活動，也非常重要，諸同學應就與趣之所向，選擇一兩種，經常參加，以培養體能和情操，來恢復疲勞，振奮精神。惟千萬要記着，不正當活動，如賭博、打彈子之類，你們絕對不可以參加。再如跳舞，亦應儘量避免，因爲青年男女雜處，血氣方剛，容易發生爭執及鬥毆事情。過去本校常有此類事故產生，以致部份同學觸犯校規，破壞社會秩序，而遭到勒令退學處分。此外諸同學今後在不經意事件上，偶爾發生挫折，而有憂鬱，或者疑懼不安的心理狀態時，卽應請教師長，最好立卽向心理衞生指導老師請求區處，以期得到合理化解。絕不要自己悶藏心中，向不正常途徑上去尋求發洩，以致走入不可挽救的歧途上去。

(九)關於遭遇困難的解決問題：萬一不幸，遭遇了嚴重困難和挫敗，應該冷靜容忍，以謀求解決之方。因爲人非聖賢，偶爾的錯誤，雖聖賢亦有所不免。一旦發現了錯誤，千萬不可自暴自棄，尤不可感情用事，貿然衝動。此時，應先向有關師長及導師，懇切熟商最能解決的辦法，使大事化小，小事化了。但最要不得的，是自己掩飾其過錯，以聽任事態的擴大和發展，或者以遊戲人間的態度，酗酒、曠課，並逃避現實，甚至仇視週遭一切，以暴力尋求解脫等，這是最不好的作為，千萬不可如此。諸同學到本校求學，從國小計算起，一般十年以上。因此大家已是深具理智，懂得是非善惡的好同學了。至此，我要特別提醒大家一句話，即為諸同學遭遇了任何自覺不易解決的疑難，一定要與本校有關師長們懇籌解決之道，自會獲得圓滿解答的。

貳、學習環境的感受

㈠關於教師問題：教師類型很多，多數學生，最歡迎「教學熱心」這一類型，其次為「學識淵博」者，這兩種類型，最受學生尊重。而「態度和靄」的教師，學生們也寄予好感。但對「聲譽卓著」的教師，也許教學不很理想，學生們對之，反不表歡迎。當然；任何一位教師，如果教學既熱心，學識又淵博，態度又和靄，再加上知名度很高，這自然是最佳的教師，學生們必會敬佩和歡迎。但一位四者兼備的教師，確實不易遴聘；如果能夠熱心教學，且又學識淵博，這類教師，就很不易求得，本校今後對各級教師之聘任，當以此類教師為最優先，以期有助於諸同學獲得應得的學問。

㈡關於課業困擾問題：一般在學青年，於學習過程中，最感困擾的問題，多數認為本身基本智能不夠，至對所學，不能融會貫通。其次則謂社會壓力過大，與父母和師長的期望過高，影響心理。加上同學間在學業上的競爭，精神壓力更重等。但這些事故，是問題也不是問題，因爲任何一位父母，都希望自己的子女成龍成鳳，這是歷史上的老問題，也就等於不是問題。師長們希望自己學生出人頭地，這是純眞的愛心所使然。可以說每一位師長，都是人同此心，心同此理。諸同學在你們的父母及師長期許下，應引爲快慰。因爲有人關注的人，應該是人羣中最幸福的人啊！千萬不要以潛在的相反的意識，來誤解這種高潔的人性表露，那就好了。至於學業的適應，與同學間相互的競爭，祇要善用智能，確切把握時間，盡心力而爲之，在人類一般人天賦並無過大距差下，應該可以面對現實，而肆應裕如的。

㈢關於書籍選擇問題：閱讀書籍，一般反應，多喜文藝方面者，或是人生哲學之類的作品。因爲文藝方面刋物，文字清暢，了解極易。且書中情節，每多感人之處，更易引起同學們共鳴。而哲學方面書籍，大都寓有啓發同學們才智，或者勸善規過等類，較易爲同學們所接受。是以這兩類書籍，普遍受到歡迎。而社會科學和自然科學之類書籍，同學們亦能本諸學以致用的原則，復能認眞研讀，這是非常難得的好現象。但望本諸「開卷有益」古訓，每一位同學，都要普遍閱讀或精讀各有關書籍，以培育每人智能，蔚爲國家社會未來之重用，這不是吾人最大的願望嗎？

㈣關於閱讀新聞問題：任何一位知識青年，如能關心國內外政治、經濟、教育、文化，與社會等新聞，則這一位青年，一定力爭上游的人。古人有：「秀才不出門，能知天下事」之說，此即借助於新聞傳播媒介之所致。尤其在今天，個人與國家間、國家與國際間，已日漸形成不可分離的關係；但個中離合，仍然經緯萬端，要求得個人對國際的政治演變，和經濟的榮枯等的了解，以及社會上人與人、人與事的各種變化的明瞭，就必多讀新聞報刊，以求得之。在任何一份報刊上，皆包含了千千萬萬的各個不同問題，也公開了知與未知的諸多學問。因此關心新聞與閱讀新聞，極爲重要。尤其國際間政治的轉變，國內的經濟與社會諸問題，皆宜細心研閱，不可以偏廢。期能及時明瞭人類重要發展及科學新知，才不愧爲當代好青年。

㈤關於誤入歧途問題：近年來，社會上常發生許多不正常事故，使原本平靜安定的社會人羣，常爲之激盪不已。這就是少數在學青年，於偶爾不經意中，走入歧途後，在情緒激動下，所製造的一些問題。一個生性本善的青年同學，何以會有此錯誤的行動呢？一般同學的說法，認爲「自己本身不學好」，與社會上各種使人墮落的文學、圖畫、歌曲、影劇，加上澆薄的人性等，所共同醞釀而成的。當然；家庭的過分溺愛，與學校管教的偶爾疏忽，也是使這少數青年同學，性情囂張，意志浮動，而誤入歧途的間接原因。要知道國家辦教育，與私人捐資興學，其共同目的，皆不外教導每一位青年同學，使成爲最有用的人才，以備國家不時之用。因此諸同學在求學階段，務應努力向學，以俾他日能服務人羣發展抱負，千萬不要自怨自艾，當然也無庸責難父母的管教不當，與對學校無謂的怨謗。且無須認爲一走入歧途，即爲不可救藥，而甘心沉淪下去。諸同學應該自我尊重，並了解自己進入專校之後，已是高級知識份子，能夠自己明辨是非。偶然的不正常現象，應該立即覺悟，痛下決心，分清涇渭，辨別美惡，改正過來。並以擇善固執態度，確立向上情操，潔身自愛。則一切的成就，都會屬於你。

㈥關於社團工作問題：學生社團工作，爲自治治人、羣策羣力的服務工作。 國父垂訓說：「人生以服務爲目的」。先總統 蔣公亦云：「服務卽生活，生活爲服務」。諸同學多願爲社會服務，這不僅與 國父暨 蔣公垂訓脗合，這是好現象。因爲今天是科學的羣衆時代，國與國間，和人與人間的關係，日漸接近。個人的生存與幸福，和社會的繁榮，息息相關。是以社會與個人的密切接合，才能共存共榮，社會才能進步，個人才有幸福生活。同學們希望自己未來成爲最有用人才，當然就要利用在校學習時期，抽出時間，多爲社會服務，來培養自己的智能，和勤奮的習性。然後在學業與勤勞融合下，使自己成爲一個最有用的人才。但爲社會服務，是一種不計利益，祇有勞力支出，而無任何報酬的工作。而且還要脚踏實地，一點一滴的確切做去，才能有成效。不能喊口號，祇說不做。也不能敷衍粉飾，欺人自欺，那就毫無效果了。

㈦關於訓導工作問題：訓導工作，爲大專敎育重要工作之一環，與學術敎育，屬於同等重要地位。推行訓導工作，首重訓導人員的學識、品德，與其公私生活，是否合乎應有標準。如果每一訓導人員，有適應工作的學能，有俯仰無愧的品德，更有在私在公，均能做到言忠信，行篤敬，誠實無我。再舉以要求在校學生，敦品勵學，則無往而不利。否則；訓導人員，學品兩缺，公私生活，均不能明以示人，僅運用職權以取巧，或者用高壓方式，迫使學生曲從己意。如此，則訓導工作績效必微。古語：「身敎言敎」說，卽以言行敎，以身示範，且能不厭不倦，朝斯夕斯，才有實效。今後訓導工作，要使在校同學，明利害、別是非、自愛自重、自動自發，言行純良，堅忍向上。當然，導師制度的加強推行，確使同學們在校的一舉一動、一言一行，均能在導師指引、感化、培育之下，以儘力減少外務，積極努力學業。如此，則訓導的基本工作，已成功過半了。

昔者朱紫陽（熹）講學於白鹿洞時，特訂定：博學、審問、愼思、明辨、篤行等爲學之道，與懲忿窒欲，遷善改過之義，並強調：「正其誼不謀其利，明其道不計其功」，及己所不欲，勿施於人，行有不得，反求諸已等處世接物之要，作爲要求每一同學日常生活行爲實踐依據。

更要求當時從遊諸學子，嚴朔望之儀，謹晨昏之會，以做到：居處必恭，步立必正，視聽必端，言語必謹，容貌必莊，衣冠必整，飲食必節，出入必省，讀書必專一，寫字必楷敬，坐案必整齊，堂室必潔淨，相呼必明齒，接見必有定。迨修業有餘功，則遊藝以適性，使人莊以敬，且必專所聽。

一個在校青年，如能對朱子所訂上列各款，一一躬履實踐，則不僅學業可依敎育年限完成，德育亦必有所獲得。假定更能擴而充之，以普遍推向社會人羣。如此，則不僅這一代在校同學，定會品學兩優，而未來的立身處世，亦可無所顧慮，甚至對一般世道人心，也可間接收到振奮改進的效果。

張橫渠先賢，曾以「爲天地立心，爲生民立命，爲往聖繼絕學，爲萬世開太平」，作爲人生奮鬥最高理想。

我們每一位同學，都應該有此等抱負，並朝此方向去努力，期能在當前大有爲政府領導下，善盡各個人責任，開創不朽事業。

如何做好一個學生幹部

在新的學期開始，新的各級學生幹部產生之後，學校舉辦幹部訓練，所以我今天特別講解：「如何做好一個學生幹部」。希望大家都能敦品勵學，提高服務精神，以導引全體同學淬勵奮發，莊敬自強，達到每人均能進德修業的目的，並盡其所能協助學校的革新、進步與發展。

一、甚麼是學生幹部

所謂學生幹部，可以說：「凡是由各班級及社團同學自動推選產生，或由本校就品學兩優學生中指定產生而爲同學們服務的學生，均稱爲學生幹部，故所有班級幹部及社團幹部都是學生幹部。」但學生幹部，自以由同學們自動選舉爲原則，非萬不得已，學校不予指定。擔任學生幹部，必須具備下列幾個條件：

㈠學生幹部是學生中優秀份子：凡品學兼優，學業和操行成績均在一定標準以上，能夠尊師重道，恪守校規，一言一行，可作爲同學們楷模的學生。

㈡學生幹部是學生中積極份子：有高度的熱忱，有進取的精神，能夠主動負責，不怕困難，勇敢的、不斷的爲同學們服務。

㈢學生幹部是學生中領導份子：有領導的能力，有組織的才智，見解正確，幹練有爲，在同學間足以起帶頭示範作用。

綜合言之，學生幹部從積極方面講，必須具備以上三個條件。但從消極方面講，學生幹部，決不是學生中特殊份子，可以言行無忌，放蕩不羈，破壞校規，擾亂秩序。學生幹部，更不是學生中權威份子，自已高高在上，自以爲是，對同學們任意支配，頤指氣使。學生幹部，尤其不是學生中庸劣份子，學業操行都差；而言行不檢，生活浪漫，曠課嬉遊，不知上進。

二、學生幹部的認識

㈠體認人生以服務爲目的的眞諦　國父說：「人生以服務爲目的。」又說：「服務爲現代人類社會一種新道德。」凡聰明能幹的人，應該在道義上多替衆人服務。學生幹部更應該替同學們多作「友誼服務」。人生價值的提高，就是要先培養成功「友誼服務」的習慣行爲，進入到「道義服務」的人生。

㈡體認「生活的目的，在增進人類全體之生活。」　人類有求生活動的天性。這個求生活動，也可以說是人生。人生是包括人的生命與生活的。在生活方面，如何使我們的生活過得有意義、有價值、有目的、有理想，然後才能無愧於所生。因此，在求學期中，要體認「生活的目的在增進人類全體之生活。」以「天下爲一家」，以「中國爲一人」。發揮己飢己溺之精神，袪除自私自利的思想。人與人之間，要有互助合作同情友愛的習性，以達到救國、救民、救世界人類之「仁」。

㈢體認「生命的意義，在創造宇宙繼起之生命。」人類要求生存的，不僅是求個人的生存，而且要求國家民族的生存。不僅要求暫短的生存，而且要使我們的生命，能夠延續不絕，光大於永久。總統曾說：「生命不是片斷的，而是整個的。不是暫時的，而是永久的。不是隨軀殼以俱亡的，而是藉事業而發展的。我們的生命，要寄託在我們革命事業上。」因此，在求學期中，也要「體認生命的意義，在創造宇宙繼起之生命。」及時立定大志，確立革命的人生觀，打破生死關頭，準備將來畢業後，眞正爲國家民族而奮鬥，切實負起「承先啓後」「繼往開來」的使命。

㈣體認勤勞服務可以創造一切　人世間一切偉大的事業，苟出以勞力，則無不可爲。數千年歷史文明的累積，便是人類勤勞的結果。學校歷年來加強實施勞動服務的生活教育，卽在養成學習與生活兼顧，勞心與勞力並重的觀念，發揮雙手萬能的功效，以自立自強的精神，養成勤勞服務的習性，來創造將來偉大的事業。

㈤體認學校與個人有休戚相關榮辱與共的密切關係　本校的創辦，爲適應時代的需要，旨在培養德、智、體、羣、能五育兼備的學生，使成爲優良的市政建設人才，以達成教育之目的。我自創辦之初，卽提出「一切爲學校榮譽」、「一切爲學生着想」、「一切爲教師服務」的辦學方針。尤其是把學生視爲學校的主體，一切爲學生設想。因此，本校一切教育設施，均係把握此一原則，不斷謀求改進，希望使學生均能成爲國家的健全公民，和社會的有用人才。畢業以後，仍然加強就業及學習的輔導，期望人人都能成功立業，光大校譽。學校前途有發展，學生當然蒙受利益。學生人人成功立業，學校也當然享有榮譽。因此，學生與學校永遠是榮辱與共休戚相關的。

㈥體認同學們是在德業上事業上永久不可分的終身伙伴　人是社會動物，不能離開羣居的社會而生存。現在是科學羣衆時代，更須羣策羣力，衆志成城。諸同學在學期中，爲時五年，志同道合，共讀本校，應當敬業樂羣，切磋琢磨，敦品勵學，進德修業。五年相處時間不短，應認識眞切，友誼敦厚，以便將來走入社會後，在事業上彼此提携，互相幫助，共同携手，奔向成功的大道。

三、學生幹部的任務

㈠學生幹部要作學校的基幹：對於學校的一切規定和要求，均應由下而上負責推動，貫澈實施。

㈡學生幹部要作學校的耳目：對於學生中所發生的一切動態，尤其是有不利於學校的行為，均應隨時注意，迅速向學校提供，藉以維護學校良好的紀律與榮譽。

㈢學生幹部要作學校與學生中的橋樑：同學們各人家庭環境不同，性向各異，自然對事物的看法，也不一致。學校以愛為出發點，嚴格管教學生，同學們往往不以為德，反而成仇。或者往往表面雖然服從，內心則有不滿，甚至公然提出異議。學生幹部在此種情況下，如善為宣導說服，使各位同學均能了解學校嚴格管教之至意。如力有未逮，可向學校提出有價值之建議，務使學校與學生之間一切距差和誤解，消弭於無形。

㈣學生幹部要作學生中的先鋒：學生幹部要有正義感與責任心，對學校的要求，同學們的公益，均應以身作則，不辭勞怨，率先奉行。一方面發生帶頭示範作用，一方面擴大號召影響。

四、學生幹部的工作態度

㈠是服務而不是奪取　國父說：「人生當以服務為目的，而不以奪取為目的。」學生幹部，應確立此種服務的人生觀，養成利人、愛人、助人的服務美德。不計功利，不計報酬，處處能夠熱心為同學服務，為社會服務，決不可自私自利，貪圖便宜，要如此才可得到大家的愛戴。

㈡是貢獻而不是佔有　學生幹部在工作中應時常想到，我對學校、對同學，能夠貢獻多少，而不要問學校與同學能夠給我多少，我能夠佔有多少，必須如此，方可領導同學，幫助學校。

(三)**是互助合作而不是獨斷專行**　當前是羣衆本位的時代，一切事業必須爲羣衆來設想，由羣衆來參加。學校的班級活動與社團活動，都是羣體的教育，羣衆活動的場所。學生幹部在各項活動中，必須互助合作，發揮團隊精神。切不可獨斷獨行，影響羣衆情緒，引起同學反感。

(四)**是率先躬行而不是袖手旁觀**　任何工作能夠順利完成，必須羣策羣力，分工合作，人人都有義務，人人都有責任，作一個學生幹部，既不可規避推諉，更不可袖手旁觀，置身事外。

(五)**是自覺自發自動工作而不是被動聽命於人**　本校對學生之管訓，素爲嚴格，但仍以輔導學生實行自治爲訓導之重要原則。期望同學們能以自覺自動自發之精神，敦品厲學，以培養其獨立人格。學生幹部更應深體斯旨，主動積極地加強學生自治活動，健全社團組織，期獲豐碩成果。千萬不可被動聽命於人，等待別人之督促與要求，更不可有「不求有功，但求無過」的消極態度和「推、拉、拖、轉」的悪劣習慣。

五、學生幹部的具體工作

(一)**貫澈學校一切規定**　對學校一切規定與行政要求，首先應以身作則，率先躬行。其次應善於分配，督促同學認眞實行，遇有困難，應研究解決，或報請學校處理，務求貫澈實施。

(二)**維護學校整齊清潔**　對各班級教室應督促按日輪值清掃，對勞動服務區亦即清潔區應認眞整理打掃，維護清潔，對公共場所，不任意投擲菓皮紙屑，並養成「你丢我拾」的習慣。

㈢**維護學校的公物**　仁民愛物，是我國固有的美德，在當前經濟困難物力維艱的時期，更應愛護公物如己物，對破壞公物之不良份子，應隨時注意檢舉。

㈣**美化學校的環境**　本校位於郊區，層巒疊翠，富自然之美。加以年來開闢道路，整理環境，廣拓校園，種植花木，配以亭榭，更日臻美化，望學生幹部能督促同學竭力維護，不可任意攀折花木，不可破壞校園景物，並應於服務勞動時間內，芟除莠草，培植花木，美化學校的環境。

㈤**維持公共的秩序**　打鈴卽進教室，上課保持靜肅，集會遵守秩序，服從指揮，不亂講話，課餘不隨處亂跑，怪聲怪叫。搭乘公共汽車要遵守交通規則，排隊上車，這些都是學生維持公共秩序的良好習慣，學生幹部應注意糾察，督促實踐。

㈥**厲行能源節約**　在此整個世界能源恐慌、處處呼喚能源節約聲中，我們更應體念國家困難，物力維艱，在學校裏自應嚴格管制水電，人人應養成隨手關燈、隨手關水，不浪費水電的良好習慣。

㈦**消釋學生對學校誤解**　學校視學生爲主體，學校一切教育設備均爲學生着想，但有時總難免有學生未盡明瞭學校行政措施，而有所誤解。切望學生幹部能隨時加以解釋或向學校反映與提供具體意見，俾能改進，消釋誤解。

㈧**提高讀書風氣**　學生以讀書、研究學術、變化氣質爲第一要義。學生幹部應提倡早讀，相互切磋琢磨。本校圖書館，近來擴大充實，足供同學閱覽，參考研究，望能鼓勵同學，多到圖書館借書閱讀以養成讀書習慣。

㈨消弭禍患於未然　學校教育應在安定中求進步，對學校與學生安全，不能不時刻注意維護。本校自創辦迄今，由於管教嚴格，共同防範得宜，幸未發生任何特殊事件與災害。但社會風氣不良，青年學生情緒不穩定，思想認識不正確，難免不受影響，而滋生事端。因此必須隨時提高警覺，注意防範。學生幹部，應注意不良少年動態，適時報告學校，加以適當處理，以期消弭禍患於未然。

㈩發揚學校榮譽　學校榮譽，固由學校能崇法務實，在教學上認眞負責，培養優良學風，提高學生素質，博得多方的讚美。但尤須同學的維護與發揚。在積極方面，對校內和校外，多作團體個人競賽活動，爭取團體榮譽及個人榮譽，或多作好人好事，藉以光大校譽。在消極方面，不涉足妨害身心健康場所，不參加任何不良少年組織，不作任何違法犯紀足以影響學校榮譽的情事。

六、對學生幹部的獎勵

㈠設立服務獎學金　此項獎學金專為學生幹部所設置，每學期暫定評選五名，每名暫給與獎學金一千五百元。凡屬班級幹部、社團幹部，學業操行達規定標準以上有優良服務成果者，經評審合格後發給。

㈡操行成績加分　班級幹部、社團幹部，分別由有關單位或導師負責考核，於學期結束前，根據服務成果，報請訓導處議獎，並按照規定給予操行加分。

㈢解決特殊困難　學生幹部中，除可獲取服務獎學金外，如遇有特殊困難，或家境清寒，無力就學，經考查屬實者，學校當予以救助或發給清寒助學金。

㈣優先輔導就業　學生幹部，在學期中，歷次服務成果優良獲獎者，均列入紀錄，於畢業後，彙送本校就業輔導委員會，優先輔導就業，或留校服務。

七、好的開始成功一半

此次幹部訓練，集全校優秀份子、積極份子、領導份子於一堂，端正思想認識，使意志集中、力量集中，期能發揮互助合作，勤勞服務的團隊精神，開拓學校光明遠大的前程。好的開始，成功了一半，願共勉之！

大專學生的修養

一、修養二字的解釋

㈠修：所謂修者，飾也、治也，卽修身與修德之意，乃是做人與治事的首要，亦卽涵養一個人的德性，以進於實踐。大學有云：「欲齊其家者，先修其身」。此卽做人宜先省察自己，有無缺失，再進而致其身於齊家之道。易文有云：「君子進德修業」中庸亦云：「修道之謂教」，蓋以君子欲增進德行成就功業，必須朝乾夕惕而匪懈，始能有成。

㈡養：養者、養心與性是也。孟子說：「養心莫善於寡欲」。周頌亦有「遵養時晦」說。呂氏春秋對君子之養心，有「和顏色，悅語言，敬進退」等，以高尙其志，爲人所欽。所謂養性亦與養氣相關，性與氣與生俱來，孟子常謂：「不得於心，勿求於氣」，「夫志氣之帥也，氣體之充也」。是以氣與道相互調合充塞乎天地之間，至大至剛，不忮不求，此卽孟子所強調的浩然之氣。

從上面所述，我們可以看出：修養是一個人克制私慾，培養道德學問的一種克己的工夫，也是一種爲人治學的精神生活。我們再看中庸上說：「好學近乎智，力行近乎仁，知恥近乎勇，知斯三者，則知所以修身，知所以修身，則知所以治人，知所以治人，則知所以治天下國家矣」。我們再詳細揣摩這一段哲言，更可以了解修養是一種自我鍛鍊，也是一種由自治而治人以至治國的大學問，此卽「壹是皆以修身爲本」之謂。昔人云：「一室之不治，何以天下國家爲」。而修身的基本要義，皆不外以求學爲首要。論語上有許多告訴我們求學的典則，例如：(1)君子食無求飽，居無求安，敏於事而愼於言，就有道而正焉，可謂好學也已。(2)學如不及，猶恐失之。(3)日知其無亡，月無忘其所能，可謂好學也已矣。(4)士志於道，而恥惡衣惡食者，未足與議也。(5)君子謀道不謀食，憂道不憂貧。(6)博學而篤志，切問而近思。仁在其中矣。凡此無一不以學問道德爲本位，更無不以仁義爲依歸，是屬於形而上的修養工夫，也是一種至高至潔的精神生活，而非一種世俗低級的物質享受。從而可以了解我國悠久光榮的傳統文化，是以精神修養爲第一，今天身爲大專學生的諸位同學，應該深切體認有以自覺和自反。

二、大專學生的地位

今天的大專學生，昔稱「士子」，亦稱「學子」。在穀梁傳裏，有士民、農民、工民、商民等記載，而以德居於位者曰「士民」，亦卽士農工商等四者之首。蓋以士，必須受過良好的敎化，懂得辨是非，明禮義，知廉恥，負責任的大道理。因此曾子特別強調說：「士不可以不弘毅，任重而道遠」。如是形成「士可殺而不可辱」的浩然志節。數千年來，一般持節之士，莫不躬親守之而勿踰。就現在來說，所謂士：即是知識份子，與一般普通人不同，因爲他們受過良好的家庭教養，並接受學校的高等教育，平時爲羣衆表率，將來負國家重任之故。簡言之，所謂「士」，亦卽國家未來的主人，社會的中堅份子。因此今天的大專學生，必須愼言謹行，敦品勵學，以養成良好風範，爲社會人們所尊重。如果一般大專學生，沒有良好的品德修養，姑不論他的能力如何？學問如何？皆不會受到他人的尊重，安能寄望他承擔來日大責重任。如果一個大專學生要自暴自棄，而不力求上進的話，則不僅是他本身的損失，也是他家庭的損失，當然更是社會和國家的損失了。

三、一個大專學生必備的修養

㈠愛心

1. 愛國家——一個失去了自由的人，才知道自由的可貴，一個失去了國家的人，更知道亡國的痛苦。一旦眞的失去了國家，個人還有何自由可言？譬如以色列這個由猶太人組成的國家，在未建國之前，世界上所有的猶太人，無論走到那裏，均爲喪家之犬，到處被人輕視侮辱，受盡了人間的痛苦。所以立國以後的以色列，雖然人口少、幅員小，甚且處於四週敵人包圍之中，虎視鷹瞵。但以色列人愛國之忱，上干日月，每有戰爭發生，人人都輸財出力，奮勇向前，決不計及個人利害、犧牲一切，而與來自四面八方的敵人相搏鬥，迄今卓然有以自立，並受到國際間的尊重。我們暫不談失去國家者的悲慘遭遇，就是一個國勢衰微的國家，處在今天弱肉強食的國際環境中，也處處受人輕視而難以自處。我國目前退守臺灣，雖地輿狹小，人口不多，但廣大的大陸國土，與衆多的大陸同胞，均與我們血肉相連，聲氣相通，只要我們大家發奮圖強，忠愛國家，我想大陸的暴政，必會在我們大家手中倒下去的。我們翻開古今中外的歷史，任何一個暴虐無道的政權都是短暫的。我相信大陸暴政也不會是長久的。

2. 愛領袖——我們國家，有偉大的領袖　蔣總統，才有光輝的過去，也才有復興的未來。因爲領袖是國家的元首、三軍的統帥、民族的救星。他領導我們、照顧我們，尤其是愛護我們青年學生，一向視同子女，期望殷切，叮嚀教誨，我們要敬愛他、擁護他。恭祝他老人家政躬康泰，永遠領導我們向前邁進。

3. 愛學校——學校是培育我們同學的園地，同學們一生的成敗得失榮辱，取決於現在所接受的五年教育，關係是何等的重大。因此同學們必須要親愛精誠，與學校同休戚，共成敗，才能有所收獲。全校所有師長，朝夕苦心教誨，循循善誘。目的卽在期望諸同學奮發上進，敦品力學，俾成爲他日有用之人才。全校師生的情感融洽，聲應氣求，才能開拓諸同學的錦繡前程。

4. 愛同學——同學們在學校五年相處，共寒暑，同切磋，其情誼有如兄弟姐妹，應該勸善規過，彼此勉勵，爲追求共同的理想而努力不懈。絕不可視同路人，彼此漠不相關，儘管班級不同，科系有別，也應互相照顧，以保持高潔的同學友情，千萬不可偶因小故相互爭吵，甚至發生鬥毆，那就是最惡劣的表現。本校對待如此同學，一向處罰極嚴，期望大家互助互勉，互諒互讓，絕對避免發生同學間不愉快的事情。

5. 愛自己——人的生命是非常短促的珍貴的，我們立身律己，要勤愼自持，尤其要發憤讀書，謹守校規，以免妨礙品德及學業。古人有「勤則不匱」與「逸豫亡身」的垂訓，昭告後人，千百年來，此言不朽。因此諸同學必須：起居有定時，飲食有節制，讀書要勤奮，行動守純墨，才可於完成學業之後，服務於人羣社會。基於此一觀點，希望諸同學做到下面四件事情：

(1) 珍惜自己身體——身體髮膚，受之父母，不可毀傷。

(2) 珍惜自己年華——少壯不努力，老大徒傷悲。

(3) 珍惜自己名譽——名譽是人的第二生命，不可受到絲毫損害。

(4) 珍惜自己前程——每人皆有錦繡前程，必須奮發有爲，善自珍重。

(二) 誠心

總統 蔣公以誠字爲革命心法，惟誠始能「無所私」，「無所懼」，「誠者物之終始，不誠無物」，「誠者不勉而中，不思而得」，「唯誠乃勇」。準此可以知道，人如能誠，則天下無難事。從修身齊家乃至治國平天下，皆離不開一個誠字。誠的釋義，對一個人來說，就是要誠誠懇懇做人，切切實實做事，不虛僞，不浮誇，脚踏實地，有守有爲的奮力以赴。我們 總統一生，無時無刻不是以誠待人。他於民國二十六年西安事變中，爲叛逆張學良楊虎城所叔持，於是對他們說：「如余之言行，稍有不誠不實，虛僞欺妄，而不爲革命與主義着想，則任何部下，皆可視爲敵人，無論何時，都可以殺我」。以後張楊翻閱 總統日記，證實 總統無時無刻不在爲民，並未絲毫計及自身利祿，感慚之餘，立時向 總統謝罪悔過，張學良且親自恭送總統返回南京。此一事實，當時曾競載於中外各報章雜誌上，爲世人一致讚頌欽崇。總統如此誠懇風範，眞是動天地而泣鬼神。

諸同學在校讀書，必須本諸「知之爲知之，不知爲不知」的態度，認眞研習，對已知者，必須時加複習，以符合孔子所云：「學而時習之」與「溫故而知新」之要道。而對不知者，更須隨時向任課老師請益，並與各同學相互切磋，以做到「不恥下問」的境界。過去少數同學的不誠表現，如「考試舞弊」，「裝病請假」，「藉故逃課」，「違規狡辯」，「損壞公物」等事實，這些同學，在校欺騙師長，回家欺騙父母。迨至騙術拆穿，眞象大白時，輕則受到記過處分，重則勒令退學，以致追悔莫及。事實至此，本校固非所願，而身受處分之同學，本身及其家長，當然同感困擾。因此特別寄望在校每一同學，大家都要以誠相見，一切生活起居，治學作事，均要正心誠意，則天下何事不可有爲。中庸上說：「是故君子誠之爲貴」，其意即在於此。

㈢自尊心

一個正正堂堂的中國人，應保有中國人傳統的固有道德，一個正正堂堂的大專學生，也必須保持大專學生的自尊風範，做到身體健壯，精神旺盛，器宇軒昂，心地光明，有所爲有所不爲。古人有言：「士可殺而不可辱」。今天的大專學生，必須表現出此等志節，才能做到在家爲孝子，在國做忠臣。但值得注意者，一個人要有自尊心的表現，必先尊重他人。所謂：「敬人者人恒敬之」，「人必自侮而後人侮之」。如果大家都能不受外界環境誘惑，不爲社會惡習污染，悉心讀書，則本校全體師長，皆會愛護你們，全心全力教導你們，使你們學問品行，有如旭日之上昇，與青雲之直上，一瞬千里。

假如你們不能尊重自己，更不尊重他人，則學校基於校規要求，基於受你們家長的付託，以須管教你們，責罰你們。如此固然傷害了你們的自尊心，也影響了你們的人格。此點務盼大家特別了解。尤有進者，自尊不是驕傲自大，或者狂妄自負，目無師長、目無父母。所謂自尊，是善守本份，謙冲有禮，忍耐自制和睦相處，尊重他人。能如此，則每位同學均會休休有容，也自然的受到他人的尊敬了。

㈣同情心

現代社會，處處是人情冷暖，世態炎涼，因此不少人常會落井下石，也會錦上添花，至於雪中送炭的却屬少見，譬如對一個在患難中的人迫需援手時，不但是袖手旁觀，不表同情，反而幸災樂禍，予以譏笑。我曾看到一個女孩子，偶爾失足，在大街上摔了一交，弄得人仰馬翻狼狽不堪時，在歐美社會一定有人趕往攙扶，如負了傷會自動送往就醫。但在我國，則不僅不予援手，反而拍手大笑，以此為樂。這種舉措，眞是毫無同情心的冷酷表現。

在報紙上，常看到臺大醫院急診處，對於請求急診的病人，不論病況嚴重到甚麼程度，如不先繳費辦好住院手續，就不予診治，往往眼睜睜看到病人死亡，而毫無憐惜之意。這那裏是救人的慈善機構，簡直是變成了一個殺人不見血的屠場了。

還有不少人到殯儀館參加一個人的追悼祭典，到達之後，彼此握手言歡，談笑自若，等於到一個大衆聚會所看熱鬧一樣，毫無哀戚之意，這些去弔唁的人，究竟他是何居心呢？

我簡單舉這些例子，其目的在說明，所謂：「明哲保身」，與「各人自掃門前雪，休管他人瓦上霜」的格言，被一般無知的人將它濫用了，以致常常使人感受到社會是如此的無情，人情是如此的冷酷。

我今天要特別呼籲，你們旣為大專學生，必要一洗前面所說的可恥行為，要用最大熱忱、決心，去幫助他人。所謂：「天下有溺者，由己溺之也，天下有饑者，由己饑之也」的志節同抱負，「先天下之憂而憂，後天之樂而樂」，這是何等大的胸襟，這是何等民胞物與的大志節，希望你們在本校慢慢培養起來，然後於離開本校進入社會服務時，使之逐步實踐。所謂：「革命事業，是打抱不平的事業」。諸同學當國家正在從事艱苦奮鬥的時候，自應本諸良知，發揮良能，爲人類去不平，爲人類製造幸福，那才不辜負你們家長殷切的期望，與本校培育的苦心。

㈤公德心

十餘年前，有個外國留華學生狄仁華，於學成離去時，在中央日報發表了一篇文章，題名爲：「人情味與公德心。」其內容是強調我國人情味表現得太過份了，因此適得其反的將私心充份表露出來，社會上的一切表現，均係爲己而不爲人，在公共場所的表現，尤其惡劣，譬如隨地吐痰、隨地便溺、損壞公物、弄髒公有設備、破壞交通秩序視爲當然。這些話雖然使我們難堪，但確是一針見血之論。因此當時的大專學生，看到了這篇文章，一致認爲是一大恥辱。於是由臺灣大學同學，發起聯合全國大專學生，提出改革運動，並喊出：「不讓歷史批評我們是頹廢自私的一代」的響亮口號，奔走呼喚，轟轟烈烈；但曾幾何時，這一高唱入雲的學生運動，竟歸於煙消雲散了。至今一念及此，眞有說不盡的感慨！不錯；讓一個外國人來批評我們，雖然是恥辱的。但要洗刷恥辱，就得在實際行動上，有良好的表現，在日常生活中，表現出大專學生的優良風範來，以爲國人倡導才行。可是事實上則適得其反，你們想想，這不是可悲的現象嗎？

本校的創辦，盤根錯節，不知道經過了若干艱辛與慘淡經營，才有今天這樣的規模和設備。同學們在此讀書，必需渡過漫長的五年，才能結業離校，應該與學校休戚相關、榮辱與共，怎能以無知行動，對學校的各項設施予以破壞呢？可是事實表現，眞使人失望！同學們沒有公德心的表現非常多，茲將其犖犖大者，略舉數事如下：1.踐踏草皮、攀折花木。2.汚穢牆壁、脚踢門板。3.不隨手關燈、隨手關水。4.破壞電燈開關、水龍頭門把手。5.破壞課桌講臺、門窗、玻璃。6.亂丟紙屑、菓皮、煙頭。7.隨地吐痰。8.竊取報章雜誌書籍，借閱書刋，隨意亂畫或撕去重要內容及插頁。9.擅自撕扯公告。

上述這些事實，其動機爲何，不出以下兩端，一爲毫無意識的頑劣表現，一爲故意的報復行爲。姑無論其故意或無意，均失去一個大專學生應有風度。本校自應力予糾正，並視其情節大小，一律予以處分。

茲規定情節較小者，除賠償之外，並予記過處分，情節重大者，除賠償外，並予勒令退學處分。望諸同學千萬潔身自愛，千萬不再作此種損人而不利己的愚笨行爲。有失大專學生之風度，而爲友邦人士所譏笑。

㈥責任心

主義、領袖、國家、責任、榮譽，固爲我國軍人必守信條，也應爲我們全國國民均宜信守不渝的信條。美國西點軍校，以國家、責任、榮譽，爲其學生們共同遵守範典。英國名將納爾遜，統率英國海軍，把拿破崙所有艦隊，悉予殲滅，挽救了英國的命運，使英國逐漸形成「世界無落日」的霸權。當他逝世時，對英人的遺囑，為「英國盼望每個人都能盡他的責任」。（Englenl eskeets every men to do his duty）這句話後來竟成為英國民族神聖的格言，而永垂不朽。

談到責任，就想到權利，這是兩個政治學上相互衝突的問題。自從盧梭主張天賦人權說後，法國大革命時，就以之為口號，並發佈人權宣言，大家一窩風的主張權利第一，即「我的權利，你的責任」（My light and genr duty）。這是極端的個人主義，也是極端的自私表現，但當時在法國竟成為風氣，一唱百和，不可遏抑。

須知權利是一種享受和滿足，而責任則為一種貢獻和義務，兩者應相輔相成，不應相互對立。且責任有輕重緩急之分，譬如一個人結婚成家，自應對妻子對家庭負責任。但當國家遭遇危難的時候，我們就要為國家承擔責任，拋妻棄子，毀家紓難。千萬不能推說，我有家室之累，就因循不前，而置國難於不顧。因此大家必需明瞭，在兩個責任有所衝突時，應立即權衡輕重，拋棄較小較輕的責任，去承擔較大較重的責任。

南宋岳武穆的母親，守節撫孤，母子相依為命，但當宋室艱危之際，立即在武穆背上刺以「精忠報國」四字，囑令從軍，武穆在忠孝不能兩全，盡忠重於盡孝的情況下，遵從母教，執干戈以衞社稷，故能流名千古，受人景仰尊崇。

做人應先盡責任，再享權利。　國父說：「人生以服務爲目的」。　國父明訓，值得我們警惕。諸同學現爲大專學生，每人都豐衣足食，安享讀書權利，須知此種權利，實爲你們的父母盡了最大責任所獲得的結果。更是國家社會給予的教育機會，以及本校各級工作人員所貢獻的心血，滙集而成的結果。因此任何人須要先替大我——國家、社會、學校、家庭盡責任，然後才能談到安享個人的權利。否則便不配作今日的大專學生了。

我想諸位同學，有良好的家庭環境，更受完了十幾年的家庭和學校教育，一定明瞭這些最基本的做人做事的道理。但我仍然耿耿於懷者，主要目的在加深大家的警覺性而已。

最後我希望每位同學，均應重視這六點提示，卽爲愛心、誠心、自尊心、同情心、公德心及責任心。身爲今天的大專學生，你們要不負父母對你們的期望，和國家對你們的重視，就必須善體本人對你們苦心孤詣的教訓與艱難創校作育青年的苦心。發揚愛心、誠心，確保自尊心與同情心，實踐公德心和責任心，以期在校人人皆爲品學兼優的好學生，將來進入社會後，皆能成爲有守有爲表率羣倫的好青年，那本人就心安理得如願以償了。

新同學的新認識

本人今天以創辦人和董事長的身份，帶着愉快的心情，與各位新同學第一次見面，歡迎你們參加本校行列，今後你們便是學校新的血輪、新的力量、新的細胞和新的希望。本年度北區將近三十所公私立五年制專科學校招生，你們選擇了本校，作爲你們的第一志願來登記、註册、入學。我相信你們的選擇，不會錯誤的；因爲本校是中國教育史上第一所市政專科學校，他將來對國家建設，市政發展負有重大的責任。本校是新時代產生的新學校，有新的教育理想、新的辦學作風和新的時代任務，所以希望你們進入本校以後，與本校休戚相關，成敗與共，今天你們參加新生訓練，我第一次與你們講話，首先我要告訴你們做一個新的同學，必須要認識並做到下面幾件事情：

甲、新生的基本認識

一、愛國家：我們是中華民國的國民，首先必須對自己的國家要有正確認識。第一、我們有悠久的歷史。我國立國已將近五千年，在世界現存各國中，只有埃及和印度建國時期和我國相近，但是他們都曾長期受到外國統治；我國建國不但很早，而歷史也從未中斷，所以我國是世界上歷史最悠久的國家。第二、我們有廣大的領土，我國幅員廣大，面積有一千一百餘萬平方公里，地處亞洲，氣候溫和，土地肥美，產物豐富，是一個地大物博的國家。第三、我們有燦爛的文化。我國古代就有三大發明，如造紙和印刷術的發明，使文化的傳播不受時間和空間的限制。又如指南針的發明，使人類得以橫渡海洋，發現了許多新的陸地。這些發明對世界的貢獻是多麼偉大。再如，我國的政治哲學爲孔子的仁愛思想、孟子的民主思想等，更是現代思潮的先導。

今天我們國家雖然是多災多難，只有臺灣一島，但是我們每一青年，都應該以生在這個時代爲榮，能凛於「天下興亡，匹夫有責。」之義，認清國家的利害，就是自己切身的利害，爲了國家的利益，就不惜犧牲一已的利益。全體國民，都能一心一德，共同努力，我堅信我們國家是有光明遠大的前途。

二、**愛領袖**：我們的領袖，就是我們的　蔣總統，他老人家繼承　國父遺志，畢生爲國家爲民族而奮鬥，先完成北伐統一全國，繼又領導全國軍民對日抗戰，獲得最後勝利，今天他老人家以八十六高齡仍在領導我們從事反共復國的戰爭，拯救億萬同胞，因此他不但是我們民族的救星，也是全世界反共的燈塔。　總統對於青年特別愛護，視如子弟，視同家人，所以我們青年學生，在此時此地，更要體念　總統對我們青年的愛護和期望。因此我們要服從　總統的領導，同心協力為拯救同胞與光復河山而努力。

三、愛學校：我們都知道學校和我們有密切的關係，我們一天二十四小時的生活中，除在家庭裏的時間外，大部分都在學校裏渡過，所以我們可以說學校是我們第二家庭。既然學校和我們有如此密切關係，我們自然要愛護學校。尤其諸位同學，在北區將近三十所五年制專科學校，而決定選擇本校，五年的時間，並不算短，在你們一生求學過程中，是最重要最有意義最有價值的一個階段，在這最寶貴的時間中，決定了你們今後前途與發展。因此，你們選讀本校，當然是經過慎重考慮的，不希望三心二意中途退學的。今後你們要愛護學校，當然學校更會關切你們，學校的成功，才有你們個人的成功；學校的名譽好，你們也同沾光榮，你們是學校一分子，每個人都要時時顧慮到愛護學校，提高學校的榮譽。怎樣來提高學校榮譽？除在消極方面，不要有各種足以損害校譽的行為外；在積極方面，尤要遵守校規，愛護校舍和公物，敦品勵學，精求技藝，將來學成以後，貢獻給國家社會，做一個有為有守的優秀幹部。

四、愛老師：韓愈說：「師者，所以傳道，授業、解惑也。」傳道，就是傳播立國主義和先聖先賢的思想，以及做人做事的道理，並特別着重以身行教。授業，就是授以知識技能，並特別着重生活輔導。解惑，就是解答學業上工作上與做人所遭遇的疑難，並特別鼓勵學生質疑問難。由此可知我們的學問和事業，如果能夠有所成就，多是得自老師的教導，為着報答師恩，我們要特別尊敬老師。

老師對我們的影響既然這樣重大，對國家社會又有很大貢獻，那麼應該怎樣尊敬老師呢？我認為最基本的有下面幾點，同學們必須要做到的。

(1)要有禮貌：遇到老師必須行禮，行禮時內心一定要有誠意。回答老師問話時，言語要謙恭。更不可背後隨便批評老師。

(2)要有眞摰的情感：對老師的敬愛，要表現在關切老師的生活與健康，老師如有疾病或困難時，應該常往探視慰問，以盡弟子之誼。

(3)要接受老師的教導：老師所教導我們的，是如何敦品勵學與做人做事的道理，這些道理都是經過多少人的思慮，經過多少時間體驗所得的眞理，老師很誠懇地用來教導我們，縱使有時責罰我們，也是出於善意，希望我們做一個品學兼優的好學生，同學們應當誠心誠意的接受。千萬不可發生反感，否則，便辜負老師的苦心教導了。

五、愛同學：同學和兄弟姊妹一般，朝夕相處，彼此關係是非常密切的。古人說：「獨學而無友，則孤陋而寡聞。」這個「友」，就是同學。同學的益處很多，如共同研究，彼此規勸，將來到社會上工作更可互助合作，互相提携，進而為國家社會共同服務。

至於同學之間相處之道，我認為最重要的要注意下面幾點；第一要重仁愛，同學有困難，要幫助，同學有疾病，應扶持。如有同學遭受傷害，要立刻去救護他，對於年幼的同學，要時常關照他。第二要有禮貌；見到同學要招呼，和同學談話要態度和平。對同學不可有厭煩的表示，更不可有輕薄的舉動。第三要規過勸善，朋友之間，能規過勸善才是益友。第四要和平親睦；同學之間要互相容忍諒解，不可開口相罵，更不可動手毆打，否則，既傷同學感情，又違反學校的規定。

總之：同學相處之道，不外「友愛」二字，也就是親愛精誠的意思。所以　國父和　蔣總統常以「親愛精誠」四字來訓示青少年。

六、愛自己：天下所有爲人父母者，無不希望自己的子女成龍成鳳。因此，父母對子女的愛護，是無所不至，處處皆爲子女的幸福着想。孔子說：「身體髮膚受之父母，不可損傷。」我們做子女的人，就應該體貼父母苦心，來達成父母的願望。所以我們必須要愛護自己。因爲你們能夠愛護自己，就會時時刻刻爲自己的前途着想；如何來修養品德，如何來充實學藝，如何鍛鍊體魄，將來如何報效國家，服務社會。尤其你們今天進了私立五年制專科學校，你們父母在經濟上負擔不算很輕，我的內心也非常沉重，所以我希望你們在學校裏，要恪守校規，努力求學，做一個品學俱優的好學生。這樣不但可以爭取自己光明的前途，同時也減輕了你父母的精神和物質的負擔。

乙、本校的教育方針

現在我把本校的教育方針告訴你們：本校的教育方針，就是德、智、體、羣、能五育並重。

現在分別說明於後：

㈠德：就是品德的陶鑄，也就是將我國的固有道德，四維——禮、義、廉、恥。八德——忠、孝、仁、愛、信、義、和、平。陶鑄於同學們食、衣、住、行日常生活之中。品德在整個人的生命中極為重要。一個人雖然學業上有了成就，但是缺少了品德修養，這個人的價值，就會被大打折扣。有品德修養的人，他的言論舉止，沒有不是合情合理的，遇到事情處置也不會有什麽差錯。相反的；若是沒有品德修養的人，言論乖張舉止粗暴，感情衝動，不顧後果，結果不是斷送自己的前程，就是破壞社會的秩序。因此，本校對你們品德的教育，特別重視，期望你們都能成為品德優秀的好學生，孝順父母的好子女，忠愛國家的好國民。

㈡智：就是知識的傳授。青年守則第十一條有云：「學問為濟世之本」。這裏所謂學問，就是知識的意思。學問的重要總統　蔣公曾有明白垂訓：「我們要救世救民，造福人羣，必須有相當才智，而智之增進，全在學問。」　國父亦說：「革命之基礎，在高深的學問。」如果我們不學無術，不但不足以承擔天下的重任，就是普通的事情也辦不好，很小的責任也負不起來。所以本校對於同學們的學業要求非常嚴格，無論是平時上課，各種考試，或作業實驗，都有嚴格考查與要求。固然；學校有種種辦法來考查同學們的學業，各項設備供給同學們去實驗，但是讀書完全靠自己，只要同學們肯努力去學，五年的時間，一定能有豐富的收獲。

㈢體：就是體魄的鍛鍊。一個人有了健康的身體，才有生命的活力與充沛的精神，若沒有活力與精神，也就等於行屍走肉一樣。一個人儘管學問怎樣淵博，品德怎樣的高尚，但不幸身體衰弱多病，稍微操作一下就會筋疲力竭，稍微用心一下便會頭暈腦脹。這樣還有什麼精力去開拓你的前途，去建立你的事業呢？剛才我大致看了一下，同學的體格均不十分健康，本人對同學們的身體健康特別關注。所以對於運動器材及場地設施，力求完善，今後希望諸同學多參加各種體育活動，來鍛鍊自己的身體，並要注意飲食衞生和營養，使每一個人都能鍛鍊成鐵骨鋼筋，頂天立地的好青年。

㈣、羣：就是服務的人生。國父說：「人生以服務爲目的，不可以奪取爲目的。」因爲國家和社會，是由許多人所組織而成的，必須每一個人都具有這種服務的人生觀，社會才會有進步，國家才能富強。今天你們到學校來讀書，實際上學校也是一個小社會，學校的各項活動，就是爲將來社會活動作準備。所以你們在學校既要用功讀書，也要參加學校的各種社團與班級活動，以培養互助合作的精神和服務的能力。

㈤、能：就是技能的訓練。知識和技能應該要兼顧，如果只在書本上求知識，而不去實地練習技能，自然得不到實在的效益。國家所有建設工作，都是用雙手來完成，因此手腦是分不開的。如只用腦而不用手，則無法學到較高的技能。所以你們今天接受專業教育，固然要多多用腦，更要不斷的使用雙手，如此才能使作業技能，日益進步。

丙、生活教育的七大要求

本校創辦的兩項原則，卽是「私校公辦，文校武辦」。基於這兩項原則，所以對於同學們生活管理特別注重。關於生活上的要求，在學生手册上規定得很清楚，現在我把生活上的七大要求，分別簡要的說明如下：

㈠禮節：我們做任何一件事情，都要和社會以及他人發生關係，所以對人必須和平有禮，然後才能夠互助合作。再從辦事方法來說，尤須以禮節爲本，就是要有條有禮，愼始愼終，然後可計日成功。如無禮節，則事必亂，所以青年守則上說：「禮節爲治事之本」。禮節既然如此重要，所以你們務必注意禮節，並須由日常生活做起。例如見到尊長應行禮、對親友應問好、早晨見到師長要問安等。做一個規規矩矩的好學生。

㈡整齊：從廣義的來說，如飲食、工作、運動、休息都有一定的規律，這就是整齊。我看到同學們的服裝儀容，集合時隊伍的排列，都不合乎整齊的要求，今後希望教官導師們，嚴格要求，使同學們養成整齊的生活習慣，這不但對學校榮譽有很大的影響，並可使同學們本身的儀容端雅，精神暢旺，心志清明，而有莫大的益處。

㈢清潔：凡是身體、飲食、居處、衣着，都不污穢，就是清潔。教室與宿舍尤應注意整潔。清潔是我們強身的根本辦法，我們國民體魄的孱弱，大都是不講究清潔衞生。因此，今後同學們必須養成清潔的習慣，才能使身體日臻健壯。所謂整潔爲強身之本，就是這個道理。

㈣迅速：就是今天的功課，今天做完，每一件事情，都預先訂好計劃，認眞去做，立刻去做，不拖延，不懈怠，就是迅速。我看到你們升旗時候，集合隊伍，行動之緩慢，如同烏合之衆，與未受過訓練的人一樣。這樣不但不經濟時間，而且顯得精神散漫，沒有一點朝氣，所以希望你們今後要養成迅速的習慣。

㈤確實：就是眞實精確，不能有一點虛僞和欺騙，不能有一點含糊和敷衍。如在上課的時候，專心聽講，做事的時候，心無旁騖，一切的精神，都注重在功課上工作上，專心一致，才能學有所得，事有所成。

㈥秩序：學校所有的法令規章，都是學生在校生活的規範，如教室有教室的規則，圖書館有圖書館規則，運動有運動場規則，考試有考試規則等都是。例如進入禮堂，一定要循序漸進，不可爭先恐後，一擁而入。又如乘坐公共汽車，車未到站之前，必須排隊，然後依次上車。假使你們不能遵守一切規定，學校的秩序必定混亂，這樣你們既不能安心求學，也破壞學校的聲譽。

㈦靜肅：靜肅與否，可以看出你們修養的程度。無論在教室、在圖書館，隨時隨地都要保持靜肅。尤其在集合場舉行升旗和週會時，更要保持靜肅。今天是你們新生訓練，我第一次跟你們講話，能有這樣優良表現，我很滿意，希望你們把這種好的表現，一直保持五年，當你們畢業典禮時，我仍能看到你們有這樣的靜肅，這才是我們的教育成功。

以上七大要求，希望全體導師、教官要澈底執行。每一同學，都要能自發自動，切實遵行。

今天，你們參加新生訓練，我很高興與你們見面。今後，本人與你們接觸講話的機會很少，但是本校校長以及各任老師，都是辦事認眞教學負責的好老師，我相信他們一定會以諄諄善誘，來教誨你們。我也一定善盡自己的責任，隨時充實改善學校一切教育設備，提高學校師資水準，以達到諸位的希望。

本校校訓「公誠廉勇」的闡釋

校訓爲全校教職員工及學生共同必具的意志表現，也是一種精神契合與紀律維繫的高度準據。本校校訓，經頒定爲「公、誠、廉、勇」四字，全校任何人，均應澈底領悟其深意，並一體恪遵，以爲執教、處事、勤學之要道。

爲期解釋一致，黽勉以赴，特將每字含義詳加闡釋，也於每字闡釋之後，附以事例說明，以加深體認。

壹、公——公在去私，所謂公者正也，平也，其最大要求爲去私。管子有云：「天公平故美惡莫不覆，地公平故大小莫不載。」戰國策上說：「法全至行，公平無私」。白虎通上說：「公之爲言，正直無私也」。韓愈說：「凡吾所謂道德者，合仁與義之言也，天下之公言也」。陳子昂座右銘：「從官重公愼，立身貴廉明」。荀子脩身篇說：「君子之必能以公義勝私慾也」。國父更以天下爲公，爲達到世界大同必由途徑。先總統　蔣公曾昭示我們：「我國固有天下爲公的思想，爲改造社會的基本原則，實行革命的最高理想」。又云：「今日人心陷溺，在於自私，私心既存，爭奪以起，而禍亂無已，今後吾人欲撥亂反正，救省救國，必以大公無私爲全省同胞勸」。

綜上言論，就可深深了解公字的重大含意，即爲公正無私，要以大公至正的言行，存天理，去人慾，摒棄自我第一觀念，作一個堂堂正正的現代人。

茲就公正立場，提出下列各點，期能實踐力行：

㈠涵養私德提高公德：一般公德與私德的分野，就實際行爲上說，人們行爲的善惡，如僅影響個人者，即爲私德的表現，如果影響到多數人生活習慣甚至社會風氣者，就爲公德的表現。但公德與私德的關鍵，往往如形影之相互依附，無法斷然予以劃分。比方一個私德良好的人，其公德表現也決無瑕疵。而一個心地公平、言行公正、處事公道、待人公允的人，在私生活方面，一定也會循規蹈矩，狷介無私，這是毫無置疑的事。因此本校全體教職員工，尤其是學生，必須涵養私德，力行公德，修己善羣，以養成完美的人格。

㈡尊重公共利益熱心爲公衆服務：任何人不能離羣索居，尤其在今天工商業社會裏，人必需在羣衆中工作，爲羣衆服務，並從羣衆協助中謀發展。是以必須袪除自私觀念，去掉自私行爲，養成合羣心理，協調公共關係，爲公共謀福利，以造福大衆社會。因爲無論作任何一件事，必須公共有利益，個人才能分享，社會經濟繁榮，個人也才能獲得幸福。

㈢愛惜公物維護公共秩序：公有財物之設置，目的在便於大多數人的使用，因此維護公物爲每個人應盡底責任，絕不可認爲公物非己有，任意加以損壞甚至據爲私產。或者破壞公物以發洩個人的私忿，這種行爲，是不可饒恕的罪惡。在公共場合活動，必須遵守公共秩序，說話輕聲，舉止文雅，廢物不可任意抛棄，更不可隨地吐痰，行動尤不可爭先恐後，有利切忌爭先，有害萬勿逃避，遵守國家法律，恪盡自己本分。份外之物，纖介不可取諸人。

㈣恪守下述幾個基本原則：1.待人公允，以除私情。2.處事公平，以除私慾。3.持論公允，以除私見。4.存心公正，以除私行。果能如此，則可成己成物，自立立人。

在我國歷史上，有關公正事例，前賢流傳甚夥，茲擇要簡舉數則如下：

一、堯舜禪讓的故事：君權，掌一國之政令，決一國國民之禍福榮辱，享無上之尊榮，受全國國民之擁戴推崇，其地位之高，其權力之大，可說無與倫比；但我大漢民族開國始祖堯黃帝，在其主政日久之後，乃將其帝位傳之於虞舜，舜於主政之後，在臨終之前，亦將其帝位禪讓於夏禹。我們看這兩位開國始祖，胸襟之恢廓，處事之公正，何其偉大，故爲吾人留下了萬世千秋的典型。

二、國父孫中山先生的故事：滿清以邊疆民族，入主中原，自視爲主人，視我漢民族爲奴僕，對內暴虐專橫，對外喪權辱國，國父乃糾合同志，起而革命，歷盡艱險，締造民國。但於就任臨時大總統後六個月之後，基於全國團結與消弭戰亂的需要，乃自動宣佈退位，讓袁世凱爲大總統，其以天下爲公的胸懷，堯舜而後，得未曾有。其公忠爲國爲民之精神，能不令我們感動欽崇、效法讚仰？

貳、誠——誠在去僞，所謂誠者信也，純也。即眞實無妄，正直無私之謂也，其最大要求爲去僞。禮記有云：「誠者自成也，誠者天之道也。」易經上說：「修辭以立誠」。荀子致士篇上說：「人主之患，不在乎中言用賢，而在乎誠必用賢」。孟子：「以德服人者，中心悅而誠服也」。中庸：「誠則形，形則著，著則明，明則動，動則變，變則化，唯天下至誠爲能化」。大學：「欲正其心者，先誠其意，欲誠其意者，先致其知」。先總統　蔣公訓示有云：「宇宙萬物之存在與發展，全在一眞字，眞爲宇宙之本意，存之於內的心意則謂誠，見諸於外界的事物則謂實」。綜合以上各論，就可澈底明白誠者至成，凡百事物，乃至宇宙間萬事萬物之生長，均須先有誠意在其中，乃可以循序蕃衍，以底於大成。此卽所謂：精誠所至，金石爲開之至理。我們常聽人言，一誠天下無難事，惟誠可以破天下之至僞，乃至理名言。

茲就誠的本意，提出下列各點，作爲主敬立誠起步：

㈠不說假話不做假事：君子主敬以立誠，一諾千金。所謂言必行，行必果。古人常以先行而後言，甚至行而不言，以爲做人的美德。因此說實話，做實事，爲做人處世基本條件。我們必須先行其言，以取信於人；尤須脚踏實地，盡己之所能，做好應做的事，卽令有所阻礙，也得盡力克服，絕不能投機取巧，自欺欺人，不說違心之論，不作非份之事。

㈡不吹毛求疵不勾心鬥角：人非聖賢，孰能無過，因此與人共事，必先檢討自己，改正自己，而後改善他人缺點，並原諒他人錯失。在任何時間任何環境工作，總以同心協力互切互助爲主，絕不可虛僞敷衍，唯利是圖，甚至投機取巧勾心鬥角，影響他人工作，招至團體損害。

㈢不苟且敷衍不諉過爭功：今天社會風氣，人皆習於敷衍塞責，不實事求是；甚至逃避責任，爭功諉過。此種現象，不合於今天大有爲時代的要求。爲了創造個人的事業與服務社會，我們每個人必須發憤圖強，勇任艱鉅，確切做好本位工作，並協助他人達成任務。

㈣擇善固執日行一善：脩己以誠，待人以恕，凡有益人羣社會之事，務必拳拳服膺，盡心盡力做好，中途絕不改變。切記每日做一件合乎人道天道之事，以求良心之所安。而且此一做法，務要貫澈始終，以臻於至善之境。

在我國浩瀚的史乘上，有關誠信事例，俯拾皆是，茲簡舉數端如下：

一、先總統　蔣公，於民國二十六年七月，在共匪慫恿挑撥下，爲當時悍將張學良、楊虎臣刼持於西安，提出諸多無理要求，並以生命安全爲威脅，以期遂其危害國家奸計。　先總統他老人家於危疑震憾中，除了自責對張楊平日管教未週，致發生刼持國家領袖鬧劇，貽笑外邦而外，對於張、楊威迫與叛亂要求，一概嚴詞峻拒，並面斥張、楊行動悖謬，爲國人所共棄，尤其強調個人生命可以犧牲，但絕不以國家前途與國民利益，作爲換取個人安全條件。在此僵持情形下，張學良有便偷閱　先總統多年來親手所寫日記，發現全部記載，均以國事爲念，均以救國救民爲職志，無一語涉及自身利益，無一事爲自己打算。張學良於閱讀之後，乃對　先總統肅然起敬，於是化忿怒爲崇敬，改刼持爲愛戴，遂躬送　先總統返回南京。我們從這一件歷史回顧裏，可獲得教訓，卽一個人無論對人處世，只要開誠相與，就可以感格一切。

二、戰國時，荊軻奉趙太子丹命，赴秦刺暴，長虹貫日。漢李廣射石沒羽，此卽精誠所至，金石爲開之實例。諸葛亮治蜀開誠布公，雖嚴刑峻罰，人無怨尤。凡此種種，均爲純誠之所致。故做人以誠立身，以誠創業，以誠治學，以誠處人，均將無往而不利。

叄、廉——廉在去貪。所謂廉者，明也、辨也，亦潔也，其最大要求爲去貪。周禮天官篇上說：「以聽官之大計，弊羣吏之治，一曰廉善，二曰廉能，三曰廉敬，四曰廉正，五曰廉法，六曰廉辨」。荀子說：「貪利者退，而廉節者起」。莊子說：「衆人重利，廉士重名」。說苑有云：「臨官莫如平，臨財莫如廉」。孔叢子說：「仁可以託孤，廉可以寄財」。漢宣帝說：「吏不廉平則治道衰」。班固說：「嗜欲之心滅，廉正之心生」。馬援說：「龍伯高敦厚周愼，口無擇言，廉約節儉，廉公有威，吾愛之重之」。禮記上說：「儒者近文章，砥礪廉隅」。先總統蔣公訓垂說：「廉者明也，合乎禮義爲是，反乎禮義爲非，知其是而取之，知其非而捨之，此之謂清清白白的辨別」。又云：「廉是實實在在的節約」。由上敍述，可以深知人如廉潔自處，則必清明在躬，然後處事處人爲學，乃能明辨是非，確知禮義，決定行止，致力功業，乃可居處恭，執事敬，與人忠，行其大道於人羣社會，而不會受到阻遏，招至失敗。

玆就廉的本意，提出下列兩點，作爲做人處世準則：

㈠清清白白的辨別：廉，是決定一個人行爲美惡的主導。國父說：「公私務須分明，金錢尤須淸白，一分不予，卽爲一分不取之基」。這種昭示，明明白白告訴我們廉潔之重要。凡對金錢狷介無私的人，即可成爲一個有爲有守的人。我們要考核一個人，即可從他的金錢取予上去着眼。當人一生貪念，則智慮必昏潰，行動必陰私，言語必奸詭，待人必虛滑。因此一個不清不廉的人，要爲人羣社會帶來多少罪惡。

㈡實實在在的節約：先總統垂訓有云：「不能節儉的人，很少能廉潔的，不能勤苦的人，更少能砥礪廉隅的」。古人以勤勞儉樸，作爲養廉的起點，也即是說，一個人如能勤以治事，儉以爲生，則自然就會清廉。蓋能勤則公務私事，必可計日完成，甚至可超量工作，而使收入增多，如此則日常用度，必不感到匱乏；能儉則支出有計劃，量入爲出，使月有節餘。所謂：「勤則不匱，儉則有餘」，就是這個道理。無論智愚賢不肖，果能日日生活在不匱與有餘之下，定會保持令名受人欽敬的。由之我們應該對自己生活，作一個妥貼的安排，即致力節約，絕不浪費，以保持清白之身，上可以對天地鬼神，下可以對妻子兒女，而俯仰無愧於天下間，豈不至善。

在歷史的證明上，有關廉潔事例，史不勝書，玆擇其尤著者，列舉如下：

一、我們 國父孫中山先生，致力國民革命凡四十年，在如此綿長的革命過程中，所經手的的各種費用，無論係僑胞捐贈，或者國際間友人贊助，其數額不知凡幾，但 國父從不自作打算，一身之外，別無長物。當 國父於民國十四年在北平逝世後，其行囊內所發現者，僅爲幾本舊書，幾捲演講稿，與幾封致友人未完成信件而已。但國人與國際間對國父的尊崇，絕不因 國父未有聚集財富而忽視了他的偉大。相反的正因爲如此清廉，更是受到人們愛戴，而頂禮膜拜，萬世勿渝。

二、諸葛武侯自劉備三顧離開隴中後，卽受到重用。備薨，劉禪父事之，封武鄉侯，開府治事，並領益州牧，政無細巨，咸決於亮，可以權傾朝野，如果要治家業，則有如反掌折枝之易；但亮清廉自持，計不及此。我們看晉陳壽所著三國志，有如下一段記載：「初，亮自表後主曰：『成都有桑八百株，薄田十五頃，子弟衣食，自有餘饒。至於臣在外任，無別調度，隨身衣食，悉仰於官，不別治生，以長尺寸，若臣死之日，不使內有餘帛，外有贏財，以負陛下』。及卒，如其所言。」從上記載，可以了解千古名臣的亮節高風，自足以風化萬世，永傳不朽。

肆、勇——勇在去怯，所謂勇者斷也決也，果敢也，其最大要求爲去怯。禮記上說：「有行之謂有義，有義之謂勇敢。故所貴於勇敢者，貴其能以立義也。貴其能以行禮也，貴其敢行禮義也……勇敢強有力者，天下無事則用之於禮義，天下有事，則用之於戰勝」。大玄經上說：「斷而決之者勇也，不爲力所曲也」。淮南子上說：「勇士一呼，三軍皆辟易」。國語說：「智，文之輿也，勇，文之帥也」。晏子春秋說：「勇士不以衆強凌孤弱」。論語上說：「智者不惑，仁者不憂，勇者不懼」。孔子家語：「仁者不避難，勇者不窮約」。孔叢子說：「以勇敢之節，奮三尺之劍」。漢書上說：「勇猛果敢，處事不疑」。　國父說：「成仁取義，爲世界上之大勇」。先總統　蔣公也剴切的說：「革命軍人之勇，源於決心、膽量、自強、自利與榮譽心、責任感而發，爲果斷、冒險，與百折不回的貫澈到底的行動，其效則爲強韌（堅忍）、冷靜、沉着、勇敢，動蕩中能鎭定，危險中能從容，就是古訓集義養氣，窮理盡性的天賦本能之勇」。綜上各義，我們可以知道一個人無論在任何環境，遭遇任何險阻艱難，均應勇於面對現實，沉着堅定，以從容應付，必能化艱險爲平夷，達成任務。當前國事多艱，正須要當代青年，以配義與道的志節，養成浩然之氣的大勇，以期服務大衆，達成國家目標。

茲就勇的本意，提出下列幾點意見，作爲我們奮勇向前的指針：

㈠見義勇爲：人們立身處世，應當具備見義勇爲的道德素養。所謂：「理不可曲，義不可侮」。凡有理有義之事，無論在任何時機、任何地點，均宜奮勇爲之，無須遲疑考慮，坐失時機。人有良知，更有良能，因之遇事用良知加以判斷，決定應不應該去做，不必考慮困難危險。凡應該做的事，本諸良能，發揮道德勇氣努力做去，必可突破困難，做得盡善盡美。

㈡知恥負責：孔子說過：「知恥近乎勇」。恥之於人，感染力極大，無論內在的慚疚，與外在的侮蔑，對於一個人的羞辱，就精神方面說，均具有不可拒抗的壓力，因此要以無比的勇氣，負起雪恥圖強，洗刷羞辱的責任來，在大無畏的勇氣下，一往而前，義無反顧，必能湔雪恥辱爭取榮譽，立己達人，發奮圖強。

㈢勇敢果決：歷來成大功立大業的豪俊之士，無人不是面對複雜繁冗，關係國家前途與個人毀譽的大事，當機立斷以雷霆萬鈞行動，作毫不躊躇猶豫的一搏，而最後均能獲致滿意的成功。但有進者，卽勇之爲用，須以公爲出發點。誠如史記上說：要「勇於公戰，怯於私鬥」，也卽是對公務公益的事，要以最大勇氣儘快處之，而於私務私益，則應運用最大勇氣，予以避免，如此才能以勇敢果決稱之。

㈣持節不恐：一個情操高曠的人，內無私慾，外無忮求，故能臨大刧而不恐，持大節而有爲。所謂高風亮節，清明在躬，處身紛繁，定靜如一，乃可克己復禮，勇任艱巨，成己成人，爲天下倡。

在歷史記載上，有關勇敢故事，多如恆河沙裏，茲擇要列舉數端如下。

一、我們先總統 蔣公，於民國十一年六月十五日陳炯明叛變， 國父退避永豐兵艦時，此際四週滿佈叛軍，環境艱危，人心惶惶， 國父不得已，乃電召正在寧波守制之 蔣公，強調粵局危急，軍事無人負責，囑卽前來， 蔣公於十八日接到電報，決心冒險赴衞，親友紛紛勸阻， 蔣公却斷然說：「我之南去，無須顧及成敗利鈍，只要能和大總統在一起，生死問題，是不須考慮的」。乃慷慨赴難，於二十三日到達廣州，當時要塞，均在叛軍手中，崗哨遍佈，極端危險，幸賴 蔣公沉着、機智，及大無畏精神，穿越重重險阻，卒於二十九日潛行登艦。 國父心中大慰，認爲：「介石一人來此，勝似十萬大軍」。此後 蔣公卽負擔起指揮調度責任，迎擊叛軍，間歇時並親任水手，洗擦甲板，更於夜色朧朦中，冒險登岸，潛越叛軍封鎖線，去採購食物，以供奉 國父，迨八月十四日， 國父離艦到達上海爲止。在四十餘日中， 蔣公幾乎僅以個人身手，以保障 國父安全，其勇敢犯難，不計個人安危，祇注重 國父一切的大忠大勇行爲，深深值得後人學習、景仰。

二、南宋岳武穆飛，幼承母教，並以精忠報國四字，刺於臂上，以誌永恆。故壯年從軍，在偏安局面下，引爲奇恥，是以懷抱澄清天下，恢復中原大志，而於朱仙鎭一捷，使金人前軍指揮官有：「撼山易撼岳家軍難」之畏言。至岳武穆所作滿江紅一詞，其中有予：「壯志饑餐胡虜肉，笑談渴飮匈奴血，待從頭收拾舊山河，朝天闕」。與所論：「文官不愛錢，武官不怕死，則天下太平矣」的讜論，尤足永垂千古。加之岳武穆臨陣對敵，身先士卒，與平日飮食，特重儉樸種種美德，我們應永以爲法，以期無忝於所生。

以上所述，僅就本校「公誠廉勇」校訓的含義，作了粗淺的闡解，並引證我國歷史上有關事例，以加深全校敎職員工學生的體認。期能有助於全校師生的進德修業，並作爲處世處人的準繩。切望全校師生自勉互勉，自立立人，實踐本校公誠廉勇的校訓，達成本校的歷史任務。

勉畢業同學

一、諸位肄業在校，我們朝夕相處，親如家人，一旦高唱驪歌，畢業離校，此情此景，本人心緒萬端，要講的話，不知從何說起。無論五年制和二年制畢業，都是你們人生歷程中的一件大事，特祝福你們有一個光輝燦爛的美好前程。

二、今年諸位參加畢業典禮，與歷屆有一個顯著不同之處，就是我們的總統 蔣公，他老人家離開了他一身締造的國家，離開了他苦心培育的青年崩殂了。雖然， 總統他老人家逝世了，但他將永遠活在我們心中，永遠是我們青年同學們的無形導師，永遠是我們國家精神領導的力量，他的精神，萬古常新，他的教訓，言猶在耳，我們畢業同學要永遠做他的好學生、好幹部，在他老人家偉大的人格感召之下，奮勵自強，永不休止。

三、你們今天離校後，有少數人難免要爲自己的前途徬徨，要爲自己的職業躭憂。須知好人是不會寂寞的，眞有學問有能力的人，自然會出人頭地的。我不願說，今天有不少青年已經迷失了方向，我更大膽說，今天不少青年過於重視自己的職業與生活，而忽視了他對國家、對社會應負的精神責任。大專學校擠破了門，軍事學校則招不到學生，圖書館博物館門可羅雀，而電影院、咖啡館、彈子房人山人海。回想當年北伐時期，全國青年從軍的熱潮，如風起雲湧，這種盛況，再也看不到了。當年抗戰末期，十萬青年從軍的偉大場面，再也看不到了，這不是令人感傷痛心嗎？我們青年同學，應先問我自己爲國家做了什麼？不要問國家應給我們什麼。我們要爲追求共同遠大的理想而工作，不要爲個人一時的享受而生活。如此則生活才充實，生活也才有價值。

四、做事要訣，分三點加以說明：

㈠要有刻苦勤勞的服務精神：須知人生應以服務爲目的，不問收穫，祇問耕耘，一個人果能忠勤職守，拳拳服膺，則天下事未有不可以成功者。

㈡要有鍥而不捨的奮鬥精神：諸位要知道，天下無難事，有心者成之。但天下也無易事，無恆者失之。僅此兩義，卽確切說明了天下事無論大小難易，祇要盡其在我，不斷努力，則成功自爲當然。但如果決心不堅，信心動搖，則將無任何可成之事。

㈢要有互助合作的團隊精神：今天爲工商業社會的羣衆時代，事無論大小，均須羣策羣力以赴，則成功自易。你們進入社會後，一方面應站在自己崗位上發揮個人的聰明才智，以確盡自己本分，完成責任，同時更要互助合作幫助他人，共同開創事業，絕不可自私自利，獨善其身，有利則趨，有害則避，此種人定會百無一成。

五、處人之道亦有三要端：

㈠要省察自己不批評他人：古之君子，多愼獨以求心安，隨時克己省察，專心致志，以黽勉從事，決不做鄉愿，外表上裝成忠謹純厚，內心則爲鬼爲蜮，此等人爲道德之蟊賊，我們絕對不能如此做。更重要者，爲不要議論他人是非長短。所謂：「事不關己莫勞心。」在朋友、同學、同事之間，應該是坦誠相見勸善規過，而不是顚倒黑白，搬弄是非，一切應盡其在我，一切要反求諸己。

㈡要尊重他人不看輕自己：古語有云：敬人者人恆敬之，愛人者人恆愛之，一個人如能以誠敬對人，則所得者必是人亦竭誠以相待。如此，處世自然無往不適，功業自然也有成就。反之自必事事遭受艱阻，處處碰到困難，費力多而成事不易。所謂：「人必而侮而後人侮之」，這是確切不移的道理。因此做人處世，要做到謙虛而不自卑，誠篤而不自誇。

㈢要貢獻自己不羡慕他人：人之境遇，各有等差，常見社會上智者貧無立錐，愚者富而多金。因此我們可以了解，人生遇會離奇，不重窮通得失，而重良心之所安適。論語有云：「君子坦蕩蕩，小人長戚戚」。諸同學將來面對多變的社會，無論際遇如何，總期以坦蕩胸襟，與勤奮自適的態度處之，則自可化險阻爲平陵，變逆境爲順境。千萬要記着：得意時不要忘記了本分，失意時不要改變了操守。

六、最後引用先賢四句成語來勗勉諸同學：

(一)無財非貧，無學乃爲貧：所謂財，即金錢與物資之總稱，有或無，皆不足以重視。值得重視者爲學問。而學問的範圍，包括處理事務與解決問題的知識、經驗和能力。而這些知識、經驗能力，皆係從書本得來。因此諸同學目前學業雖暫時告一段落，但不是追求學問的終止，相反的，正是探求處事處人眞實學問的開端，此點千萬不可忽視。

(二)無位非賤，無恥乃爲賤：諸同學要知道，名位爲過眼雲煙，轉眼即成過去，絕對不足重視。但值得重視者爲一「恥」字。人而無恥，不足以爲人。所謂無恥的行爲，包括：投機取巧，貪污舞弊，脅肩諂笑，強取豪奪等是。今天政治與社會風氣的敗壞，無一不是由於人而無恥所產生的惡果。昔人云：「士大夫之無恥，是爲國恥」，從此可以看出恥字之影響，關係如此之大。

(三)無壽非夭，無述乃爲夭：所謂無壽，即人生年齡不大而死，算不得是夭折。但對德業無著述，對國家社會無貢獻，就是活上百歲，仍爲夭折。我們看創建中華民國的革命先烈，不少即係二十餘歲，就成仁取義以去。但他們却鑄造了中華民國，他們永遠會活在我們後世子孫的心坎深處，而永垂不朽，這該是多麼偉大的歷史事跡。又如唐初四傑中的王勃，以創作藤王閣序而名傳千古，但他於作此序時，年僅十餘歲，去世時，亦不過二十八歲。宋朝岳武穆爲抗金名將，廟食千秋，死時年亦僅三十九歲。因此人生壽夭，年齡不是重要關鍵，而立功、立德、立言三者，才爲衡量生命價値的重心。

㈣無子非孤，無德乃爲孤：先儒告訴我們，「德不孤必有鄰」，一個有道德修養的人，處處受人尊敬，處處廣結人緣，則又誰非人子，與隨處不可享受人間溫暖呢？假如一個人子女衆多，而不善爲教養，則太保太妹盡出其家門，隨時隨地受到人們鄙視或者侮辱，則衆多的子女，不僅未能享其福反而受其累，如此，雖多亦奚以爲。

總之：諸同學離開學校後，一定要潔身自愛，勤勉守法，在當前大有爲政府領導之下，做一個大有爲青年。更希望大家奮力上進，做到：「青出於藍更勝於藍」，「長江後浪推前浪」，今後數十年是你們的時代，國家的命運掌握在你們手裏，諸位要恪遵先總統　蔣公遺訓，奮力以赴，爲自己爲學校爲國家善盡最大的努力。

會議規範與開好班會

本學期各班舉行第一次班會的時候，我從旁加以注意，深深感覺到大家對於會議生活頗不習慣，卽是對於民權初步完全沒有瞭解與經驗，所以，今天我的講題就是大家平時應該注意而被忽視的一項問題——民主政治、民權初步與會議規範。

同學們舉行班會的時候，不是會場非常的冷落就是異常的喧嘩，沒有一個班級能夠遵照會議規範來進行會議。主席不會主持會議，發言的人沒有取得主席的認可就站起來講話；表決的時候，程序上也發生錯誤。那天的班會正好是選舉本學期的自治幹部，只見提名而不經附議就成立了，而且提名的候選人也沒有一個限制。表決的時候，後提名的竟然先付表決了。對於人的表決，應該是先提名先表決，對於事的表決，則是後提議的先表決。由此，我覺得同學們適時予以糾正和指導，像這樣，不僅不配做一個專科學校的學生，而且也不足以成爲現代民主國家的國民，眞令我感喟萬分。

我們應該知道，會議是民主政治主要的運行方式，沒有會議的舉行，就無民主政治之實行可言，例如我國五院行使職權的方式，行政院以政務委員會行使職權，院長爲政務委員會議的主席；立法院以立法院院會行使職權，院長爲主席；監察院以監察院院會行使職權，院長爲主席；司法院以大法官會議來解釋憲法和法律；考試院則以考試委員會來決定重要考銓事宜。可見我們五院職權的行使，完全是靠會議方式來進行的，不僅我國如此，就是其他國家亦莫不皆然；總統制的國家以美國爲代表，雖然總統是行政首長，還是有內閣會議，另外最重要的還有參衆兩院，一切還是靠會議來行使職權的；內閣制的國家以英國爲代表，英國國會的權力最大，英國有句成語：「英國國會除了不能把男人變爲女人外，任何事都可辦到。」我到英國時，也曾實地參觀英國國會開會的實況，他們討論重要問題時，往往是通宵達旦、不眠不休的，同時，一位議員爲本黨發言辯護時，佔用發言時間到幾小時或幾天幾夜的都有，由此可見會議的重要。以上講的是政府機構，另外，人民團體機關、學校、公司均有各種不同的會議，故不論從事那個行業，都得習慣於會議生活，充分了解會議規範。

中國幾千年來是專制政體，人民沒有集會結社言論的自由，尤其是滿淸時代，「集會有禁，文字成獄，偶語棄市」，因此，人民對於政治漠不關心，知識份子都是「兩耳不聞窗外事，一心只讀聖賢書」，採取「明哲保身」「獨善其身」的態度。辛亥革命之後，國父主張喚起民衆，團結民力，以收羣策羣力之效，於是發表了「民權初步」。目前內政部所頒行的會議規範就是根據民權初步來制定的。換言之，會議規範就是把民權初步具體化和條文化。他有一百條條文，內容非常繁複，普通學校舉行班會時不需要如此繁多的條文，我希望訓導處能根據本校各種集會的需要，訂一個簡單可行的辦法，使學生能了解遵行就夠了。

民權初步的精神，就是民主法治的精神，它的基本精神有以下數點：

一、**崇尙平等**：在會議中沒有身分、年齡、職業及性別之分別，每個人發言的機會和表決的效力完全相同，譬如選舉各種公職候選人投票的時候，總統投下的一票與普通選民投下的一票，其效用完全相等。因此，民主政治的精神，首先就是崇尙平等。

二、**力求公正**：民主政治要求絕對公開、公正、公平、公允，而不能有秘密與偏私，一切問題向全國民衆公開，重視輿論的反映，與極權國家專斷自私者完全不同。

三、**尊重秩序**：民主政治講求法治，就是一切要遵守秩序，因此，會議之進行，絕對要注意會議的規範。

四、**自由討論**：任何一個問題應容許參加人充分發言，我記得先總統 蔣公主持會議時，總是先請與會人士盡量發言，他對於發言冗長者從不表厭煩的態度，民主就是要耐煩傾聽他人的意見，充分的自由討論。

五、**服從多數**：會場如戰場，戰場以流血來決定勝負，會場以表決來決定勝負。議題一經表決通過即是反對的人也要遵守。通常表決時以過半數爲足額，但也有例外，如修改法律或憲法條文，或人民團體修改董事會章程的時候，就另外有高於過半數法定人數的規定。

六、尊重少數：民主政治不僅是服從多數人之決議，同時也要能夠尊重少數人之意見，儘量異中求同，力求和諧，這就是民主政治與民權初步的精神所在。

至於民權初步應如何實行？民權初步不是一種理論，而是一個規則，必須實際去演驗實習，但要注意一個先決條件——就是主持會議的人要有接受他人批評的雅量，發言的人也要有批評講話的勇氣。如果發言的人有所顧忌而言不由衷，主持會議的人沒有雅量而獨斷專行，這個會議一定是開不好的。中國人有個很壞的習慣，就是在會議中往往默無一言，禁若寒蟬，但會後却信口開河，議論紛紛。有句古話說：「無道人之短，無說己之長。」這是用來形容一個人內在的道德涵養的，若應用在會議的場合便不合適了。

其次說到如何開好班會？班會乃是同學們討論問題，分配工作，達成學校要求，提高讀書風氣，增進同學情誼，恢宏教育效果的一種會議，所以非常的重要。若依照這個目的而召開班會，就會有很多的事情要討論、要決定，絕對不致流於冷場。開好班會的先決條件就是要慎重推選班級幹部，班級幹部如果不得其人，開起會來就沒有內容。譬如說：班會時班長及各股股長起來報告，只講了兩三句話，而且不知所云，這樣怎能開好班會呢？要開好班會還必須養成同學們勇於發言、勇於檢討、勇於負責的精神，班上的事情，惟有在班會中充分討論，共同決定，推行起來才有效果。此外，班會要注意時間的控制與把握，使大家都有發言的機會，因此，主席的關係至爲重大。

其次，班會要注意決議案的有效執行。我們中國一般的會議，往往是「會而不議，議而不決，決而不行，行而不力」的。就是說開會時沒有人發言，所以沒有決議，就是有了決議，事後也是置之高閣，就是勉強的實行了，也沒有實際的效果。這是中國一般會議的通病，這就是先總統蔣公所說的「文學政治」「會議政治」。

但是現在一般機關有一個反常的現象，就是在自己職權範圍裏的事情，當決不決、當斷不斷，往往召集有關機關來開會討論，開了又開、會了不會，推來推去，不負責任，他們召集會議不是集思廣益，謀求問題的解決，而是藉會議來開脫自己應負的責任。結果徒耗費有用的時間，而於事無所裨益，這是目前的一般通病，弄得政府辦事毫無效率。

再其次，班會要開得好，事先應有充分的準備，「凡事豫則立，不豫則廢」，例如，下週班會要討論的問題，在這一週就先決定並推定某某同學爲第一引言人，某某同學爲第二引言人…，使他們好有個充分的準備，班會冷場的原因就在於沒有準備，因此，絕對不要開沒有準備的會議。沒有準備的會議是一定要失敗的。

每一個人都有思想，一個人思考叫做獨思，兩個人表達自己的意見叫做對話，三個人以上循一定的程序，來討論問題，達成決議，以收羣策羣力的效果，這就叫做會議。一個人表達思想的方式，語言多於文字，所以一定要練歷以口頭來表達自己的意見和思想，才能適應今日社會生活的需求。我們常講一個人說話「言語乏味」、「話不投機半句多」、「禍從口出」、「一言與邦，一言喪邦」，可見講話是多麼重要，故無論是在家庭、在社會，或者是從政，都應該重視說話的技巧。中國的文字與講話是一種高度的技巧，也就是一種藝術，同樣是一句話，因爲說法與寫法不同，效果也就大有出入。譬如曾國藩初領湘軍，對抗太平天國的時候，因爲出師不利，曾經一度投河自盡，他的幕府草擬奏章，內有「屢戰屢敗」一句話，而曾國藩則加以修改，改爲「屢敗屢戰」。這四個字雖完全相同，但含義則完全不同了。因爲「屢戰屢敗」說明這支部隊沒有戰鬥的能力所以屢次打敗戰。而「屢敗屢戰」則說明這支部隊雖然打了敗戰，但愈戰愈勇，精神可佩。又如清廷某王公大臣的兒子因「跑馬」傷了另一個王公大臣的兒子致於死亡，內心非常惶懼，恐其子招殺人之罪，於是請教一個舞文弄墨的紹與師爺，他將「跑馬」二字顚倒爲「馬跑」二字，於是就減輕了刑責，因爲「跑馬」傷人之責在「人」，而「馬跑」傷人之責則在「馬」。以此類推，可見中國文字的技巧了。

我今天講這個問題，國父遠在六十年前就極爲重視，他認爲民權初步是實行地方自治的基礎，也就是實行民主政治的初階。六十年後的今天，還有許多大專學生不懂民權初步，不懂會議規範，寧非可悲？因此，我今天簡單地把問題提出，至於如何開會？如何當主席？如何發言？如何討論？如何表決？如何記錄……等等，這些都是技術問題，內政部頒行的會議規範都有詳盡的規定。我希望訓導處以執簡馭繁的方法卽刻著手訂出一個簡單可行的會議規範，分發各班同學遵行，使同學們習慣於會議生活，但願下次開班會時，不會再有現在冷場或喧嚷的怪現象了。

西北淪陷的回憶

一、西北之行

經歷了八年艱苦的抗日聖戰，美國在日本本土投擲了兩顆驚天動地的原子彈以後，日本天皇宣佈無條件投降，於是我們也就在萬眾歡騰的爆竹聲中贏得了勝利。我當時供職三民主義青年團中央團部組織處副處長，原已奉派督導武漢地區的團務接收，正在歸心似箭摒擋就道的時候，適現已靦顏事匪而當時任中央團部書記長的張逆治中，獲膺西北軍政長官的重寄，他的主要任務是處理新疆的「伊犂事變」，即所謂「東土耳其斯坦」的叛亂問題。西北長官公署設有一個政務處，顧名思義是掌理西北五省——陝、甘、寧、青、新——的政治事務。到現在我尚不知道甚麼緣故，張逆竟選中了對西北完全陌生的我，當時我只想公私兩便的回到武漢督導團務，順道回湘，省視在戰亂中闊別日久的父母，於是我「不識時務」的向張逆婉辭西北之行；而張逆竟悻然作色地說：「你怕到西北吃苦嗎？」「跟我怕沒有出路嗎？」我當時年少氣盛，從來就不怕吃苦，更未考慮到個人的出路，在一時情緒激動之下，不論自己是否能夠勝任，也就應命了。於是放棄了復員還鄉的美夢，便由渝逕飛蘭州，就任西北長官公署政務處長之職。

二、張逆治中之變

張逆家本寒素，原在鄉充任警察，因乃妻之資助，出身保定三期。復受 領袖之知遇，半生飛黃騰達，先後任黨政軍重寄。當我們受美國壓力舉行國共和談的時候，他充任三民主義青年團的書記長兼軍委會政治部部長要職。毛匪澤東往返重慶都是由他「護駕」，並且下榻於他在重慶的公館——桂園。毛匪曾在軍委會大禮堂的招待會上，振臂高呼，「蔣委員長萬歲」「三民主義萬歲」的口號，這就是他得意忘形的「傑作」，也就是共匪統戰的成功。因為他經常與共匪信使往返，並且口齒伶俐，善於肆應，所以日後擔任國共和談代表，最後終至賣身投靠，認賊作父。我認為張逆治中之變節投匪，並非偶然，就他個人的本性思想與作風而言，至少有以下的蛛絲馬跡可尋：第一、一個巧言令色善於逢迎的人，一定沒有中心思想與堅定立場，張逆就是這樣的一個典型小人，所以他惟個人之利是圖，惟敵人之力量是視，竟不惜自毀其人格與立場。第

二、一個犧牲部屬，保全自己的人，只要能保全一己祿位，就會不擇手段，出賣他人。當湘北會戰的時候，長沙大火明明是他自己「張惶失措」所犯的滔天大罪，但他硬要借三個人頭來推卸自己失職的責任。第三、張逆左右之親信幹部，如劉孟純（任長官公署秘書長），王次青（任蘭州和平日報社社長，和平日報原名掃蕩報，由張逆改用此名），屈武（任廸化市市長）等均係共匪老黨員，而張逆均寄以心腹重任，其用心可知。第四、當時新疆警備總司令宋希濂氏，忠勇善戰，疾惡如仇，誓言與共匪週旋到底，張逆爲實現其「局部和平」之美夢，乃先將宋氏調離，而代以八面玲瓏毫無立場之陶逆峙岳，陶逆淪陷後仍在新疆作匪之「生產建設兵團司令員」，且僞軍階已由共匪升至「上將」，此乃投匪降將中之碩果僅存的「方面大員」。第五、當彭匪德懷率其「一野」匪軍攻略西北的時候，周匪恩來曾向張逆廣播，大意說：「我軍借道陝甘消滅馬家封建勢力，並無侵犯蘭州意圖」等語，當時我認爲共匪此種分化詭計，恐影響張逆作戰決心，乃將此項廣播稿秘而不宣，後張逆於他處得知此情，竟面有得意之色，且對我頗表不滿。第六、有一次張逆在蘭州甘肅省黨部禮堂主持擴大紀念週，即席致辭，大意謂：「我們祇要三民主義能夠實行，甚麼政黨都可以，何必一定要國民黨，共產黨說要解放，其實我們自己可以解放，何必要人家來解放，譬如天氣熱了我們自己可以脫衣，爲甚麼要人家來脫？」其言外之意，已昭然若揭了。第七、當張逆已赴南京準備和談期間，來電指示：「對大局要採審愼保留態度，」然而我當時仍以堅決作戰意志鼓舞部隊，準備與匪作戰到底。後來張逆返蘭州當面告我：「軍隊政工只要做康樂活動卽可，作戰與否與政工無關。」我當時卽與彼抗辯，張逆竟斥我「桀傲不馴」。可見其用心在解除國軍之精神武裝，以遂其「和平」美夢。

以上是我對張逆投匪前的片斷回憶，此情此景，歷歷在目。近閱報載，匪「新疆生產建設兵團」內部發生反毛變亂，（該部隊乃是前駐新國軍與內地移民混合編成。）張逆仍奉毛匪之命，前往安撫，爲匪幫兇到底，令人可恨亦復可歎。

三、蘭州保衛血戰

三十八年秋，彭匪德懷領其「一野」匪軍，攻佔西安後，直迫秦嶺，進窺蘭州。匪軍號稱十餘萬衆，氣焰高張。但主持西北軍政之張逆，在軍事上竟毫無作戰佈署，放棄守土重任，逗留於京滬間作政治掮客，販賣其和平膏藥。副長官兼甘肅省主席郭寄嶠氏，因公留京未歸，副長官兼青海省主席馬步芳氏代行長官職務，而以其子馬繼援氏所率之八十二軍爲主力佈防。該軍乃馬步芳氏一手培育之子弟兵，雖裝備不够精良，但因宗教與血親關係，頗能團結用命，馬繼援氏節節抵抗，於八月初旬匪抵蘭州外圍，進行保衞血戰，衆寡懸殊，糧彈缺乏，胡宗南部受匪軍牽制無法作有效支援，寧夏馬鴻逵氏存心觀望，按兵不動，新疆陶逆峙岳以交通困難爲藉口，遲不發兵，復以氣候惡劣，空軍亦不能支援地面部隊，因此僅有馬步芳部孤軍奮戰，匪以人海圍攻，戰況慘烈，守軍之艱苦可知，我於此時組成蘭州各界戰時工作團，自任團長，集合甘肅省黨、政、議會各界首長，在砲聲隆隆中，晝夜工作，集中一切人力物力，支援作戰。當時中央接濟中斷，無法按時發餉，我乃多方設法，籌得銀元二十萬，星夜馳赴戰地，慰勞官兵，士氣大振。八月上旬匪猛攻蘭州城垣，我軍奮勇反擊，浴血堅守，匪傷亡慘重。惟是西北高級將領中，意見頗爲分歧，有堅持戰鬪到底者，有存心觀望者，甚至有與匪暗通聲氣者。故於作戰會報時，我爲鞏固軍心乃痛切陳辭，首言：「我軍勝則爲節制之師，敗則爲烏合之眾，所以我祇能勝不能敗」，次述：「我軍勝，縱使部隊損失慘重，中央定可適時補充；如想保存實力撤退，部隊雖暫時完整，最後勢必土崩瓦解，同歸於盡。」最後並說：「在軍事上，我們希望最好有很多的黃河鐵橋，以便進攻退守，但在心理上，必須撤除僅有的一座黃河鐵橋，以示背水一戰，置之死地而後生之決心。」以上所言，均係針對當時與會將領的心中隱情而發。彼時與會的西北長官公署副參謀長彭銘鼎（彭乃湖南同鄉與我交往頗密）即曾私下對我說：「我們湖南人在中國歷史上沒有一個人做皇帝，現在毛澤東快要一統天下了，是我們湖南人翻身爲主揚眉吐氣的日子，識時務者爲俊傑，我們湖南人不要再做騾子了。」當時我就以共產黨之理論與作法，詳爲剖釋，並警告說：「共匪無中間路線，不是同志，便是敵人，你要中途投靠是絕對不能生存的，即使有利用一時之價值，但結果總不會有好下場的。」最後兩人的結論是「八仙過海」——各走各的路。另有作戰處長張煥琪，對我的作戰到底主張，當面非議，我理直氣壯，面予痛斥，因而發生嚴重衝突。我雖是一個不帶兵的文人，但我瞭解共匪，更瞭解自己，祇以不能親身指揮部隊，徒感力不從心。當時祇有副長官劉任氏，忠貞不二，在極端艱苦複雜而又微妙的環境中，委曲求全，力撐危局，令人敬佩。蘭州保衞戰，我軍在糧彈俱缺的情況下，浴血苦戰，匪我雙方均傷亡慘重，當戰鬪到最危急最艱苦的時候，往往是誰能咬牙關支撐到最後五分鐘誰就勝利，但是我軍竟未能堅持到底，在八月廿三日深夜，熬不住匪的最後猛撲而撤退，眞是功虧一簣。事後獲得情報：攻城的匪軍，食糧已盡，連城郊還長在田裏的生麥子也吃光了，傷亡較我軍尤甚。若我軍能再苦撐二、三日，戰局定可改觀。

四、酒泉的脫險

八月廿三日深夜，蘭州守軍撤退，果不出我所料，數萬部隊加上輜重，馬匹，車輛都必須通過一座寬不及六公尺的黃河鐵橋，人擠馬踏，無法通行，因之有涉水溺死的，有踐踏死傷的，而軍心渙散各自逃亡者更多。到永登後淸檢人數，已所剩無幾。馬繼援氏悲憤痛哭，亦難收拾殘局，便直接折回西寧。於是劉任氏率黃祖蔭周嘉彬殘部由武威張掖，且戰且退。（周乃張逆乘龍快婿，毫無作戰經驗，早已脫離部隊，飛成都逃命，黃膽小如鼠，且不受命。）劉任氏獨支殘局，復於深夜傾盆大雨撤退時，撞車受傷，昏迷不醒。彼時西寧不守，河西走廊側背受敵，新疆陶逆峙岳又心存觀望，拖延時日，長官部撤守酒泉。彭匪德懷之先遣匪軍王匪震及其「參謀長」劉振州（國軍降匪者）都是湖南人，遂利用封建關係，暗通西北補給司令曾震五，長官部副參謀長彭銘鼎作爲內應，局勢極爲危殆。於是我乃電話重慶，逕行請示　領袖。先是經國先生接談，繼由　領袖親自指示，囑轉告諸將領盡最後守土責任，並諭日內當派專機攜函飛酒泉傳達意志等語。是時在廸化之陶逆峙岳，劉逆孟純等均約我往新疆，我與彼等私交雖篤，然政見不合，前往恐受其挾制，遂斷然拒絕。適　領袖派遣之專機（由王殿弼中校駕駛，王中校現已晉任空軍少將，任空軍總部政治部副主任）抵酒泉，攜　領袖親筆函一封，仍勉團結軍心，盡最後守土責任。　領袖謀國之忠與用心之苦，凡稍具良心血性之人都該感泣圖報；但曾震五、彭銘鼎之輩喪心病狂，仍然執迷不悟，早與王匪震談妥「和平」條件。九月廿二日夜，彭銘鼎電話中告我：「不論您往天上飛，或往地下爬，都是最後時機了，希望你作一個明智的選擇」等語。我見大勢已去，乃偕劉任氏於廿三日破曉乘機飛離酒泉，在晨光微曦中俯視，竟見匪軍正列隊入城，從此大好河山，淪於血腥統治，我等雖幸脫魔掌，免於一死，亦不禁肝腸寸斷，悲痛不能自已。飛行不久，天氣轉劣，原擬於漢中降落，適因大雨，機場關閉，不得已改飛成都，至成都時油料消耗殆盡，遂作緊急迫降，俯衝直下，機身幾毀。下機後王中校謂此次係彼生平駕駛中最危險而幸運的一次飛行。

五、新疆的陷落

當和談剛開始時，陶逆峙岳約我往新疆會商大計，彼時劉孟純、屈武、趙錫光之流力主新疆「局部和平」。譏我為「戰爭販子」。而馬呈祥、葉成、羅恕人諸將領均主作戰到底，陶逆表面上模稜兩可，而內心已作投降打算。中央曾飭令支援蘭州及河西走廊作戰，陶逆竟委稱：大軍調動需時幾何？需款若干？又需車輛若干？請中央先行撥發，方能行動，彼時中央派徐永昌、周昆田兩氏前往視察，電信往返，輾轉磋商，坐誤良機，而陶逆之陰謀詭計得逞。我返酒泉後，接陶逆長途電話謂：「中央既不能撤軍，渠祇好保全新疆十萬國軍的生命，為國家保留最後的一點元氣，再圖報效　領袖」等語。陶逆的這一番話，好像為他的賣身投靠找到了冠冕堂皇的理由，其陰柔狡黠可知。河西走廊陷落，國軍忠貞將領馬呈祥、葉成、羅恕人諸氏，經過了一番的掙扎，見大局仍無可挽回，乃星夜走南疆經印度，歷盡千辛萬苦，始得返回反共基地的臺灣。共匪遂兵不血刃的進軍新疆，受到陶逆「英雄凱旋式」的歡迎，於是湖南先賢左宗棠苦心經營的新疆就被不肖子孫陶逆峙岳一手斷送了。

六、我的感想

我於抗戰勝利後，隨張逆治中服務西北，直到大局敗壞，新疆陷落，始行撤退，爲時四年有餘。我深感一個國家的興衰，完全繫於是否得人。左宗棠氏獨排眾議，力主用兵，卒能收復新疆，其見識的卓越，規範的宏偉，眞是前無古人。數十年後，張逆治中膺西北的重寄，統率數十萬大軍，在領袖被迫引退，中樞和戰不決情勢下，竟投機取巧將西北五省拱手送與共匪，撫今思昔，眞是感喟萬端。孔子說：「邦有道穀，邦無道穀，恥也。」一個人在國家政治清明的時候，固應竭智盡忠，有所貢獻，卽在國家危亂動盪的時候，更不能祇貪戀個人的富貴，而要有「守死善道」的精神，匡時濟世的抱負；如果不管國家的治亂，祇圖個人的榮華富貴，就是一個卑鄙無恥的人。我們讀中國近代史，對於左宗棠與張治中兩人先後在西北的表現，卽可作爲一個顯明的對比，而知有所抉擇了。

先總統　蔣公對青年重要訓示的闡釋

一、中國青年的責任

國家民族的興衰與存亡，就是我們青年每個人的榮辱與禍福。今天我們的國家，掙扎在苦難艱危的時代，同時也慶幸在繁榮滋長的時代，一方面要努力建設臺灣，同時要準備光復大陸。因此，今天每一青年兩肩上都承擔了起死回生、承往開來的大責重任。

在這千載一時的大時代裏，我們每一位青年，都應該以正確的認識、堅定的意志、果敢的行動，握緊拳頭，做天地間第一等人，站在革命救國的第一線上，盡瘁天地間第一等事，來效力復國建國的偉大事業。

須知青年與國家，有其血緣關係，是無法可以分開的。有青年就有國家，有革命愛國的青年，就有強大復國的國家，這是歷史上昭然若揭的史事，我們看：古今中外，任何一個國家，和任何一個民族，它的壯盛強大，它的興滅繼絕，無一不是由青年們的參加，和青年們的犧牲奮鬪而來。今天我們國家的青年，就是我民族文化的繼承者與延續者，也是我們光明前途的創造者與繁榮者。而民族的興衰，則在我們青年身上，國家的隆替，更由我們青年任之。因此我中華民國的生命，就是當前全體青年的生命，我中華民族的靈魂，更是當前每一青年的靈魂。是以我們每一位青年，都與我們的國家，和我們的民族，有其脈絡一貫，血肉相連的關係，絕對不可以分開，也無任何法則，可以使之分開的。

二、領袖與青年的關係

先總統　蔣公一向愛護青年，培育青年、照顧青年、提携青年，而且領導青年，以致力國家事業。　蔣公有云：「我確認全國的青年，就是我的生命，亦爲永生事業的付予，與歷史的寄託」。「我對於革命建國，始終有信心、有決心。無論在怎樣痛苦、挫折、危險、艱難的狀況下，不但沒有絲毫的悲觀，而且永遠抱著成功的希望。拿古人一句話來說：「我何所恃而無恐？」我可以回答說：「我恃有青年，恃有全國無數的青年，來繼承我的事業和生命。」從這些遺訓裏，就可瞭然於先總統　蔣公是如何的珍視青年，而視同左右手，來繼承他的事業，延續他的生命。

先總統　蔣公又大聲呼籲：「青年子弟們，爲了明天，就必須獻出今天，爲了民族生存，就必須獻出小我的犧牲。你們不但是正爲主義、正爲革命所召喚，亦正爲國家社會，爲歷史文化的召喚，來從事一次光榮的、偉大的聖戰嗎？」這些話，是多麼的親切，多麼的強勁有力，多麼的殷切期盼。他又說：「歷史清楚的說明，國家需要革命青年，青年需要革命教育，沒有革命青年，國家就沒有充沛的生機，和進步的動力。但國家如不給青年以正確的革命教育，青年亦必迷失革命方向，減少進步的力量，甚至要爲時代的逆流所湮沒。因此當前青年，要把握每一接受教育機會，把握這一個爲國家、爲民族、爲主義、成大功、立大業的歷史契機，以身體、生命，獻給國家，善盡責任、發揮智慧，去拯救我們的國家，挽回我們的國運，維護我們民族燦爛的文化，創造我們三民主義獨立自由新中國的光榮歷史。這些諄諄的訓誨，可比一位仁慈寬厚的大家長，對他兒孫的叮囑告誡。他希望每一位青年，都能成大功、立大業，創造新的機運，維護悠久的文化，以開創光榮的歷史新頁。這該是多大的愛心和多大的盼切！

他又引證歷史事實說：「一次再一次的事實告訴我們，不管國家面臨怎樣艱難危急，祇要作爲我們國家中堅骨幹的優秀革命青年，能挺身結合起來，站在第一線，就必能扭轉時勢，克服困難、創造時代。近半世紀的中國革命史，可以說，就是一部中國先進革命青年的奮鬥史。中國革命青年，自我們　國父的領導國民革命以來，六十年間，一般青年，僅憑赤手空拳，推翻專制、打倒強權、消滅侵略與帝國主義，終於獲得最後勝利的光輝紀錄。可以在世界上，任何國家青年之前，引以自豪。」他更舉例說：「過去我們憑著七十二位黃花岡烈士所發揚的民族正氣，就推翻了三千年來的專制政體，我們憑著黃埔學生所代表的革命武力，就掃蕩了絕對優勢的北洋軍閥，我們憑著十萬個知識青年從軍，所掀起的救國熱潮，就加速獲得了八年抗日戰爭的勝利。今天中國青年，繼辛亥、北伐、抗日三次革命救國運動之後，再一次面臨時代空前的考驗。面對俄帝共產暴力的侵略，及匪僞政權的兇殘統治，民族生機的搶救，歷史文化的延續，正有賴我全國愛國的優秀青年，繼續已往光榮的傳統，再一次結合在戰鬥的最前線，來剷除匪僞的統治。當然必能獲得更偉大、更光輝的勝利。」他老人家這一連串的訓示，不僅昭告現代青年，於接受革命教育時，就要承擔起國家、民族、歷史和文化的重大責任，且要使國家復興、民族壯大、歷史綿延、文化輝芒，以創造新中國的新歷史，而且更要使之堅實鞏固，萬世不朽。他老人家是堯、舜、禹、湯、文武、周公、孔子的繼承者，是人類的先覺者。因此他愛我們國家、民族、歷史和文化。所以他一生，將他的心智、思想、精力等，全都供獻出來，領導我們的國家，向前奮進，連續六十年，鞠躬盡瘁，無日少懈，以迄離開塵世爲止。他更愛護全國青年，時時與青年們結成一體；教育青年，使青年們修己安人；輔導青年，使青年們盡力本位工作。並且統率青年，爲推行三民主義，而永生奮力向前。

綜計他的一生，爲國家事業不知遭受了多少艱難困窘，遇上了多少打擊挫敗，但他永遠以國事爲第一，永遠以愛護青年爲第一。雖在顛沛流離中，從無改變。除此之外，他則一生行仁、一生愛人、一生忠貞、一生盡心國事、一生老吾老以及人之老，幼吾幼以及人之幼，敬老尊賢，照顧青少年。我們要報答先總統　蔣公的慈愛，當在校求學時期，就敦品勵學，以便畢業離校後，來戮力國事。

三、青年要確立革命的人生觀

今天的青年，一定要知道，人們生存與生活的目的，究竟是為了甚麼？而一個人的生命，又會有甚麼意義。這兩個簡單的問題，有人可能完全了解，有人可能一知半解，有人也可能完全隔膜，而一無所知。

第一、青年要認識生活的目的

「生活的目的，在增進人類全體的生活」，這是先總統　蔣公所遺留的格言。今天的社會，是人與人合羣的社會，和人與人共存的社會。因此人與人必須心力與共，榮辱相偕，團結一致，協同合作，才能為整體的生活與生存得到充實美滿與綿延不斷。

由於今天民主與集權的兩種思想行為的差異，和開放與封閉的兩大政治壁壘的絕對不同，更由於共產匪偽政權，竊佔我們的大陸、斬斷我們民族血脈，篡改我們歷史文化、殘害我們苦難的同胞，說盡了仁義道德的話，做盡了傷天害理的事。是以生活在民主制度下的我們，生存在人性光輝與開放社會下的我們，一定要消除萬惡滔天的匪偽政權，收復我們的錦繡河山，延續我們國家的歷史文化，撫慰我們父老兄弟諸姑姊妹的心靈創傷，以重振我們的故國家園，恢復我們固有的泱泱大國之雄風，以共同攜手奮進的走向大同世界。所以，為了生活，為了收復大陸國土，為了確保民族命脈，光大歷史文化，我們應該共同奮鬪。

抑有進者，人們的基本生存與基本生活要求，爲最起碼的衣、食、住、行等日常需要的四大類，爲衣著的獲得、食物的需求、住屋的擁有、交通的順暢等，其生產、製造、建設、維護等，無一係由一個人獨力可完成的，也無論一個人金錢如何富裕，學識如何淵博，技能如何耑精，在時間、精力的雙重限制下，決不足以獨力支撑。是以人與人，必須協力互助，各盡所能，才能共同生活下去。

基於上述因素，當前每位青年，必須打破農業社會的習慣，發揮整體力量，致力羣體的工作，方能達到個人生活的目的。

第二、青年要認識生命的意義

先總統　蔣公云：「生命的意義，在創造宇宙繼起的生命。」要知道，世界上古往今來，無論王侯將相、學者達人、販夫走卒，皆擺脫不了生老病死的範疇。因此，人們的生命，不論當前醫藥如何進步，年壽如何衍長，總無法使軀體永生不滅。因之，一個人假定活到八十歲，甚至一百歲，在他個人來說，應爲得天獨厚，享此高齡。但如就永無窮盡的歷史來說，則不啻是渺如長空間的一瞬，或者爲浩瀚海洋中的一粟，無有任何值得重視的價值。

假如一個人，能够了解自我，不頹廢、不自私，並竭盡個人一切，以貢獻社會，則在諸多人羣的大洪流中，與在民族歷史的繁衍綿延中，他多少會產生一點一滴作用。而這一點一滴的作用，滙集在整個國家、整個民族的每一個人的生命點滴中，就成爲深厚與強大的力量，以推動民族歷史的巨輪，而永遠遭遞於不朽。由之，一個人的生命，雖然是在無盡綿長的歲月腳步中消失了，但他的精神生命，則永恒存在這一民族歷史中由百年、千年、萬年，將會永遠傳之於無窮無盡的。

在上述因素下，我們青年，就要了解一個事實，卽我們的生命，就是民族整體的，也是國家整體的生命。是以我們就應珍惜自己的生命，而將我們的生命，貢獻於國家社會、貢獻於民族文化，以整體的國家生命爲生命，以整體的民族生命爲生命，而與國家共存亡，而與民族共休戚，期能創造宇宙繼起的生命，亦卽我們國家、民族和歷史文化繼起的生命。故任何個人，凡能在國家中、在民族中，發揚整體光輝的人，他的個人生命，必將在爲國家民族與歷史文化中，成爲永生不滅的巨人，而格外放出異彩，以照耀於千秋萬世。

值此國家艱難時刻，今天的青年，必須要確盡一切心力與智慧，以致力於我們國家歷史的復興，和民族文化的重振，來延長我們祖先遺留下來的光榮歷史，俾使我們未來的子子孫孫，得在我們善盡職守下，將以繼志述事，承紹光榮傳統，奮力的將我們國家和民族的強大基業，一代一代的傳下去。

四、青年要立大志、做大事、成大功

志，爲意思的表示，即意已動，心未發，謂之志。毛詩序裏有言：「在心爲志，發言爲詩」。論語孔子說：「吾十有五，而志於學」。並且強調：「志士仁人，無求生以害人，有殺身以成仁。」孟子亦說：「志士不忘在溝壑。」禮記上有：「志氣充塞于天地」。綜合上說，可以明確了解：凡人之心意堅定，謂之志。所以我們青年一定要立志，平時則求學重道，必要時，則求仁守義，然後才能至大至剛浩氣充沛。

有志之士，在歷史上先立定大志確立方向，才能成大功、立大業，承擔大責重任。如湯之伊尹，西周之周公，春秋之孔子，漢之蕭何、張良，三國之諸葛孔明，唐之房玄齡、杜如晦等等，無一不是少立志，志於學，長立志，志於事，以至擔大任、盡大責，而立大功，享大名，以傳之千萬世。茲分述如下：

第一、有恆

所謂恆，常道也，歷久而不變易。易經有：「恆久而不已」論。孟子則說：「無恆產而有恒心者，惟士爲能」。青年守則第十二條：「有恆爲成功之本」。所以恆的重要意義，即爲常道，而歷久如一。惟有有志之士，才有長久不變的恆心，而能成功立業。故我當代青年，無論治學、創業，皆應有恆，才有所成就。所以：恆心乃成爲人羣公認，進入道德階梯的第一要義。任何青年，自入學的第一天起，就須下定決心，致力於學，而恆久不改。雖可能歷經艱苦，或者遭受阻難，也應永弘厥志，久而彌堅的努力下去。能如是，則何事不可有爲，成學、成事、成名，都必如水之就下，很自然的達到了目標。

古語云：「人皆可以爲聖賢」。孟子說：「舜，何人也，予何人也，有爲者，亦若是。」這些哲言，皆在鼓勵每一有志之士，也卽是有恆之士，祇要盡心力而爲之，持久不變，則成聖成賢，皆可計日而待。且孟子說的更確切，舜是人，我也是人，舜能有天下，致國之大治，受萬眾的愛戴，而永遠獲得後世子孫的傳頌。我祇要像舜一樣，能孝以事父母，勤以治國家，善以教人民，則舜所受到的一切，我也可以同樣得到。先總統 蔣公垂訓有云：「我們立志，就要做聖賢、做豪傑、做大學問家、道德家、大政治家、大事業家，來救世人，復興民族。」我們每一位青年，恭讀此一訓示，就該領會先總統 蔣公對大家愛護之殷，垂望之切，我們能不困心恆慮，以報答他老人家在天之靈嗎？

第二、務實

實，爲豐富、充塞。穀梁傳有云：「實之爲言猶實也。」左氏傳有：「庭實旅百」，卽「庭之所實，陳有百品，言物備也。」孟子說：「先名實者爲人也，亦卽「治國惠民，以見功實。」如能明瞭上述「實在」的眞意，卽可以獲知「務實」的根本所在，然後本諸誠實不欺的態度和良知，去治理一切，則未有不洽於心者。

茲更強調說：所謂「務實」，最簡單的解釋，就是實在、本分。人們當年輕時代，正爲向上向前奮進之時，必須在存誠務實上痛下工夫，才能有所表現。

例如：研究學問，它浩瀚、廣博、艱深，決非一蹴可幾之事，古人有「囊螢、映雪、掛角、負薪」，以把握任何一時一刻的機會，而予研幾窮理，獲致成就者。古語云：「要求得眞學問，須要下死工夫」，這是一般致力學業者的口頭禪。由此可以見一般。

再如做事，無論細巨，如不全神貫注，克己存誠，實心實意，用最大熱忱，按一定程序，有始有終的，一步一步的踏實做去，則很難以觀厥成。

因之，我們可以說，一個青年，不論他的資質如何聰穎，如果好高騖遠，見異思遷，浮薄矜誇，心志分歧，情意錯雜等等，以虛應故事，則無論治學治事、做人處世，皆不會有任何成就。

王充論衡裏說：「匡濟薄俗，驅民使之歸於實誠。」德人康德有云：「實踐理性，爲一切道德的根源。」由上兩意指出：人能致力於實在，卽可以匡濟澆薄的風俗，亦可以作爲修養道德的根本，其作用該是何等的重大。

第三、力行

「人生一切事業，注重力行，惟有力行，才可以克服一切，創造一切。」「行就是人生，要效法天行健，自強不息的道理。」「人類的行，乃是羣體的活動，和意識的活動，也就是爲人民的生活、社會的生存、國民的生計，以及爲羣眾的生命而活動的行爲。」「古人的知，是從累代的經驗與畢生的力行得來的。所以我常說，不行不能知。唯有從力行上得來的知，才是眞知，唯有眞知，才能易行。孔子以六藝教人，就是要學者從六藝的實行，得到眞知。灑掃應對，射御書數，都可以使學者得到下學而上達的眞知。」以上皆先總統 蔣公的訓示。

綜合上錄訓示各節，我們可以了然所謂力行，就是本於「知難行易」的革命哲學作基礎，以知行合一爲本源，然後言行一致，勿焦勿慌、不矜不誇的，在心安理得下，一寸一分的向前行去，無論前途險阻如何，曲折如何，祇要能動心忍性，持志養氣，以理想、信仰、實踐爲動力，以從容正大堅定爲支助，合乎天理、人性，順乎正軌目標的努力行去，則「精誠所至，金石爲開」，要達成希望，完成心願，自應是如響斯應的。

行，爲克服一切事物困難的引力，也爲成功一切事物的唯一效素，能行，則一切障碍，皆可迎刄而解；不行，則任何成果，皆可望而不可及。宇宙間事事物物，未有難易的區別，祇有行與不行的分野。李白詩云：「蜀道之難，難於上青天」，但西蜀道上，行人接踵，且每能化難爲易，而履險如夷。歷史上從未有因蜀道難，而行旅裹足不前者的記載。因此，我們可以概括點說：國事家事天下事，無論難易，祇要力行，未有不成功者。

五、青年要以三民主義為中心思想

三民主義的基本學術思想，卽淵源於堯、舜、禹、湯、文、武、周公、孔子所留傳下來的正統學術思想，也就是我國政治倫理的基本哲學。它體用兼備，不偏不倚，中和體育。是我國固有的文化精神，也是我國固有的人倫道德體系。要實行三民主義，先齊家，再治國，而後平天下。

祇要我們確切的實行我們當前的革命復國，重建政權，是不難達到的。

回想在數十年前，我們的 國父領導革命先烈，犧牲奮鬥，推翻滿清，創建民國，這一切艱苦奮鬥，其最大與最後目的，就是要推行三民主義，以期國內各民族地位平等，民權伸張，民生安和樂利，國家強盛而統一，國土完整而繁榮，以開創三民主義的新世紀，健全三民主義的新時代。

國父逝世後，先總統 蔣公繼志承烈，不惟擔起了三民主義新時代的責任和使命，更就三民主義所包含的大綱大略，擬訂計畫，逐步實行，所以今日的臺灣成了實行三民主義的模範省。

先總統 蔣公言曰：「我五千年來傳統優秀的文化，幾乎瀕於熄滅而中絕。幸我 國父誕生，乃有三民主義之發明，而道統文化，又一次的充實，而有光輝之謂大，大而化之謂聖，而集於大成，此不惟使我中華民族，於長夜漫漫中，啟明復旦，亦使人類履道坦坦，共躋於三民主義之新時代。」又曰：「總理的三民主義，與知難行易的學說，即是始於衣、食、住、行之微，而極於大同之治。所以，以知難致其知，而以行易致其用。因此，總理的主義學說，其本質、方法與作用上，完全與大學之道相符合。可以說，三民主義就是明德親民的道理。要信仰三民主義，就是止於至善的道理。」更強調：「 國父倡導三民主義，以實行國民革命的目的，一再求中國之自由平等，一再謀世界的永久和平。」

從先總統 蔣公這些訓示裏，我們可以澈底明瞭當前政府推行三民主義，係因為㈠它滙集了我國文化道統，並充實而有光輝。㈡是它始於衣、食、住、行之微，而能明德親民，以致乎世界大同之治。㈢是它能求我國之自由平等，與謀人類長久的和平。有此三點，其含義的廣大，和包羅的廣泛，無論對我國，乃至對世界而言，均可謂至矣盡矣。

綜合上論，我們青年必須以三民主義作爲中心思想，爲推動三民主義而生活，爲力行三民主義而奮鬪，更爲達成三民主義的理想和目標，而終生殫竭智慮，貢獻心力，決不改變。蓋以三民主義涵蓋的範圍太大了，在三民主義的光輝照耀下，可以儘量發揮聰明才智，可以展拓胸襟、抱負，可以努力一切，可以創造一切，更可以成功一切。

六、青年要培養高尚的品德

一個人的學業事業，能否盡如己意的成功，或者違背己意的一無所成，其關鍵完全在他個人能否培養高尚的品德和公正的操守以爲斷。而高尚的品德，即思想正常、言行正常、生活正常、精神健全，時時捨己助人，時時忘掉自我利害，致力整體工作、生活，以開創大有爲事業。而純正的操守，首先要具有一顆純潔的心、情意湛然、智慮清澈、無偏無私、無疑無欺，不爲物慾所遮掩、不爲情感所操縱、摒棄好惡、根除忿怒，然後以理性馭志趣，以志趣帥正氣，則心境靈明，處事就自然大公無私了。

世界上凡是理性堅強的人，感情的活動，必在情理的範疇以內。因此他心地良善，言行光明磊落，常能特立獨行，以忍受苦難，承擔責任。即令遇上大的艱厄，大的苦難，也決不意志頹唐，更不消極墮廢，而沉著肆應，鍥而不捨，從容其心，從容其行，最後必能改變一切，而化險爲夷，達成理想。

「凡是一個國家民族，能獨立於天地間，生存於世界之上，其民族精神和國民道德，必須經得起時代的考驗。尤其是青年，更必須有堅強的民族精神，和高尙的國民道德。我們的民族精神是什麼？主要的，就是獨立自強的民族自尊心和自信心。我們的國民道德是什麼？主要的，就是禮義廉恥。」又說：「一個人如果沒有精神和道德，任他有如何好的學問和本領，都是無用的。而且一切聰明才智，反可資爲奸濟惡的工具，對於國家社會，格外有害。所以我們現在無論要挽救國家、復興民族，都要首先發揚我們的民族精神，提高我們的國民道德。具體的講，就是要使我們的學生，明白做人的道理，能夠孝父母、敬長上、愛國家、保民族。能夠明禮義　知廉恥、負責任、守紀律。能夠盡忠孝、行仁義、重信義、尙和平。必須如此，然後可以做一個中華民國的現代國民。」這是先總統　蔣公對我們的剴切訓示。

在我們研讀了上述訓示之後，就可以確知，現代青年，必須要具備堅強的民族精神，和高尙的國民道德。以禮義廉恥爲本位，去勤懇實在的致力於獨立自強的工作，以維護民族的自信和自尊，做一個頂天立地、堂堂正正的中國人。所以青年們無論一時機運的好壞，決不可欺心失智、昧滅天良、爲非作歹、鋌而走險，獲致短暫利益，而爲害社會，陷身法網、失足成恨，後悔莫及了。

七、青年要瞭解求學的目的和方法

第一、求學的目的

詞典對「學」的釋意，爲「授敎與傳業。」莊子說：「學者，學其所不能也。」白虎通載有：「學之爲言，覺也，以覺悟其所不知也。」大學章句：「而初學，入德之門也。」管子：「先生施敎，弟子是則。溫恭自虛，所受是極。見善從之，聞義則服。溫柔孝弟，驕毋恃力，志毋虛邪，行止正直。游居有常，必就有德。顏色整齊，忠孝必式。夙興夜寐，衣帶必飭。朝益暮習，小心翼翼。一此不懈，是謂學則。」

前賢哲言，僅示人以「學」的本身意義，或者求學時，應謹守的典則。國父則進一步的說：「學問以濟世爲目的，濟世必以學問爲基礎。我們要救民救世，造福人羣，必須要有相當的才智，而才智之增進，全在學問。」先總統 蔣公亦云：「我們讀書求學，總要日新其德，卽知卽行，如果知而不行，任憑學問多麼好、見識多麼廣、能力多麼大，於社會國家，終無補益。」又云：「天下大事業，決沒有不要學問，而可以隨便成功的。否則，卽算成功，也是僥倖一時，到最後一定還是要失敗的。天生聰明才智很高的人，如不力學，亦難有所成就。要想學問進步，一定要不恥下問。以孔子學問的淵博，尙且認爲：三人行必有我師。我們那裏可以自恃自滿。」

遵照　國父與先總統　蔣公的垂示，我們求學的目的，在濟世、在造福人羣。所以我們必須意志純一，盡心於所學，熟習於所學，然後才能專精於所學，以致於進入社會，而付諸實用，這才是眞實的學問。尤其是現代，人類的聰明才智，進步神速，而應該追求的學問，也就日爲繁雜，而廣泛、而精微。所以更要在工作之餘，時時求學，處處注意力學，才能不爲進步的時代所淘汰。古人所謂：「活到老，學到老」，就是告訴我們要無時無地盡力工作，也要無時無地虛心求教。切不可自恃聰明，疏於實學，以致不學無術，誤了自己一生珍貴的時光。到老大時，才來追悔，那就遲了。

而且現在國家多故，國土待復，我們青年求學，不僅在智慧的取得，更重要的，是要立定復國建國的大志，追求復國建國的學問，以備他日渡海西征，規復大陸，進而建設百業待興和百弊待舉的大陸國土。所以今天在校求學的青年，必須確定志向、確定目的，以期於追求專業技術知識之外，更須追求對國家、對社會、對人羣，均有裨益的學問，以備他日學用合一，發揮實效。

第二、讀書的方法

㈠要有恆心和毅力

曾國藩說：「有恆，則斷無不成之理，無恒則終身一無所成。先總統　蔣公說：「趨時發憤，力爭俄頃，師法古人進學成德，歷代成大功，立大業的人，無一不是手不釋卷，開卷有益，以致力學問也。」

從這兩項明確示意中，就可知人類任何事故，都是成功於有始有終，繼續努力，而達成目標的。須知一簣之土雖少，但知精進不懈，則稍假時日，必可以成巨丘。而精衞銜石能塡海，就是這個道理。世界上諸多偉大歷史事跡，如我國的萬里長城，埃及的金字塔，皆是由長久的、衆多的力量結合，才滙聚而成的歷史偉跡。　國父所示．「一心一德，貫徹始終」，如能確實做到，則不僅可以成大事、立大功，且能改變歷史命運。因此恆心與毅力，常常爲人們帶來美好的命運。讀書如能如此，則獲致博學多能，是必然的結果。

㈡看書和研究學問要知博而能約

讀書和研究學問，先要求廣博，次要求簡約；蓋以不廣博，則無法多讀，不簡約，則無法精讀。是以讀書與研究學問，始而要博，繼而要由博而返約，才可以獲得廣泛的知識，也可以獲得眞知。也卽是由廣泛的知，而產生一般性的辨解，由眞知而獲致灼見。兩相契合，則可以成學，亦可以治事了。

古人有言：「知古而不知今，謂之陸沉，知今而不知古，謂之盲瞽。」此意所指，在於博學。又云：「記事者必提其要，纂言者必鈎其玄。」這就是告知我們「守約」的方法。再如孔子所云：「博之以文，約之以禮」，更明顯的以博約並論，來提示人們追求學問，應該先博學而後歸於守約，亦卽由粗淺的、廣博的初學而後，進而作精鍊的、高深的研究，以期使初學的基本學識，漸進而作更有效的發揚。

「吾人總不能以表面上已見已聞已知的爲滿足，必須就已知的，更來研究其所不知不識之理，以求至乎其極。」旨哉斯言，先總統　蔣公的垂訓，我們於研究學問時，先宜恪遵。

㈢理論與經驗的相互印證

理論方面的知識，何所求而得？答以多讀書即得。至實用方面的活學問，又如何求得？答以除在書本上去追尋以外，還要實習實驗、活學活用，期能學以致用。

先總統　蔣公說過：「我們如果有經驗和閱歷，而不能應用書本上的學理，來參照印證，最後，并予以有系統的分析出來。那麼，這種經驗和閱歷，就不能與書本上的理論聯絡貫通，成爲一種有用的學問。反之，如果僅僅有書本上的知識，而不能隨時與實地的經驗和情況，來相互印證，那麼，這種學問，也始終是空洞而不切實用的東西。」

我們讀書，固然要多讀，更要隨時運用到工作方面去，以求印證，俾使書本上的理論知識，確能配合工作需要，而成爲活的學問。如此，則理論與實用，相互配當，而溶合爲一體，才不落空、才能學而致用、才能達成求學的目的。

㈣讀書要虛心

虛心，最恰當的解釋，即不堅持成見。莊子說：「得聞聖教，敢不虛心。」又說：「虛其心則至道集於懷也。」東方朔說：「虛心定志，欲聞流議者，三年於茲矣。」這兩位在歷史上的名學者，都特別強調虛心，才可以獲知聖教，才能集至道於襟懷，才能聞流議，以作爲自己反省自勵的起點。曾國藩讀書的要領，亦特別重視：「虛心涵泳，切己體察。」以爲困知勉學的開端。

青年人讀書，要以安詳靈明的心境，澄澈單一的情懷，來涵泳書中的眞意，融會書中的眞趣，亦如春日的踏雪尋梅，有其無盡的風韻與滿足。而且要持志養氣，察其寫作背景，明其確切含意，考其所持論點，證其可能產生效用。千萬不宜模稜兩可，盲從附會，積非成是。那就有違讀書的宗旨，失去讀書明理的要求了。

當讀書之時，還得注意者，卽須善用思維力、想像力與判斷力，以決定取捨。因爲善用思維，可以吸收書中義理，增廣智慧。善用想像可以融會書中情愫，發揮創意。善用判斷，可以了解書中論點，明辨是非。因此，合理的思維，靈明的想像，與正確的判斷，是讀書時，絕不可缺少的基本原則。

宇宙間的萬事萬物，無一不是學問，必須時時體察、處處留意、事事關心，以虛懷若谷的襟懷，去竭力盡心的學習，才有所收穫。且一個人的生命有限，世間的學問無窮。是以用有限的生命，去追求無窮的學問，除了虛心以外，更宜鍥而不捨，困知勉行才可。

今天，是先總統　蔣公九十二歲誕辰，我們在校內舉行紀念大會，要以最大虔誠，來追思他，懷念他，崇敬他。奉行他老人家的訓示，效法他老人家精神。諸位同學在學校要莊敬自強、敦品勵學。結業後要盡心竭力服務人羣，而且永遠與他老人家的精神長相左右，期望能做到：在校是一個好學生，在家是一個好子弟，進入社會後，是一個好青年，承擔國家事業時，是一個好幹部，以完成他老人家對青年們的殷切囑望，並安慰他老人家的在天之靈。

六七、十、卅一

認清共匪的統戰陰謀

本學期開學，已經一個多月了，本人第一次和大家講話，今天我所要講的題目，是大家在觀念上可能模糊，而且不太瞭解的一個重要問題，那就是共匪所謂的「統戰」。

一、什麼是統戰

你們這一代沒有親自和共匪打過交道，因此沒有慘痛的經驗和教訓，就我個人體驗所得，來把眞實的情況告訴大家。

所謂「統戰」，就是「統一戰線」的簡稱，也就是說聯合作戰的意思，依共匪自己的解釋：「它是不同組織和集團，在共同利害的基礎上，訂立政治鬪爭的行動綱領，來反對共同的敵人和聯盟」。也就是一種「以敵制敵，孤立敵人，壯大自己」的對敵鬪爭的策略。

二、共匪統戰策略的運用

共匪黨政機構中都有統戰的組織，無論那個階段，都用很大的人力物力財力來從事統戰的活動。共匪統戰部下面對臺灣有臺灣小組，專從事對臺灣的統戰工作，毛澤東在共產黨人（共匪在延安辦的刋物）發刋詞裏曾說過：『「統一戰線」、「武裝鬥爭」、「黨的建設」是中國共產黨三個不可分的法寶，也是中國革命戰勝敵人的法寶』。

共黨認爲今天所有民主國家都是資本帝國主義，蘇俄是社會帝國主義，因此凡以美帝蘇修爲首的國家，都是他們的敵人，怎樣才能打倒敵人，就要用以上三個法寶的交互運用。

所謂「黨的建設」就是指共產黨要有一個強固的黨的組織來發號施令統一指揮，再運用「武裝鬥爭」及「統一戰線」這兩種手段，就可以打倒敵人。共產黨迷信「槍桿子裏出政權」，所以特別重視「武裝鬥爭」，但當武裝鬥爭無法戰勝敵人的時候，就會另外採取「統一戰線」的策略。有時可能收到「武裝鬥爭」所難收到的效果。所以共產黨以極權獨裁的手段，因時因地因事，把這兩個法寶來交互運用，來打倒敵人，用敵人自己來埋葬敵人，所以說共匪的「統戰」是一個殺人不見血的一種最險毒的手段，是引導敵人自投羅網的一個陷阱，也是瓦解敵人戰鬥意志的一把利刄。分析來說，共匪所謂統戰，有下面幾個要點：

㈠變少數爲多數

共匪的統戰陰謀，是變少數爲多數，在敵人的陣容中來尋求他們內部的不滿份子、野心份子、同情份子，加以運用，變成爲共匪的政治工具和應聲蟲，把握有利的機會來製造事端，造成變亂，使盲目的大多數來附和，以達到他顚覆政府的目標，譬如上次桃園縣長選舉，國民黨本身固然犯了一些錯誤，但是我們沒有理由這樣慘敗的，其原因就是少數的野心份子、臺獨份子和匪諜在中間加以破壞、操縱、煽惑、顚覆，使盲目的大多數人（選民）不能辨別是非，盲目附從，匪諜臺獨份子等本來是極少數人，他因爲運用了統戰的宣傳誘騙的手段，使少數人變爲多數人，多數人變爲少數人。

㈡變劣勢爲優勢

列寧說：「退一步是進兩步的一個策略思想，也就是說退一步作爲進二步的準備」。列寧講和平是戰爭的另一個形式，和平就是準備戰爭的另一個階段，退一步是爲了進二步做準備，所以在共匪的字典裏，永遠是沒有退卻的，永遠是沒有和平的，例如：抗戰期間國民黨是絕對的優勢，共匪株守在延安那個貧苦的小範圍內，隨時都有被消滅的可能，當時共匪就變更策略，高唱全民戰爭，一致抗日，要聯合各黨各派的民主人士，成立民族統一戰線來一致對外，同時表示願意接受　蔣委員長的領導，實行三民主義，取消階級鬪爭，取消蘇維埃政策。

我還記得在重慶軍事委員會大禮堂，毛澤東因爲看到馬上有被消滅的危險，親自到重慶來求和，當時黨政很多高級幹部都在軍事委員會大禮堂來歡迎他，他發表了演講，事隔卅多年我還記得清清楚楚，就等於昨天的事情一樣，毛講話完畢後舉右手高呼：「三民主義萬歲」、「蔣委員長萬歲」、「抗戰勝利萬歲」三句口號，這就是他的統戰陰謀，因爲那時他是絕對的劣勢，就一面喊結束內戰，一致對外抗日，但是他從重慶回到延安後，卻對匪黨高級幹部指示謂：「我這次到重慶去謀和，我們自己內部是祇要「一分抗戰二分應付，七分要壯大自己」」。就是拿一分力量來打日本人，拿二分力量來應付國民黨講和，拿七分力量來擴充力量壯大自己，果然這個策略把天眞的美國人騙倒了，使善良的國民黨吃了大虧了。

㈢變直接爲間接

變直接爲間接，卽是由間接的顚覆滲透手段來代替直接的鬪爭和戰爭，在敵人內部分化敵人，用敵人的左手砍敵人的右手，用敵人的左腳來纏住自己的右腳，也就是我們在剿匪抗戰的時候，我們天眞的愛國學生，當時不上課，奔走呼號，高唱要結束內戰、一致抗日、反飢餓、反貪汚，所謂「四大家族」，就是共匪製造出來，用以汚衊國民黨的。把所有的一切罪惡都加在國民黨身上，我們當時天眞的愛國青年和受到他利用的所謂民主黨派做他的尾巴，這是什麼，就是間接鬪爭，我們在大陸剿匪的失敗，完全是我們內部有少數人受共匪的利用滲透，在內部在暗中進行反間工作，當時在我們國防部主管作戰的參謀次長劉斐就是匪諜，現在仍然是在大陸爲匪進行統戰的陰謀，美匪建交後，共匪曾廣播還要安排劉匪來臺和談呢！

㈣變非法爲合法

變非法爲合法就是共匪利用盲目的野心份子或非法的國體，在法律掩護之下以自由民主爲口號，或以選舉爲手段，暗中從事非法活動，譬如臺灣歷次辦理選舉，都有不少野心份子參加競選或助選，在舉辦政見發表會上信口開河，汚衊政府或印發書刋造謠中傷，這就是在我們合法選舉掩護之下來從事非法活動的明證。

㈤利用次要的敵人打倒主要的敵人

再進一步分析「統戰」，就是聯合次要的敵人，打倒主要的敵人，換言之，就是拉一個打一個的「統戰」手法。共匪現在最大的敵人就是他所謂「蘇修」和「美帝」，即他所謂資本帝國主義和社會帝國主義，但他不能同時打倒兩個敵人，現在就把蘇聯看爲第一號敵人，把美國看成第二號敵人，今天聯合美國這一個次要的敵人，來打倒蘇聯這個頭號的敵人，他希望將來第一號敵人打倒了，再來消滅第二號敵人。

㈥利用明天的敵人打倒今天的敵人

什麼叫做主要的和次要的，今天的和明天的敵人，這都是可以隨時變更交互運用的，譬如他認爲「蘇修」是今天的敵人，所以暫時利用「美帝」這個明天的敵人來打倒今天的敵人。共匪在內部的奪權鬭爭，也是一樣的法則，譬如劉少奇、彭德懷、林彪、鄧小平以及四人幫之流，毛澤東利用他們中間的矛盾，今天利用某一部份人把他們升爲座上之賓，明天又利用另一部份人把他們變爲階下之囚，反反覆覆，旣沒有是非也沒有原則，祇有個人的利害愛憎，完全是專制帝王的作法，所以我說「統戰」就是共匪玩弄的一種政治騙局，是一種陰險毒辣的卑劣手段而已。

三、美匪建交後共匪統戰的騙局

共匪對臺陰謀以武裝鬭爭、和平統戰、外交孤立、經濟封鎖四者來交互運用，因時而異，此次美匪建交後對我實施和平統戰，今年一月共匪發表所謂告臺灣同胞書，表示要停止砲擊金門，與我通郵通商通航，並與我進行和平談判，以求中國統一，亦即和平解放臺灣，類此「統戰」技倆，接二連三，層出不斷。

現在在香港工作，前天來臺開會的本校第一任校長周異斌先生告訴我，自美匪建交後，凡是從大陸到香港來的匪徒，都有幾句開場白：「你們好嗎？」、「蔣經國先生好嗎？」、「臺灣很進步，我們大陸要向你們學習。」，共匪的態度在表面上完全變了，爲什麼美匪建交後，大陸共匪會有如此大轉變呢？其中有三個陰謀：

㈠愚弄天眞的美國政府和人民

這話說來很長，我們政府從剿匪抗戰，大陸撤守臺灣，四十年來，我們對美的外交受盡了委屈壓迫，因爲美國政府和人民對共匪的本來面目，沒有認識，受共匪的宣傳滲透，可以說，凡是國共問題，美國總是聽從共匪的花言巧語，造謠中傷，遇事一味偏袒，對我則片面高壓，如史迪威的驕橫，馬歇爾的偏信，在國共談判過程中簡直是一面倒，成了共匪的代言人，而失去調停人的身份，最後杜魯門總統竟聽信少數美共或同共匪同情人的讒言，竟然停止我軍經援助，宣佈了白皮書，我們不得已才撤退到臺灣來的，因為美國政府的負責人對共匪沒有認識，於是國務院與民間有少數幾個所謂中國通，始終為共匪所收買，替共匪作內應，最近這一次美匪建交，雖然決策仍是高階層，但是國務院內部作業的人，還是共匪同路人的傑作。

㈡欺騙臺灣善良的同胞

共匪美麗的謊言，一方面愚弄天真的美國政府和人民，一方面用來欺騙我們臺灣對共匪沒有認識、沒有吃虧上當的老百姓，說不定有人以為「共匪既然改變態度和我們携手談和，我們為什麼要頑強到底，拒人於千里之外呢？」如果有人存這一種幻想，將為共匪美麗的謊言所欺騙，墜入敵人的陷阱而不自覺。

㈢矇蔽在鐵幕嚮往自由的八億人民

再一方面是矇蔽關在鐵幕中嚮往自由的八億人民，大陸是一個鐵幕，是一個四面八方不通風的關閉社會，自由世界的一切和臺灣社會安定、經濟繁榮、政治民主和人民的自由幸福的生活，他們一無所知，但自從鄧小平發出高唱四個現代化以來，鐵幕已經走氣通風了，大陸八億被奴役的苦難同胞，慢慢知道了自由世界民主自由生活如何的可貴，和對臺灣安定進步繁榮的嚮往，因此也要求改善人民生活，爭取民主自由，所以共匪以和談這烟幕來愚弄大陸人民，緩和他們反抗不滿的情緒。

四、過去慘痛的經驗和教訓

㈠北伐前後

匪黨是在民國九年成立的，到民國十二年僅有幾百個黨員，共產黨所以不能發展的原因，是當時一般人，尤其是知識份子都害怕「共產共妻」，匪黨創始人「陳獨秀」被指為「陳毒獸」，由此可見中國人唾棄共產主義情況之一般。蘇聯看到這點，乃令匪黨參加民族運動並贊助國民黨推翻帝國主義，以實現民主聯合戰線，於民國十一年派代表越飛到上海見 國父，正式提出「容共」的要求。

我們 國父手創博大精深三民主義，他個人的人格崇高偉大，在他的心目中，任何人都可以成為他的同志，他寬宏大量的胸懷，因此容納了共產黨，當時 國父雖允其所請，但祇准匪黨黨員以個人身份參加國民黨，並要求越飛發表共同聲明指出：「共產黨組織，甚至蘇維埃制度，事實上均不能引用於中國」。

匪黨參加國民黨後，一方面施展「聯左、拉中、打右」陰謀，把一個國民黨分化成四分五裂，一方面復借國民黨名義，展開羣眾運動，擴大共黨組織，不到三四年，共產黨員發展到十幾萬，國民黨中央委員中的跨黨份子——共產黨員竟占三分之一，迄民國十五年，即企圖控制整個國民黨，並奪取軍權、政權，幸賴先總統 蔣公洞徹其奸，起而反共，清除匪黨黨員，領導北伐，統一全國，挽回了中國過早赤化的危機。

㈡抗戰剿匪時期

抗戰序幕尚未開啟之前，共黨發動張楊事變，當時他們祇有三萬人困守延安，中央大軍四面圍剿，隨時有被消滅的可能，於是共產黨乃高唱結束內戰，一致抗日，同時表示接受　蔣委員長的領導，取消蘇維埃政府，放棄階級鬪爭，匪軍改編爲十八路軍，國共和談，要求成立聯合政府，團結各黨各派，一致對外，當時毛澤東在重慶軍委會大禮堂高舉右手三呼三民主義萬歲、抗戰勝利萬歲、蔣委員長萬歲，這就是他們的統戰陰謀，因爲他們回到延安後對匪黨內部發表指示有三句名言就是「一分抗戰、兩分應付、七分壯大自己」。抗戰勝利後，美國受共匪愚弄，於是壓迫國共和談要求，雙方停止戰鬪，我軍遵守停戰諾言，匪軍則反而大舉進攻，陷我軍於極不利的處境，最後美國停止美援，杜魯門總統並發表白皮書，使政府蒙受重大的損害。

㈢來臺階段

卅八年大陸戡亂軍事失利，政府播遷來臺，匪軍乘倖勝之餘，卽欲一鼓而攻佔臺灣，九月匪三野副司令員粟裕在匪政協揚言盡一切的努力，於短期內完成解放臺灣的任務，匪三野司令員陳毅更發出恫嚇狂言謂我方如不及早投降，匪將攻取臺灣後，必將大肆殺戮「血洗臺灣」。

匪果於十月廿日以大軍向我金門大舉侵犯，在古寧頭登陸，經我軍迎擊殲匪一萬三千人，被俘七千人，來犯之匪，全面肅清，無一生還，捷報傳來，全國振奮，使共匪「血洗臺灣」迷夢爲之粉碎。

以後共匪不叫「血洗臺灣」了，改叫「民主改造臺灣」，想以「臺灣獨立」的號召來滲透顛覆，以待時機成熟時，內應外合，來解放臺灣，共匪所以改變策略的主要原因，就是由於他們的所謂解放，已面臨「低潮」，所以不能不走迂迴的道路。

㈣美匪建交以後

美匪建交後，共匪發表告臺灣同胞書，籲請與臺灣通商通郵通航，並擬派匪諜，前國防次長劉斐與李俊龍前來和談，採用和平攻勢，企圖瓦解我方民心士氣，這眞是黔驢技窮，痴人說夢。

回憶自我與共匪接觸以來，已經有五十幾年的傷心史，我們有說不完的理由，舉不盡的證據，證明共匪的欺詐卑劣無耻，證明我們的善良、委屈，而不能求全，我們國民黨的大思想家吳稚暉先生說過一句話：「你要想不被傳染梅毒，最好的方法就是不去嫖。」，也就是說，你要是不上共匪的當，最好不要和他去打交道，此話雖謔而近虐，但卻道出了眞理。

五、我們決不能再與共匪和談

由於共匪的字典裏沒有和平，所謂和平就是戰爭的另一形式，所謂朋友，也就是明天的敵人。

如果共匪要眞心的和談，應首先在大陸恢復我們中華民國國號，取消人民共和國，把汚腥旗改成青天白日旗，把北平的首都遷回南京，實行三民主義，恢復法統，將財產歸還民眾，取消人民公社，才有和談可言，共匪辦得到嗎？如辦不到的話，所謂和談乃是欺人之談，如果今天仍有人要說和談，那不是愚昧無知，就是喪心病狂，五十幾年來的慘痛經驗和血的教訓，還不夠我們傷心，不夠我們反省的嗎？我們再不能做白痴，自投羅網，自己埋葬自己。

同學們，你們新生這一代，沒有和共匪打過交道，不瞭解統戰陰謀的陰狠毒辣，希望相信我的話，我的話是幾十年以來慘痛經驗和教訓中，親自體會出來的血淋淋的事實，這一代的中國人，祇要不再上共匪的當，入共匪統戰的陷阱，我們相信，我們政府是有決心有能力，一定要回到大陸去的。

六八、三、廿八、

勤勞與健康

今天我要和大家談的問題是「勤勞」與「健康」。勤是勤勉、勤奮，就是努力上進、自強不息的意思；勞是勞心、勞力，手腦並用，內外兼修的意思。而健康則是指心理和生理兩方面的平衡發展而言。

我常說一個人生命的價值和生存的意義，並不在於其時間之長短，而在於他對社會、國家的奉獻、服務、犧牲的大小來衡量。先總統 蔣公曾說：「以吾人數十年必死之生命，立億萬世不朽之根基」，就是這個意思。又說：「生命不是片斷的而是整個的，不是暫時的而是永久的，不是隨軀殼以亡的，而是藉事業而發展的……」，所以，一個人必須認識了生命的眞諦後，才能求得充實與永恆。我曾看到不少青年暮氣沉沉，未老先衰，但也有不少老年人卻也朝氣蓬勃，老當益壯，兩者之間的差異適得其反，究其原因，實不外乎一個人能否「勤勞」，能否注重「健康」二事來判斷。因此我將在此和大家談談勤勞與健康的問題。務期全體師生均能對此有所認識，進而養成勤勞的習慣，鍛鍊強健的體魄，進而對學校、社會、國家有所貢獻。這樣才不致虛度此生，先總統 蔣公所說「生活的目的在增進人類全體之生活，生命的意義在創造宇宙繼起的生命」也正是這個意思，否則朝生而暮死與草木同其腐朽，其生命又有何價值可言。

讀古今中外歷史，我們深知無數有志青年，每當國家危急存亡之秋，挺身而出、捨生取義，做出驚天動地的偉大事業，爲千秋萬世所景仰，其勳業長存，精神永垂不朽，這種典範正是我們所應當取法的。所以我希望每一位敎職員及同學們平時都能注意維護身心健康，將來都有勤勞、服務、犧牲、奉獻的精神，不斷的工作，不斷的學習，不斷的服務，不斷的進取。若是懶惰頽喪、敷衍、因循那就等於慢性的自殺，是人生的浪費。

「勞心者治人，勞力者治於人」，勞心者是讀書人，是負責管理眾人之事的人；勞力者是指讀書人以外之人（如農、工、商）這種人是被人管理的人，根據過去傳統的士大夫觀念，認爲「學而優則仕」，就是去做官，去統治他人才是讀書人最終極的目的，但是，此一觀念在今天已失卻時代的意義。國父就曾說過「古今人物名望之高大，不是在他所做的官大，而是在他所做事業的成功，如果一件事業能夠成功，便能夠享大名。所以我勸諸君立志是要做大事，不可做大官」，這是對我們確立人生觀方面最好的指引，最好的銓釋。但是「勞心者治人，勞力者治於人」二句話，若是用在個人修身養性方面，我認爲「勞力」可以鍛鍊我們的體魄，增強我們的健康；「勞心」則可以煥發我們的精神，滋潤我們的心靈。例如：讀一本好書，欣賞一幅名畫，我們的精神就有了寄託，有了慰藉，而身體也就藉此獲得休息；另一方面當一個人勤奮勞動之際，除了身體獲得鍛鍊外，精神也定能藉此獲得鬆弛。所以「勞心」與「勞力」二者是交互為用，互相助益，互為因果，可見養成「勤勞」習性，對我們身心健康的影響何其重大，何其深遠。

先總統　蔣公說過：「勞動可以創造一切」，曾文正公也曾說：「一身動則一身強，一家動則一家強，一國動則一國強，不動則不強」，這就是說一個人若能不斷的勞動，身體一定強健；一個家庭的成員若都能不斷的勞動，那這個家庭必定興旺；一個國家的國民若都能勤勞不息，那麼這個國家必定富強康樂。孟子又說：「天將降大任於斯人也，必先苦其心志，勞其筋骨…」。苦其心志，就是欲勞其心。勞其筋骨，就是欲勞其力。所以任何一個為國擔當大責重任之人必定都要勞心，同時也要勞力，務使其飽經憂患，艱苦備嘗，而後方能出類拔萃，頂天立地，成就偉大的勳業。

西洋有句俗語：「養成兒女勤勞的習慣，勝於給予他們一筆龐大的財產」。你們須知，你們現在為人子女，就不能想要父母的遺產，而你們將來做人家的父母，也不要給子女以財產，祇要養成他（她）們勤勞的習慣和謀生的技能就可以了，因為「勤勞」就是無價之寶，給了他（她）們，就能使其終生受用不盡。所以說，養成子女勤勞的習慣，遠勝於給他（她）們一筆龐大財產。這句話眞是至理名言，幾天前報上刋登兒子弒父慘絕人寰的悲劇，就是他不肖的兒子向父親索財不遂，竟失手殺死自己生身之父，此卽種因於「財」之一字，若非其父平日養成其揮霍、浪費的惡習，若非其父富有家財可供其索討，諒不致發生此類倫理悲劇。由此可見，父母有財產並不足恃，亦不足喜，父母無財產更不必懼，更不必憂。一切貴乎自己本身能夠自立自強，一切要靠自己本身能够勤勞奮勉，刻苦上進，將來才能承擔一切，創造一切。但是良好習慣之養成，並非一朝一夕之功所能見效，必須植根於年少之時，卽能注意根除一切不良習氣，起居能定時，飲食有節制，凡有害身心的酗酒、賭博、抽煙等惡習，均應戒絕才能維護健康。同學們中不論男女均應以此時加警惕，互相勸勉。

至於所謂「健康」，則包含心理與生理兩方面而言。心理健康的人，必定樂觀、奮發，具有犧牲奮鬬的精神，同時也必定有人格、有志節、能守紀、負責任。身體健康的人，則百病不侵，做起事來也必精神飽滿、體力充沛、必定能勝任愉快，忍辱負重。中國古代對「白面書生」、「文弱書生」，小白臉型的男子頗有美喩；對「弱不禁風」、「手無縛鷄之力」、黛玉型的女子則頗爲稱羨，實則此種嬌柔、文弱正是不健康的表現，現在已爲時代所摒棄了。代之而起的是強調「健、力、美」。「健康才是美」而「文弱不是美」，所以健康的人才能受人激賞，引人注目。

要養成心理健康，則必先要養成正確的人生觀，先確認生活的目的與生命的意義，時時均抱定「人生以服務爲目的」的觀念，以樂觀、進取、創造之積極精神堅持到底。國父曾說：「革命必先革心」，乃是透闢的指出我們革命要從自己的心理，自己的精神先革起來，這樣才能成就偉大的事業，才能造福人羣。

要養成個人身體的健康，就要除去所謂的汚染，就個人來說，儀容、頭髮、服裝、鞋襪要隨時保持乾淨、整潔。對學校來說，不能容許一個地方髒亂，校園、教室、寢室等都要注意美化，飲水不汚染、空氣不汚染、環境不汚染，學校才是一個進德修業的好場所。就社會來講，要根絕所有的色情、凶殺、強暴、酗酒、賭博，這是社會不汚染。就政治方面來說，要根絕循私、貪汚、枉法、腐敗、官僚等惡習，這是政治不汚染。個人沒有汚染，學校沒有汚染，社會沒有汚染、政治沒有汚染，則人人定必健康，學校定必進步，社會定必安寧，政治定必清明。

本人自創設本校之初，則注意倡導勤勞服務鍛鍊身心健康，但行之日久，惜績效仍欠顯著，今天特再於此再三致意，盼望各位自今日起，身體力行，貫徹實踐，方不負我創辦本校的初衷和對大家殷切的盼望。

六八、九、十二

檢討改進奮勵自強

在這歲暮天寒，臘盡多殘的時候，本校舉行年終自強工作研討會，發言同仁踴躍，會議收穫不少，本人甚感欣慰。不過，我建議今後人數較多的會議，事先準備要充分，會前每個人都可書面提案，先交由審查小組詳加研究，加以整理，提出具體意見，再由全體大會逐案討論，這一方面可以節省會議時間，同時也可以得到良好的結果，不致發言盈庭，而所獲不盡理想。

大家都說今年是自強年，今天我們這個會議也稱為自強工作研討會。我記得前年十二月十六日美匪宣佈建交之時，大家非常的悲憤，我們教職員同仁和全校學生，分別簽訂了自強愛國公約各十條，並上書政府，效忠領袖，輸血捐款，充實國防，一面致函美國參議員及紐約、華盛頓各大報，呼籲其重視美國立國精神，致力維護自由民主與中美共同利益。同時又在廣場上建築一座自強愛國精神堡壘，眞做得有聲有色，到現在才一年，成效究竟在那裏？有人說中國人祇有五分鐘熱度，我希望這句話是對我們的一種侮辱和譏諷，事實上並不是如此的。

今天這個自強工作研討會，整整開了一天。主席李校長要我講幾句話，我想就檢討改進方向和內容，提出幾個重點的問題，作爲大家奮勵自強的目標：

一、檢討的方向和態度問題

㈠要自我檢討，不怨天尤人：今天我聽到有人發言滿腹牢騷，凡事責怪他人，從不自我省察，這根本失去了自強檢討會的意義。昔宋賢程伊川之所以成爲大理學家，就在於他能自我檢討，他說：「得意時一檢點，失意時一檢點，貪惰時一檢點……」，能自我檢討，就不會怨天尤人，能「下學上達」。如不能自我檢討，不但證明其涵養功夫欠缺，且適足以導致心中惡念之滋生，而自毀前程。所以子張問如何驅除心中的惡念時，孔子說：「攻其惡，無攻人之惡……」清賢曾文正公致九弟季弟書中說：「……凡目能見千里而不能自見其睫，聲音笑貌之拒人，每苦於不自見，苦於不自知……」又致諸弟書中說：「牢騷太多者，其後必多抑塞。……蓋無故而怨天，則天必不許，無故而尤人，則人必不服。」由此可見自我檢討的重要。

㈡要自我充實，不自甘暴棄：孟子說：「充實之謂美。」一個人欲求完美的人格，是「人心之所同然。」所以，自我充實，不自甘暴棄，才不致落伍。尤其在這世界文明日新，科技一日千里的時候，身爲專校的敎師，更宜自我充實，不斷進步。如果拿一本陳舊的講義、不補充新的知識，年年照本宣科，則學生將毫無所獲。因爲今天是知識爆炸的時代，不奮勉上進，就會落後，所以一個爲人師的人決不可畫地自限，自甘暴棄，有負國家、社會與學生家長殷切的希望。

㈢要自我鍛鍊，不抱殘守缺：一個人的意志、身體、學問，都要不斷的自我鍛鍊，才能跟得上時代，尤其是學問要「日知其所亡」，且要「月無忘其所能。」絕不宜做個自我陶醉、抱殘守缺的庸俗之輩。孔子以「六言六蔽」之理語子路，便是要他自我鍛鍊學問，千萬不可強不知以爲知，抱殘守缺，不通事理，也就是這個道理。

㈣要自我進步，不故步自封：要自我進步，必須有創造的精神，求新的觀念，才能免於故步自封，成爲落伍的冬烘學究。清賢譚嗣同報貝元徵書說：「黎庶昌爲兵部侍郎時，上書言事，似薄洋務；及使東，章奏恍然如出兩人。郭嵩燾侍郎歸自泰西，擬西國於唐虞三代之盛，幾爲士論所不容。薛福成初疑其言之太過；後身使英、法、義、比四國，始歎此言不誣。」充分說明了自我進步之重要。梁任公以爲國人必須有冒險與進取精神，始足以言自強之道，他的見解深獲我心。

二、加強讀書風氣問題

讀書風氣之盛衰，決定學校聲譽之隆替，自強工作之成效，更有賴於讀書風氣之加強，要達到加強讀書風氣之目標：

第一、要提高學生素質：學生素質不提高，讀書風氣很難加強，因爲學生素質好，不要師長督促，他們自然會用功。鵬摶九萬里，學鳩槍榆枋，素質之優劣，成就之大小，判然如此。所以，我們要盡力提高學生的素質，以加強讀書風氣，這是當前最迫切的工作，最關鍵的問題。

第二、要強化教師陣容：好的教師循循善誘，會把壞孩子敎成好的孩子，所謂頑石點頭，點鐵成金，孔門七十二賢中的顏濁聚，原本是個強盜呢！所謂名師出高徒，強將無弱兵，正是這個意思。反之，一個不學無術的教師，會把好孩子變成壞孩子。孟子說：「觀於海者難爲水，遊於聖人之門者難爲言。」因此，教師的陣容，尤其專任教師，一定要不斷調整強化，充實陣容。

第三、要更新教學設備：工欲善其事，必先利其器。教學設備好，學生學習興趣，自然濃厚。我們許多設備，不但要增加，而且要更新。我總覺得很多工作做得很慢，譬如工科要調換繪圖桌椅，拖了半年未作決定，辦事的效率太慢了。本年學校集中財力，興建大禮堂，但教育上必要設施也不可免。

第四、愼選科目和教材：上次教育部評鑑委員，對本校意見最多的是課程和教材。如市政科會計的課程有四、五項之多，簡直不像法學院的市政系，反而像商學院的會計系了。這不是和工商科、財稅科混淆不淸了嗎？教材有的太深，有的太淺，有的太舊，有的太多，都不合五專學生的程度。因此，課程和教材的選擇是根本問題。在自強工作研討會前，各科的教學研討會，要提出具體意見，才不致落空。

第五、推行學長制：我當初提倡學長制，是基於兩個啟示：記得十年前，有個一年級學生，不喜歡讀書，成績很壞，導師指定一個高年級學生予以輔導，慢慢地這個學生和他的家裏接觸，就變成家庭老師一樣，後來他的家長對這個輔導的學生，非常感激，要送錢給他，他不接受，這是啟示之一；其次，是我在美國參觀西點軍校，西點軍校是世界出名的學校，他是採用高年級學生，管理低年級學生的制度。學長制也叫做小先生制，配置得宜，可以彌補教師、導師教學與輔導上力所不足之處，效益很大。但我並不奢求其全面推行，只要選擇性輔導，漸次推廣。例如：有的輔導會計，有的輔導英文，有的輔導國文，希望各科科主任善予協調各該科導師，作一妥善安排，重點推行，俟有成效，再全面推廣。

三、關於學生獎懲問題

今天自強研討會，討論操行的時間最長。我以爲學生獎懲處理得當，最足鼓舞士氣，發揚自強精神。獎懲應發乎內心的熱愛，視其年級之高低，動機之好壞，行爲之結果，氣質之優劣，而予慎重之考慮，然後再做處理。千萬不可一時衝動，負氣報復，要剛柔並用，權衡輕重。但有些導師要好心切，以致觀念偏差，做法錯誤。譬如班上有個學生作弊，被監考老師抓到，導師去求情，這是矯枉過正，自欺欺人；導師能力的好壞，尚在其次，但不能觀念偏差，而自欺欺人。如能把壞的學生變成好的學生，這是好的導師。壞的學生教不好，僅是失職，好的學生變成壞的學生，這是罪惡。好的學生變壞，壞的學生變好，其中有個人因素、家庭因素、社會因素、學校因素……，一定要找出其中癥結所在，要多和學生作個別接觸，要多做家庭訪問，希望導師對此點提示，特加注意。辦法是死的，人是活的，學生是無辜的，老師是有權衡量的，千萬不可盲目的、機械的決定一個學生的進退。要基於愛心妥善運用，便可發揮獎懲的最高效果。

四、鼓勵全勤問題

一個學生全年不請假，不生病，不曠課，全心全意，用功讀書，砥礪品德，可以說是自強精神發揮到極致。所以，我非常重視全勤。我也希望全勤運動，不限於學生，我們教職員全體同仁，更應率先倡導，以身作則，孔子說：「其身正，不令而行。」這樣，學校自然的自強了。不過，全勤運動，執行也不能犯有偏差，例如：父母死了，請了假，全勤便泡湯了。其他凡不可抗力的事故，都應考慮把它排除，以期完美無缺。

五、教學研究推廣問題

本校自五十五年創校以來，我一直主張教學、研究、推廣三者必須同時並重，當教師的當然希望把他擔任的課教好，以獲得學生的敬重，從而獲得自己內心的快樂，禮記所謂「相說以解」，便是此意。但知識是日新月異的，必須致力研究，以研究的成果，充實教學的內容，教學才會落實。此外，今後，不論是那一科，要儘量舉辦各種展覽，舉辦各種社會服務，例如此次寒假懷安社與公衞學會到新竹鄉間去服務，我們發現了鄉間很多問題，經聯合報、中國時報，大幅刊載，將來把我們所發現的問題，提交政府有關機關去處理，使鄉間各項設施因而獲得改善，這不是一件很大的貢獻嗎？所以，寒暑假服務，今後每年都要舉辦，以擴大對社會的影響，提高學校的聲譽。這是我們今後努力的方向和目標。

今天檢討的內容很廣泛，我僅就以上幾個問題，發表個人的淺見，希望大家參考。總之，自強不是口號，而是行動，所以，要自強一定要大家自我檢討，自我鍛鍊，自我充實，自我進步，不要怨天尤人，不要自暴自棄，不要抱殘守缺，不要故步自封，我希望今年是自強實際的行動年，而不是自強的口號年。

六九、一、廿一

兩個傑出女青年對我們的啓示

本學期開學快一個月，本人第一次對大家講話，今天我講的題目是「兩個傑出女青年對我們的啟示」。

昨天舉行第八屆十大傑出女性青年的選拔，我看到報章上的記載和傑出女青年的自述，我有很大的感想，因爲十大傑出女青年，她們來自各種不同的環境，受的各種不同的教育，同時各人擔任不同的工作，但是她們都有很傑出的具體表現；這中間最值得我們稱道和效法的是文學獎的得主劉俠、特別獎的得主王文樺。我今天把她們兩個人的表現講出來，給我們大家作一個啟示和鼓勵。

劉俠她在十二歲小學畢業的那一年，就患了不治的類風濕性關節炎，這種病在病例上是很少見的，中醫西醫，束手無策。這種病先發燒、再紅腫、再疼痛、再僵硬、再變形，這是一種很嚴重的疾病。她得病以後，最初幾年非常灰心失望，覺得人生前途灰暗，沒有活下去的勇氣；但是她經過受洗以後，她心理上有了寄托，同時得到她父母、兄弟、友朋的鼓勵和關愛，她覺得長時間消沈下去是沒有意義，因此她改變了她的生活觀念與態度，開始努力自己進修，研究寫作。試想一個小學畢業生，能有什麼好的作品，所以投稿，都被退回，但是她還不灰心，繼續進修、繼續寫作、繼續投稿，她以極大的毅力和恒心，到現在為止，她創作了四十幾種戲劇劇本，她出版了散文「喜樂年年」、「生之歌」、「杏林小記」、「北極第一家」等文藝作品，一共一百多萬字。這些寫作都是她在三尺寬、六尺長的病榻上，一個字一個字寫下來的，多麼令人敬佩。她除對人生、自己，有了體驗以外，她還在傷殘服務中心，義務輔導傷殘兒童百多人，用她自己親身病痛的經驗，來教導傷殘兒童，使他們重新認識生命、重新創造命運。她在病榻上整整二十六年，她的頸不能彎、她的肩不能抬、她的手不能舉，在這種半身不遂的情況下，以她的毅力、勇敢地活下去，而創出她生命有意義、有價值、有光輝的偉大貢獻。昨天我在電視上看到謝副總統給她頒獎的時候，長得很清秀，坐着輪盤椅去領獎，是一個很可愛的女孩，現在纔三十幾歲。

再談王文樺。你們都看到，報上登得很多，她是二月二十七日我們國家的中華航空公司客機，在馬尼拉機場失事，她是空中服務員（空中小姐），在飛機起火燃燒的時候，她把旅客的安全列為第一優先考慮，她幫助和指導所有旅客先先後後緊急脫離飛機，她完全沒有考慮到自己生命的安全，直到全部旅客脫離飛機以後，她才最後一個人跳下來；因為她脫離的時間太遲，她的臂部、腳部及全身受到嚴重的灼傷，她受傷的部位要佔全身的百分之四十以上。記者問她，她說：「我一想到乘客的安全，我總覺得有責任要他們平安的先跳下去。」記者又問她，妳病好以後，有何打算？她說：「只要醫生治好我的病，我毫不考慮的回到原有的崗位上去。」這幾句話，多麼的英勇，多麼的豪壯，令我們欽佩無已。

我把她兩個人的事蹟介紹後，再談到我個人的感想及她們兩個人對於我們全體同學帶來的啟示：

第一，我們要認定一個人的命運掌握在自己的手中。一個人不論他處任何環境，不論他的家庭如何、學業如何、健康如何，都可以用自己的智慧、毅力、決心、和勇氣來支配環境、來克服環境。一個聽天由命、安於現狀或怨天尤人、自己不努力的人，不論他具有什麼優厚的條件，沒有不失敗的；惟有勇者才能創造命運，弱者依賴命運；惟有勇者能支配環境，弱者受環境支配。劉俠、王文樺是個勇者，她創造了自己的命運、支配了自己的環境。你們今天是大專學生，劉俠是小學畢業、王文樺也不過是專科肄業，你們今天一個個得天獨厚既沒有病痛，又沒有苦惱，在家庭有父母關愛你們，在學校有老師教導你們，如果你們今天還不努力、還不振作、還不奮發，那眞是愧對父母、愧對你們的師長、愧對十大傑出青年。

第二，我認爲惟有自己的毅力和勇氣，才可以克服內在的和外來的一切困難。劉俠是一個小學畢業的女孩，臥病二十六年之久，而沒有爲病魔所屈服，相反的努力的站起來，努力進修、上進、寫作、創造自己的光輝，發出燦爛的光芒。我們今天一個身體健康的、沒有病痛的大專學生，如果書讀不好、考試不及格，何以自解！

第三，我認爲祇有有道德勇氣的人，才能够捨己救人，捨生取義。王文樺不過是空中服務員，她本身的職責，僅是照顧旅客的飲食起居，及帶領座位，對飛機的安全談不上責任。空中沒有救生員，空中不比陸上乘車、海上乘船，空中發生危險，大家同歸於盡，沒有那個救那個的；在空難發生的時候，自己逃命之不暇，那還考慮人家的安全，但王文樺則不然；她從容不迫、機智沉着，她先幫助所有客人一一脫離危險，最後自己跳下，因爲火勢太大，離開火境太遲，全身灼傷到百分之四十以上，這是何等的道德勇氣。所謂道德勇氣，不是一時的血氣之勇，不是一時的衝動，也不是一時的表演、一時的矯情，爲平時有精神修養和有服務熱忱，才能有這種道德勇氣。飛機上還有其他的女性服務員、男性服務員、還有男性駕駛，同她比較起來，眞有天淵之別。說到這點，聯想到過幾天就是三月二十九日青年節，是我們中國革命先烈創造時勢的時刻，現在的青年，在國家多災多難的時候，雖有許多青年都在敦品勵學、發奮自強，接受時代的考驗；但也有不少青年怠廢散漫、不知振作、不知奮勉，眞是愧對劉俠與王文樺兩位傑出的青年。

今天我僅提出兩位傑出女性青年對大家講話，是因爲我國的傳統觀念是重男輕女，是男主外、女主內，是女子無才便是德，今天她們兩位的表現把中國傳統歷史觀念推翻了。在英國有柴契爾夫人稱爲鐵娘子，在印度有甘地夫人仍東山再起，這都是偉大傑出女性代表。雖然她們各人的地位不同，但是人格價値卻是一樣。我今天是看到十大傑出青年選拔有感而發，我並不是不重視男性，我知道有若干傑出的男青年在默默地耕耘，在作最大的貢獻，我之所以特別提出來，是女性尙能如此，而況男性乎？教育是啓發、陶鑄、培養人才的，我相信在本校三千多男女同學當中，一定有許多傑出的青年。我們要把他們發掘出來，加以培養、加以鼓勵，使所有的男女同學都能發揮光和熱，流出血和汗，對國家、對社會作最大的貢獻。

六九、三、廿二

中國市政專科學校同學的新形象

各位同學剛註册入校，對學校要有深切的認識和瞭解，所以，我今天特別以「中國市政專科學校同學的新形象」爲題，向各位作概要的講述：

所謂形象，是代表一種風格、一種範式，就是說明它內在、和外在所具備的條件，這就是所謂形象。新同學要成爲本校同學一個新的形象，就應該具備：第一、智者的形象；第二、仁者的形象；第三、勇者的形象。

首先說到「智者的形象」，就是在知識方面，它要具備那些風格和條件呢？我認爲做一個智者，第一要有堅定的信仰。今天我們身爲中國青年，要有擔當繼往開來，頂天立地的大事業的志願和抱負，就先要有顚撲而不可破的信仰，信仰我們的三民主義，信仰我們的政府是爲民服務，爲建設臺灣和光復大陸而奮鬪的好政府，信仰我們的學校是陶鑄青年，愛護同學的好學校。有了堅定的信仰，我們才不會爲無根的謠言所動搖；爲惡意的曲解所中傷；爲陰毒的邪說所蠱惑，意志集中、力量集中、生死不渝。第二要有救國的抱負。一個青年先要立大志，才能成大業，凛然做一個救國救民的中堅份子。特別在此國際短視政客，縱横捭闔，眞理正義，遭受挑戰之時，身爲中國青年，更要有救國救民的抱負，人人以民胞物與爲胸襟，以國家興亡爲己任。絕不可只圖個人的、家庭的、短暫的享受，而不顧我們後代子子孫孫永久的幸福。先總統 蔣公說：「生活的目的，在增進人類全體的生活；生命的意義，在創造宇宙繼起的生命。」歷代的先烈都是拋棄一己短暫的生命，而拯救後代千千萬萬子孫的生命，這種偉大的抱負，正是我們今日青年，所應效法的。第三要有豐富的學能。我們有了信仰和抱負，要拿什麼去實踐它呢？這不是徒托空言的，而是要有豐富的學識，良好的品德，健全的體魄和超越的能力才能達成的。沒有豐富的知識，是無法去明辨是非善惡，而產生正確的信仰的。面對着今天紛歧錯雜的社會，詭譎動盪的時代，什麼是實，什麼是虛，什麼是眞，什麼是假，什麼是善，什麼是惡，我們就可分辨得清清楚楚，而不致誤入歧途，悔恨終身了。

其次則說「仁者的形象」：孔子說：「仁者，愛人。」宋儒說：「仁者無不愛。」談到愛人，第一是愛我們的國家，因爲國家的命運與我們個人的血肉是相連的，國家是我們的生命的根，國家是我們生存的源，有國才有家，有家才有我們個人。文天祥毁家紓難、岳飛移孝作忠，都是「仁」的一念而發展出來的一個最好的範式。但我們還要曉得，政府是代表國家的，因此，我們愛國家，就是服從政府，遵守法令，做個現代好國民。第二是愛我們的學校，我們在校求學，學校的生活過程，是我們生命過程中最重要最長久的一段，是決定我們今後終身的命運和前途的關鍵。因此，學校的成功，就是我們大家的成功；學校的失敗，就是我們大家的失敗。我們大家都是與學校休戚相關，榮辱與共的。我們愛護學校，消極的是要消除同學間與學校的距離，要對學校提供善意的建議，要不攻訐學校，要不毀謗師長。積極的要用功讀書，認眞學習，砥礪品德，鍛鍊體魄，在校成爲品學兼優的好學生，在社會成爲有爲有守的好青年，以發揚我們的校譽，這樣才是愛護學校。第三是愛我們的師長，師長辛辛苦苦的對我們傳道、授業、解惑，所以，古代以「師」與「天、地、君、親」並列，而有「一日爲師，終身爲父」的名訓垂傳至今。學記說：「師嚴然後道尊，道尊然後民知敬學。」身爲學生，果眞要認眞求學，他一定會曉得敬愛師長。不僅在外表上，要禮貌週到，尤其在內心上，要表示十分的崇敬，以虛心接受師長的教導，從而建立師生間深厚的感情。第四是愛我們的同學，我們知道同學與同學間，在校有五年的相處時間，應該是情同手足，愛如姊妹，要彼此照顧與關切，在德業上勸善規過，在學問上互相切磋，千萬不可逞一時的意氣而爭吵，甚至而互毆，有失兄弟姊妹間的和氣。第五是要愛護自己。就是希望大家要珍惜自己的年華，不可浪費自己的生命，尤其五專學生的年齡都是在十五歲到二十歲之間，是決定人格和能力的關鍵時代，今後爲聖賢、爲禽獸，就要看大家是不是能愛護自己，珍惜自己來決定了。大家能不戰戰兢兢，爲自己的前程而奮鬪嗎？孔子說：「我欲仁，斯仁至矣。」

只要我們全體同學做到愛國家、愛學校、愛師長、愛同學、愛自己就是「力行」的仁者了。

最後則說「勇者的形象」。做爲中國市政專校的學生，第一要勇於求知。我們到學校來是讀書的，是求知的，天地間的學問，是沒有窮盡的，莊子說：「其生也有涯，而知也無涯。」因此，大家除了在課堂上，接受師長的授業、解惑以外，主要的還是靠自己，刻苦研鑽，不問寒暑，不分晝夜，鍥而不捨，孜孜不倦，永無休止的活到老，學到老，唯有如此，將來才能有所成就。孔子所以能成爲至聖先師，受到古今中外讀書人的崇敬，就是在於他「發憤忘食，樂以忘憂」、「好古敏求」勇於求知的精神而得來的。第二要勇於改過。人生在世，難免會有過錯，所謂「人非聖賢，孰能無過，過而能改，善莫大焉。」我們不怕有過錯，最重要的是勇於改過，勇於自責、勇於反省。孔子說：「知恥近乎勇。」就是這個道理。第三要勇於救人。視人溺如己溺，視人飢如己飢，救人之急，解人之難，爲人犧牲，爲人服務，爲人奉獻，人人要如華航救人的王文驊，人人要如野柳救溺的林添禎，做個見義勇爲的好青年。第四要勇於報國。今天我們的國家是個多災多難的國家，今天我們的青年，是國家的孤臣孽子，我們要以孤臣孽子的心情，至大至剛的勇氣，頂天立地的志節，義無反顧的犧牲奮鬪精神。我們要人人是女童軍楊惠敏，人人是女烈士秋瑾，人人是革命無我的林覺民，人人是冒險飛航的陳懷生，完成我們國家的時代使命，才不愧做一個黃帝子孫，才不愧做一個龍的傳人。

六九、八、廿二

答同學問

一年容易又秋風，轉瞬又是一個新學年的開始，時光運轉不息，而本校自創校迄今業已十五個週年，值此新學年的開始，我們要撫心自問，檢討得失，十多年來，我們的進步在那裏？成就在那裏？在校同學是否都做到了敦品力學、發憤上進？畢業同學是否都能有一技之長，服務人羣，報效國家？全體教職員是否都做到了全心全力、善盡職守？盱衡當前的局勢以及國家的處境，我覺得不寒而慄。因此我深切盼望全體教職員及同學們均能時加惕勵、確實檢討，進而做到求新、求變、求行。所謂求新者，就是觀念要新、精神要新、作風要新，亦即是古人所謂「日新又新」之意。求變，即是不抱殘守缺、不固步自封，要趕上時代、超越時代、「變則通」之意。求行，即是腳踏實地、身體力行，反對文書主義、形式主義、官僚主義，也就是要體認先總統蔣公所提倡的「力行」哲學的道理。

以上是我個人臨時所產生的一種感受。今天我的講題是「答同學問」，係根據最近部份同學所提出的問題作個解答，但因問題太多，現僅能擇其重點作個簡略的說明：

第一、如何建立中華民國的新形象問題

「國者人之積，人者心之器」，這說明一個國家新形象的建立，實有待於該國國民全體能有共同的體認和表現。自從政府在民國三十八年遷臺以來，雖然臺灣在人口、土地、資源的形式條件上不能和大陸相提並論，比例懸殊，但在實質意義上，由於我們政府的發憤圖強、自力更生，經過三十多年來的努力，而今已把臺灣建設成爲一個三民主義的模範省。緬懷政府初到臺灣，由於社會秩序不够穩定，一切建設尙待開展，是時友邦對我們了解不多，形勢頗形孤立。但是近十幾年來，由於社會安定、經濟繁榮、政治修明，尤其在軍力方面的堅實和壯大，已使外人刮目相看，進而躋身開發國家之林。尤其自古寧頭大捷、八二三砲戰以來，已成爲舉世矚目的反共堡壘與民主燈塔，使共產匪徒亦不敢越雷池一步，從此已獲得友邦人士的推崇與支持。記得先總統蔣公說過：「國之強弱，不在大小，而在虛實；不是物質，而是精神。」這就是今日我們要建設臺灣之重要指標。大陸雖大，資源較豐，然而由於他們內部權力鬪爭、動亂不安，人民生活愁苦，嚮往自由民主之願望更是如久旱之望雲霓；相反地在臺灣人民卻豐衣足食、自由安康，因此我們的精神是充實的、信心是堅定的、前途是光明的，近年來就這一形象，不僅獲得自我的肯定，同時也爲外人所重視、瞭解與敬佩。

不過我們絕不能以目前的成就爲滿足，要認識「不進則退」、「保持現狀就是落伍」的道理。所以未來國家新形象，仍然必須繼續莊敬自強、日新月異、刻苦憤發、團結奮鬪、人人固守崗位、努力生產，則必復國有望、成功可期。而我們身爲大專學生，每個人更應有責任心、公德心與自尊心，使人人都成爲社會的中堅、國家的棟樑，則中華民國的新形象不但自然建立，且定能歷久而彌新。

第二、公職人員選舉問題

選舉是一個國家，尤其是民主國家走向民主政治的必經途徑。沒有選舉，民主政治就沒有內涵、沒有價值，因爲民主政治的本質是民意政治，而選舉卻正是民意表現的唯一方式，沒有選舉，民主政治必然是徒託空言，一句口號。我國這次的選舉更是非比尋常，因爲這是我們國家遭受國內外重大衝擊情況下」舉辦的，也是「動員戡亂時期公職人員選舉罷免法」公布後的第一次考驗。誠如蔣總統所說：「國家在此遭受多種困難的時刻，作此重要決定，不祇是完成一項選舉，而是爲了國家長遠發展奠立更健全的基礎，由此邁向民主憲政的新時代」。因此這次辦理選舉務使所有候選人都在公平、公正、公開的原則下作君子之爭，並確保社會秩序、維護政治安定。因而這次選舉不但是政府和執政黨最重要的工作，也是全體國民所深表關切的一件大事。所以要絕對不循私、不舞弊、不把持、不包辦，而做到爲國求賢、好人出頭，所以這次執政黨對中央公職人員選舉，採取了下列幾項開明的措施：

㈠這次選舉旨在擴大政治參與，恢宏民主功能。

單就理論上言，一個執政黨就應選名額提出候選人，以求全數當選，是政黨政治的常規，也是今天國民黨力所能及的，但其缺失卻在不能達到擴大政治參與之目的，是以此次執政黨在提名之際，在原則上採政黨提名方式，但實際上又空出多數名額讓友黨及社會人士參與競選，因此不但符合政黨政治的原理，也注意到大家參與的願望，可以說是「天下爲公」的做法。執政黨這種恢宏的胸襟、雍容的大度，已博得友黨及社會之一致讚揚。一般學者認爲這種提名方式，有兩個立即可見的好處：⑴執政黨輔選人員壓力減輕，不致於求勝心切、不擇手段。⑵可以滿足非執政黨人士參政的欲望，進而提高黨外人士對政府的向心力，必能大有助於日後政治的和諧與全民的團結。

㈡此次選舉旨在爲國求才選賢與能。

此一態度可由國民黨採取彈性提名政策上見之，例如三個中央民意機關代表國民黨所提之總人數不過佔百分之五十七，尚留百分之四十三，一則說明執政黨以審愼態度提名黨內候選人。其目的即在選拔黨內品學兼優，且有服務熱忱的優秀人材，向選民作負責的推薦，以爭取選民的支持，在「寧缺毋濫」的原則下，自然可以建立並增進選民對執政黨的認識與信賴，進而樂意接受政黨的推薦。再則留有百分之四十三的名額讓與友黨及無黨籍人士，而將黨內外才俊之士溶於三個中央民意機關之中，共同致力於民主政治之實現與現代國家之建設，這種開明進步的作風，是任何民主國家所難以辦到的。

㈢此次選舉執政黨旨在贏得人心。

以往選舉，執政黨輔選方針過分重視提名候選人的當選率，只許成功不許失敗，因此執政黨基層幹部爲了要成功，就有所謂的「安全措施」種種謠傳，造成種種干擾與中傷，而其結果雖然獲得了勝利，但卻失去了民心。

這次執政黨輔選方針有了重大改變，主張和諧團結，不強調「成功」，此可在執政黨告全黨同志文告中見之「全力維護年底增額中央民意代表選舉的純潔和神聖性，使選舉在團結和諧順利中進行，在選賢與能之後圓滿結束」。「選舉固要勝利，但要贏得民心、贏得安定，爭取廣大民眾的衷心信任」。這是走向選舉成功的徵兆。

第三、原有中央民意代表任期問題

在回答此一問題之前，我們先要了解我們現在的政府，它存在的依據是什麼？簡單的說，就是一部由大陸帶來的神聖的國家根本大法——即是中華民國憲法。根據這部憲法產生現在的政府，所以現在行使職權的國大代表、立法委員與監察委員，都是代表當時大陸各地區各職業各團體合法產生的，而不是在臺灣選舉產生的。他們「代表」了全體大陸人民、他們代表了整個中華民國的領土，他們代表了「法統」、代表了「正統」，也象徵著中華民國立國精神之所繫，也表示了我們建國方向之所歸，我們不能否定這一「法統」，否則必遭覆滅，我們不能忽視此一「正統」，否則必爲匪徒所乘，這是生死存亡之所關，我們必須切實辨明。

中央民意代表本應依法全部改選，但是自大陸沉淪、神州變色，政府隨卽播遷臺灣，「法統」乃不得已隨著南移寶島，所以依法、依期改選，已因變亂而不克實現，爲不使中央民意代表功能失去，乃在民國四十三年經行政院會議通過，送請司法院解釋，司法院大法官會議於同年一月廿九日以釋字廿一號解釋「憲法第廿五條之規定，立法委員任期三年，第九十三條規定監察委員任期爲六年，該項任期本應自其就職之日起至屆滿憲法所定之期限爲止，惟値國家發生重大變故，事實上不能依法辦理次屆選舉時，若聽任立法、監察二院職權之行使陷於停頓，則顯然與憲法樹立五院制之本旨相違。故在第二屆委員未能依法選出集會與召集以前，自應仍由第一屆立法委員、監察委員繼續行使職權」（國大代表之任期亦同此解釋）。因此任期問題，可說已獲得合理解決。

但在實際上，我國中央民意代表繼續留任，三十餘年於茲，雖然不可否認他們是盡瘁國事，建樹良多，但是歲月催人，老成凋謝者，已日有所增，卽或健在者，亦覺年老體衰，力不從心，使國會功能逐漸式微。爲未來民主憲政之推展與開創新機運着想，所以執政黨特大幅度增加選舉名額至二百零四人，比六十七年預定選出之一百二十人增加八十四人，增加率達百分之七十。其中監委名額增加尤多，增加率達百分之一百十三，政府此一措施，正充分顯示政府今後要加速推進民主政治與新陳代謝的決心。

第四、擴大海外宣傳問題

多年來政府對海外宣傳工作，雖不遺餘力，惟因受經濟條件及客觀環境等諸多限制，成效仍欠理想，但有一觀念須待澄清者，就是共產匪黨他們可以不擇手段將榨取人民所得血汗錢在海外大事揮霍，祇要政府有核子，不管老百姓有無褲子可穿。但我們政府則必先以納稅人的錢，用在國家基本建設、改善人民生活、縮短貧富差距，行有餘力，再用作海外宣傳，因爲出發點不同，所以財力支配自然不同。不過據本人所知，近年來政府已在大量充實海外宣傳經費，以對抗匪徒之統戰宣傳。不過同學們須有一點基本認識，就是我們政府的作法是以臺灣的社會安定、政治修明、經濟成長，和軍事的壯大……等作爲事實的宣傳，而不同於共匪以虛僞之謊言所作的統戰。

第五、爭取大陸海外留學生問題

我們知道，共產黨一切講求「控制」，控制腦子、控制肚皮、控制行爲，所有幹部與人民都絕對沒有自由。美匪建交後共匪派遣一批留學生到美國，他們雖身處自由世界，但思想、行動並無絲毫的自由可言，他們是集體生活與集體行動。實際上仍彼此監視不能單獨行動，據報載中共留學生在美國因受不起如此之精神迫害，以自殺作無言抗議者大有人在。這正說明了共產制度下導致的悲劇；今天臺灣與大陸如在地理環境上沒有海峽相隔，我敢說在一夜之間大陸人民定然脫逃一空。數十年來大陸老百姓冒萬死逃亡港九，不分寒暑，不分晝夜，自陸地、自海上，投奔自由，這就是鐵證。千千萬萬在鐵幕內的同胞，雖然他們身不由主，不能投奔自由，實則他們的內心早已投奔自由了，這一嚮往自由事實，正是我們須加掌握的。所以此一問題，不應是「想不想」的問題，而是「能不能」的問題。而我們在做法上當然繼續號召，催使他們早日來歸自由中國，我們當然給予支持、給予保證。

六九、九、十七

建國七十年的展望

一、前言

我們撕去六十九年日曆的最後一頁。呈現在我們眼前的就是民國七十年元旦的來臨，同時也是我們國家的開國七十年紀念日，一般人每逢到一個繼往開來的季節，總不免懷念過去，埋怨現在和幻想將來，但是懷念過去是不够的，應該檢討過去的缺失，作爲日後努力的方向；埋怨現在並不能解決問題，應該把握現在的需要，加倍努力，創造成果，幻想將來是空虛的，我們要創造將來，完成遠大的理想，實踐將來的希望，這才是我們在今天應有的認識和了解。今年農曆是雞年，所謂「聞雞起舞」、「雞鳴天下白」，雞年是我們奮發有爲的一年，我們只有充實自己的學能，鍛鍊自己的體魄，加強自己的工作，才能够迎接光明，雞年對我們而言，具有深遠的意義。

二、扭轉美國國勢式微將視雷根作為

今值年初，我想把國內外的情勢，做個簡單的分析，先說美蘇兩超級強國，在以往由於美國卡特總統的怯懦無能，沒有原則，缺乏遠見，以及蘇俄總理布里茲涅夫的老謀深算，不斷的在世界各地進行擴張主義，使美國在國際上屢受挫敗，日趨劣勢，雷根當選能否扭轉美國頹勢，端看其主政後能否大刀濶斧實現競選時的政見：遏抑通貨膨脹，恢復經濟繁榮，充實國防實力，伸張國際正義，對盟邦以忠實對忠實等等主張而定。不過我們不論美國今後的對華政策如何，我們仍然要奮勵自強，謀求經濟的繁榮，社會的安定，軍力的壯大與政治的民主。國運操在自己的手中，萬不可俯仰由人。

三、蘇俄侵阿陷入泥淖

去年一年，蘇俄爲了鞏固阿富汗的共產傀儡政權，繼續屯兵而陷入泥淖，欲進不能，欲退不得，在今年一年，其僵局勢將繼續存在。大凡搞侵略主義者，如果找不到一個掩人耳目的理由，而冒然侵略一個國家，一定導致被侵略國家人民誓死的反抗，以及世界各國的聲討譴責的。同時波蘭工人的爭取自由化運動，說明了共產制度的破產，因爲共產國家是標榜工人階級專政，而現在竟遭到工人的反抗，可見他們是掛羊頭賣狗肉的。蘇俄在波蘭邊境陳兵數十萬，擺出以軍事鎮壓波蘭工人的態勢，以維持其東歐的霸權。但是又不敢貿然進兵，恐重蹈侵入阿富汗的覆轍。

四、兩伊戰爭恐難持久

兩伊戰爭，拖延迄今，這兩個國家都沒有具備長期作戰的條件和打算，伊拉克起初企圖速戰速決，它預料伊朗的柯梅尼政權會因此而迅速崩潰，但是由於回教國家的宗教狂熱，民族意識和地域觀念的作用，至今依舊烽火連天，戰禍不息。不過以我個人觀察，此種戰爭不可能拖延很久：第一、兩伊戰爭不像我們八年抗戰，有廣大的空間，可以進行長久消耗戰；第二、他們更沒有像我們爲主義思想、爲人性尊嚴、爲人類福祉而戰的偉大目標。雖然，戰事目前仍然進行，但在今年內，可能會告結束。

五、美國人質終將釋放

美國人質問題，雖然伊朗這種海盜行爲，爲人所不齒，但也是美國自己對盟邦三番兩次的背信忘義，而招致的惡果。據各種迹象觀察，這幾天可能會有突破性的好轉，因爲美國對伊朗所提條件，凡總統在其權責範圍內能做到的都已經承諾。至於總統辦不到的要求，美國將無法接受。同時雷根總統即將接任，伊朗深恐他推翻即將達成的協議，而採其他強硬行動，所以能得多少，就此下台，以免自討沒趣。因此我預言美國人質會在雷根就任之前獲得解決。

六、世界經濟可能不景氣

當前工業國家和開發中國家，最感苦惱的就是石油漲價問題。石油漲價的幅度太大，速度太快，是任何國家財力所不能負荷的。現在雖然很多國家大力研究獲取新的能源的途徑，如開發太陽能，以酒精代替石油，大量開採煤礦和鈾礦等，以取代石油的能源，但卻緩不濟急，是個很困擾的問題。其實，我認為只要工業國家能團結起來，實施禁運以對抗，別的不說，只就糧食一項，就足以置產油國家於死地，迫使他們無法用石油作為政治武器。因為產油國家是不產糧食的，石油固然重要，但是糧食更重要。可惜現在民主國家與工業國家，自私自利，步調不一，自貽伊慼。所以今年一年，世界經濟將因石油漲價問題，而不免招致通貨膨脹、物價飛騰與失業人口增加，而導致經濟不景氣。世界經濟這樣，我們國內自然也難免受其影響。

七、中美關係當在實質上改進

至於中美關係，在卡特執政四年間，對我們的創傷極大，本來雷根總統在競選之初，就已提出中美恢復官方關係的講法，但因各方輿情反映不佳，經共和黨決策人士反覆研討，乃提出亞太地區外交五原則，退而遵守臺灣關係法，這也是不得已的苦衷。因為美國是自由世界的領導國家，他雖然重視中美關係，但更重視全球戰略，聯匪制俄政策是不大可能改變的。我們雖和他們缺乏外交關係，但「臺灣關係法案」具有彈性，如果都能從寬解釋，切實履行，就足以改善實質關係以代替官方關係，如出售防禦性武器，卡特政府所願出售的，在性能數量上都不能符合我們的要求，我們所需要的是高性能的武器，所謂性能的高低，其解釋標準出入甚大，相差甚遠，只要雷根政府誠意執行臺灣關係法，瞭解臺灣戰略性地位的重要，以及「共產意識不符合中國人意願」（雷根競選時所發表的議論），雖然不可能恢復官方關係，但對臺灣的防禦和安全的支持，不同於卡特政府，是理所當然的。

八、十惡審判是對共產制度審判

現在說大陸問題，大家最關心的就是所謂的十惡大審，日前已完成審判過程，可能在最近宣判。我要提醒各位，十惡大審不過是「狗咬狗」、「惡審惡」的把戲罷了，雖然審判結束和即將宣判，但並非鬪爭的結束，而是更大、更深、更遠的鬪爭的開始。表面上僅是審判「十惡」，實際上是審判毛澤東本人，審判共產邪惡思想、審判共產制度、審判千千萬萬文革起來的幹部和黨員。如果鄧小平想把毛澤東領導幾十年的共產思想和制度澈底根除，是不可能的，所以說十惡大審，不是鬪爭的結果，而是鬪爭的開始。再則修正主義的「四個現代化」，也是困難重重，因爲現代化需要高度科技和大量資金的投入，而共產黨對此二項一無所有，現在中共政府和西歐、日本等工業國家訂立的很多重大契約，如工廠建立與買賣等都已要求停止執行。因爲文革動亂十年，人才凋零殆盡，此時的青年對現代科技等於是文盲，同時共產黨現在民窮財盡，所以四個現代化終究會落空的。共產黨除了有許多心懷不滿的無知老百姓外，幾乎一無所有，這樣如何能建設現代化國家呢？同時我們要注意，共產國家尤其是中國大陸，眞是個鐵幕；這三十多年來，這個鐵幕是不開窗戶、不透空氣的，人家進不去，他們也出不來。現在他要搞通郵、通商，他要搞現代化，派留學生至國外留學，歡迎海外人士去觀光；這個鐵幕一旦稍微開放，大陸人民就問，爲什麼共產黨統治大陸三十年，人民依舊吃不飽、穿不暖呢？過去共產黨宣傳臺灣人民吃香蕉皮、穿麻布袋，爲什麼現在反過來說經濟學臺灣呢？鐵幕一穿，千創百孔，不可收拾。但我們也不能自我陶醉；大陸共產黨的潰敗，也不致這麼快，可是我們的三民主義光輝，遲早會重耀於神州大陸之上，這是必然而無疑的。

九、臺灣必須居安思危共創新局

在臺灣經濟建設成就，被西方先進國家稱讚爲奇蹟，在開發中國家，有此成果的確驚人。但臺灣本身並不是沒有問題的，過去一年來，高雄暴力事件所帶來的震撼，給我們很大的警惕；談到選舉，這次中央民意代表的選舉，對我們國家而言是一種很重要的考驗，關係九百萬選民及千百個的候選人，所以民主選舉要辦得好，並不是很簡單的事。一些先進民主國家如美國、英國等，都是經過幾十年、幾百年的推行、檢討和改革，才能達到今日的境界。臺灣這次中央民意代表選舉，大致說來是成功的，但我認爲選民的素質依舊不够，是非不明、認識不清，少數政治分歧分子靠着偏激言論騙取同情，而獲高票當選，國民黨提名的優秀人才反而有人落選，這表示選民的知識水準還不够；但進步是需要時間，而非一蹴可及的。去年是中央民意代表選舉，今年是地方公職人員選舉，包括縣市鄉鎮長和省縣市議員，鄉鎮代表，對選民來說，較中央民意代表有更直接密切的關係，故更爲選民所重視。根據去年辦理選舉的缺失來改進今年的選舉，這是臺灣今年最重要的事。大家要知道，臺灣今日的安定，要靠全體國民共同維護，稍不注意，便難免被野心分子製造事端，而破壞安定和諧的團結局面。所以居安思危，開創新局，是人人應有的警覺和認識。

十、開拓學校新境界

最後談到學校本身，學校建校十五週年來，在各位同仁努力盡職之下，無論在那方面，都大有進步，但現在教育水準提高，所有五專都在進步，所以進步的速度不够，就是落伍，不僅要追上別人，更要超越別人才行，我們絕不能抱殘守缺，固步自封，一定要發展、創新，我常說要提高學生的道德水準、體能水準和知識水準，首先要提高教職員本身高度的自覺意識、自動精神和工作熱忱，帶動整個學校的進步。中山育樂館、學生活動中心和男生宿舍的擴建將在今年三月完工落成，目前校舍的擴建將告一段落。今後二年，我們要集中財力更新設備，充實教材，尤其對於專兼任教師，提高其素質和水準。目前學生的入學素質偏低，輔導、教學均感困難，所以提高學生入學程度，更爲當務之急。在學生入學水準未提高前，我們唯有從改進管教方法和態度著手。我們唯有以最大的愛心，最大的信心，最大的決心，和最大的耐心，來求教育的革新、研究、推廣與發展，以突破一切困難，使中國市政專科學校從民國七十年開始，邁進一個嶄新的境界。

七〇、一、一

永難忘懷的摯友——須少白先生

民國三十八年底，我由西北脫險來臺奉命籌設青年服務團，收訓曾在大陸大專院校肄業的流亡學生。今總統蔣經國先生，時任國防部總政治部主任，鑑於大陸軍事失利的教訓，必須有一機構，專負加強軍民關係之責。囑我邀集全國黨、政、學、工、商各界，籌組軍人之友社，以服務三軍，支援前線爲主旨。我任理事長，傅雲先生任總幹事，江海東先生任副總幹事。那時，國軍文康器材，極感缺乏，軍友社發動勞軍所需經費與器材均由各界捐募。在一個偶然機會中，因唐縱、左曙萍兩先生的介紹，我認識了正經營臺灣規模最大的中國眼鏡公司董事長須少白先生。有天，金門前線反映，島上風沙太大，需要大量太陽眼鏡，我正在籌畫供應之際，須先生得悉此情。乃自動全數捐助，使得前線將士困難得以解除，這是我首次認識須先生具有高度的愛國敬軍、樂善好施的高尚情操。爾後，軍友社有所活動，他均大力支援，慷慨捐獻。

民國五十四年，我籌設私立中國市政專科學校，以培養市政建設人才。我只有理想，只有計畫，卻沒有財力，正感經費籌措困難之時，乃和財政部錢幣司司長金克和兄，談到向銀行貸款問題，我沒有不動產抵押，無法辦理貸款，恰好須先生也在座，他立郎提供他在開封街的一棟房屋，供作抵押。但所貸之款仍然不够，必須另向其他各銀行分別洽貸。我一生不求人，尤不向人借錢。當時許多銀行董事長，如臺灣銀行的黃朝琴先生，彰化銀行的張聘三先生，華南銀行的劉啟光先生……等，都是我的好友，但我卻不願向他們開口借錢。須先生主動由中國眼鏡公司開具支票提供擔保，因此，向各銀行分別貸到幾十萬元不等，本校於是得以籌建成立。

有人問須先生，你爲中國市政專校提供擔保，將來萬一收不回來，怎麼辦？須先生說：「我相信上官先生的爲人，他所做的事，沒有不成功的。」後來，學校日益發展，銀行貸款相繼清還。須先生卻因此而得罪了少數向他借錢不遂的好朋友。嗣後，須先生任本校董事，也是唯一熱忱支援的人，今天學校的規模大備，他的貢獻特多。

須先生，名少白，號正則，江蘇省武進縣人，生於民前一年正月十六日。武進是京滬線上大城，人文薈萃，物產豐富。祖父須徵明先生，父親須照榮先生，經營工商，克勤克儉，成爲地方殷實富戶。

先生自幼聰穎，志向高遠。北伐時期，毅然投入國民革命軍行列，在谷正倫麾下充當幼年兵。因爲作戰英勇；獲得谷先生的賞識，特意加以培植。民國廿一年元月，憲兵司令部在南京成立，谷先生首任憲兵司令，使先生參加憲校特高幹部訓練班受訓後，擔任對日外勤事務，從事搜集情報工作，成績斐然。

蘆溝橋事變，展開抗日聖戰序幕，先生晉升爲特警第四隊隊長，兼任駐閩綏靖主任公署諮議，膽識過人。利用當地民衆力量誘捕敵人間諜，屢建奇功，獲得軍委會特頒三等雲麾勳章。抗戰勝利，以戰功獲頒勝利勳章。

三十八年退役後，改營商業，先開設中美洗染公司，繼籌建全臺灣規模最大的中國眼鏡公司，本忠恕之道，服務之旨，終於資本日見雄厚，事業日益發展，除增開光華眼鏡公司、精益眼鏡公司外，並在非律賓設立滙豐企業公司，經營木材事業，在臺灣創設鞏紡企業公司，經營紡織鞋類關係企業，遍佈全球，每年均以外銷績優獲得政府頒發獎狀，卓然爲實業界鉅子。

先生雖置身闤闠，從事貿遷，卻不是個孳孳爲利的人，他本著「取之於社會，用之於社會」之旨，不特獎掖青年，不遺餘力，諸凡公益之事，無不率先捐獻，受他捐助的，以個人來說，有研製華文電報機的發明家高仲芹，出國深造獲得飛躍羚羊盛名的紀政。以團體來說，如委託中央日報設置「楊傳廣體育獎學金」，以發展國民體育，在淡江大學夜間部設置「須少白獎學金」，獎助清寒學生深造。他如安置一江山遺屬，撫慰劉承司義士，「八二三」戰役支援前線官兵等，沒有不全力以赴的。五十四年　國父百年紀念籌建紀念館，先生擔任募捐大隊長，貢獻良多，深獲主事者的讚佩。四十五年、四十八年兩次榮獲先總統　蔣公親頒陸海空軍褒狀，並於五十三年膺選全國第七屆好人好事代表，榮獲表揚。六十四年學校籌設中正紀念廳由須先生捐贈　蔣公銅像，最近學校興建中山育樂館，先生因病住院，我多次前往探視，每次都詢問到該館興建情形。有次，當他們聽到育樂館工程即將完成時，他高興的幾乎忘了他還是躺在病床上的病人。一再說要捐贈內部裝潢，我不忍完全拂逆其雅意，僅接受他捐獻禮堂全套幕布，以垂紀念。現在中山育樂館已告落成啟用，而先生卻溘然長逝，人天永隔。每睹禮堂幕布垂垂下放之時，就彷彿看見先生笑容呈現在眼前。先生逝世之日，我曾輓以聯曰：

「具弦高碩德，著卜式仁風，雖病篤神迷，殷殷猶念庠序事；

有端木高才，成陶朱偉業，縱陵遷谷變，耿耿難忘道義交」

此實出自肺腑之詞，老友有靈，當笑納於地下。

最後我更要一提的是，須先生自奉儉約，淡泊自甘，家居陽明山，從未以轎車代步，粗茶淡飯，數十年如一日，我每次去看他，總是彼此麵一碗，茶一杯，相對暢談，幾忘歲月。我曾勸他要注意飲食，不宜過分儉薄，以免影響健康。後來聽說他腸胃偶爾有些不適，我勸他到醫院檢查，他均未在意。等到後來發現患胃癌時，入院治療，經三次割治，因癌細胞已擴散到全部內臟，終致不治，而撒手西歸。假如須先生早聽勸告，適時檢查，就能提早治療，相信老友今天仍然可在陽明山「泊淡廬」，笑傲風月，茶飯自甘了。言念及此，爲之泫然。

須先生不但生活儉約，晚年更喜愛讀書、繪畫、寫詩，興之所至，隨筆而成，妙趣天生，躍涵哲理，先後印影成集的，有「須氏尊祖錄」、「武進思源堂主人隨筆」、「在思集」、「長青集」、「心語」和「正則散文集」等。陶淵明「好讀書，每有會意，便欣然忘食」、「常著文章自娛，頗示其志。」須先生庶幾得之矣。

六九、六、一

怎樣做一個自強幹部

今年是自強年，所以，今天訓導處舉辦的幹部訓練，稱爲自強幹部訓練。大家要知道，學校自強工作績效的好壞，完全要看幹部能否切實自強，做個名符其實的自強幹部。因此，我就自強幹部應有的認識、責任和工作，分別作簡要的提示。

一、自強幹部的認識

1.自覺的意識：做一個幹部，思想、觀念和意識最爲重要。因爲幹部是由班上同學推選出來的，無名位、無待遇，只有服務，只有奉獻。所以，必須具有自覺的意識，當仁不讓的精神才能達成任務。

2.自治的能力：學校要推行民主教育，必須先有了解民主眞諦而具有自治能力的幹部，民主教育才會收效。民主的方式，必須由下而上，將大家不同的意見，經過溝通、討論，成爲一致的意見，提供學校參考改進，使得下情得以上達，這才是民主。如果一切由上而下，以命令和權威來處理，而不尊重民意，是收不到民主教育效果的。學校學生近三千人，小的科至少有兩百人，大的科近千人。科只有科主任一人，輔導教官一人。班也只有一個導師，導師本身有課程或行政業務，如果幹部沒有自治能力；遇事存着依賴心理，學校一切的要求都會落空。因此，學校要有秩序、有紀律，必須依賴學生本身產生的幹部，大家分層負責，分頭努力才有績效。在這個時代，無論那個國家、社會和團體，都要走向民主法治的方向，民主法治，一定要有秩序、有紀律。秩序、紀律是保障民主法治的；民主法治是鞏固秩序、紀律的，彼此相輔相成，互爲因果。國家如此，社會如此，學校也如此。所以學生幹部，一定要有自治的能力，才能使學校走上民主法治的坦途。

3.自動的負責：幹部要有自動負責的精神，自治能力才能表現出來。否則，雖具有自治能力，而沒有自動負責的精神，一切都是空談。尤其全校同學秩序紀律的維持，不能依賴科主任、教官、導師一、二人的力量，必須依賴具有自治能力的幹部，自動的負起責任來，才能做得好。因爲幹部和同學相處時間長，彼此了解深，只要幹部能自動的負責，一切事都可防患於未然，學校一切規定都可以有效貫徹了。

4.自我的犧牲：幹部必須作自我犧牲、自我貢獻，才能獲得同學的支持，而達成幹部所要完成的任務。因爲人是有感情有理性的動物，只要幹部本身本着以服務爲目的，以貢獻爲本份的觀念，一切盡其在我，反求諸己，自可贏取同學內心的共鳴與竭誠的支持。昔夏禹治水八年於外，三過其門而不入，不但治水的艱巨任務得以完成，因此也贏得上下一致的愛戴，而有了天下。自我犧牲的精神，對一個幹部來說，實在太重要了。

二、自強幹部的責任

1.要做無名英雄：任何團體學校，大數人都要做無名英雄，才能使這個團體學校自強自立，進步不已。尤其學生幹部，更有責任去扮演一個無名英雄的角色。爲無名英雄者，他無權利觀念，有功不自居，有過自己受，所以才能贏得人家的尊敬，他的成功，他的貢獻，便是在此。老子說：「天長地久。天地所以能長且久者，以其不自生，故能長生。是以聖人後其身，而身先；外其身而身存，非以其無私也，故能成其私。」充分說明了無名英雄的成功和偉大之處，值得同學們去細心體會。

2.要做帶頭先鋒：春秋時，齊魯兩國會戰於郞，魯國孟懿子這方面軍隊，已爲齊師所敗，幸好季孫那方面軍隊，因爲帶兵官冉有身先士卒，大家奮勇爭先，打敗了齊師，挽救了魯國的危亡。所以，子路問爲政的道理，孔子說：「先之，勞之。」學校是個大團體，學生幹部必須做帶頭先鋒，處處起帶頭作用，大家才會步調一致，「旅進旅退」，收到工作效果。如勞動服務，必須自己領先動手，他人才會動手，這是非常淺顯的例子，願大家切實去做。

3.要做學校楨榦：學生幹部是學校的楨榦，學校一切設施，要全體幹部全力支持，才能事半功倍，諸如公物的愛護，整潔的維持，假使幹部沒有盡到楨榦的責任，僅靠一、二行政人員的努力，是難以做好的。大舜所以能夠「恭己正南面而已矣」，就是因爲二十二位幹部，充分發揮了楨榦的作用，這個史實是家喻戶曉的。所以，要學校各項設施發揮最大的功能，主要是靠學生幹部盡其楨榦的責任。

4.要做同學楷模：幹部是由同學一致認爲他的思想、言行，足以做爲他們楷模，才會把他推選出來。所以，幹部一定要時時警惕自己，處處能做同學的楷模。例如：要同學不亂丢紙屑、果皮、及其他雜物，以保持生活環境的乾淨。幹部本身不但要不亂丢紙屑、雜物，而且要進一步，看到同學亂丢紙屑或其他雜物時，馬上前去撿起來，並當場勸告那位同學，以後不可再有同樣的行爲。如此，時間久了，大家就不再會有亂丢紙屑雜物的行爲，做個堂堂正正的時代青年了。

三、自強幹部的工作

自強幹部的工作，可分爲積極性和消極性二種。積極性的有三點：1.有秩序；2.有紀律；3.有禮貌。消極性的有三點：1.無髒亂；2.無喧譁；3.無爭鬪。現分別提示如次。

積極性的工作：

1.有秩序：凡升旗、集會、乘車、候車……處處都要做得井然有序，予人以耳目清新感覺。

一個文明的國家，一個享譽的學校，他的國民、他的學生，給人的印象，首先是長幼有序，進止有節。在美國社會排隊成爲一種自然習慣，在我們國家成爲一種提倡的運動，以堂堂禮儀之邦，守秩序還要大力提倡，這眞是愧對祖先。身爲學生幹部，當以「如何協助學校做好人人守秩序工作」，做爲最首要任務。

2.有紀律：秩序的維持，要靠嚴明的紀律。軍隊打勝仗，最重要的是嚴明的紀律；學校有秩序，也有賴於維持校規之尊嚴。必須人人以遵守校規爲榮，視紀律如生命，視秩序如當然。如此，精神教育，始能日益發皇。

3.有禮貌：禮貌可以看出一個人的教養。一個彬彬有禮的人，一定獲得人家的敬愛。孟子所謂「敬人者人恒敬之」，就是此意。所以，顏淵問行仁的細目時，孔子告訴他說：「非禮勿視，非禮勿聽，非禮勿言，非禮勿動。」又說：「恭而無禮則勞；愼而無禮則葸；勇而無禮則亂；直而無禮則絞。」恭敬、謹愼、勇敢、爽直都是美德，但「不以禮節之，亦不可行也。」所以，孔子斷然地說：「不學禮無以立。」人而無禮，不能立足社會，大專學生爲知識分子，社會中堅，更不能不講究禮貌了。

消極性的工作：

1.無髒亂：髒亂是落伍的表徵。我們的工商業發展迅速，現在已進入開發國家之林。但一般國民生活習慣，仍然停滯在農業舊社會的時代。同樣是中國人世界，臺灣髒亂，新加坡卻不髒亂，其原因便是在此。大專學生是青年的菁華，尤其是學生幹部是精華中的精華，更應該領導同學養成整齊清潔的生活習慣，徹底消除髒亂現象，還我中華民族是優秀民族的清白。

2.無喧譁：大學說：「知止而後有定；定而後能靜；靜而後能安；安而後能慮；慮而後能得。」學生在校做學問，必須保持校區的寧靜，而後才能集中精神研究學問，蘇明允說：「事有必至，理有固然。惟天下之靜者，始能見微而知著。」如喧譁浮躁，又如何能「見微知著」呢？所以，幹部必須領導同學，不大聲喧譁，保持心境平靜，果眞獲得「萬物靜觀皆自得，四時佳興與人同」的境界，我們市政專校的教育就成功了。

3.無爭鬪：大專學生必須有溫文爾雅的氣度，互相禮讓的風範，如果一言不合，臉紅脖粗，那豈不是等於原始動物的野蠻行徑？一個受過高等教育的青年，絕不應該有動輒爭鬪的行爲，更不能有羣毆的事故，我想這該是大家一致的看法。當然，人是感情的動物，尤其「血氣方剛，戒之在鬪」的年齡，一時情感衝動，在所難免，這就要靠幹部平日處事機智，或消弭於未然，或勸止於事後，務使大家融洽相處，進德修業，成爲一個永無爭鬪文質彬彬的好青年。

總之，所謂自強，是自己努力奮發，日日年年，永不休止。易經所謂「天行健，君子以自強不息。」確是「自強」的最佳解釋。諸位同學如能做到我所提示的幾點，我們一定可以日新又新，自強不息，使學校成爲一個全校一家、員生一體、上下一心、團結一致的大家庭了。

六九、三

滄海叢刊已刊行書目㈦

書名	作者	類別
文學欣賞的靈魂	劉述先	西洋文學
西洋兒童文學史	葉詠琍	西洋文學
現代藝術哲學	孫旗譯	藝術
書法與心理	高尚仁	藝術
音樂人生	黃友棣	音樂
音樂與我	趙琴	音樂
音樂伴我遊	趙琴	音樂
爐邊閒話	李抱忱	音樂
琴臺碎語	黃友棣	音樂
音樂隨筆	趙琴	音樂
樂林蓽露	黃友棣	音樂
樂谷鳴泉	黃友棣	音樂
樂韻飄香	黃友棣	音樂
色彩基礎	何耀宗	美術
水彩技巧與創作	劉其偉	美術
繪畫隨筆	陳景容	美術
素描的技法	陳景容	美術
人體工學與安全	劉其偉	美術
立體造形基本設計	張長傑	美術
工藝材料	李鈞棫	美術
石膏工藝	李鈞棫	美術
裝飾工藝	張長傑	美術
都市計劃概論	王紀鯤	建築
建築設計方法	陳政雄	建築
建築基本畫	陳榮美、楊麗黛	建築
建築鋼屋架結構設計	王萬雄	建築
中國的建築藝術	張紹載	建築
室內環境設計	李琬琬	建築
現代工藝概論	張長傑	雕刻
藤竹工	張長傑	雕刻
戲劇藝術之發展及其原理	趙如琳	戲劇
戲劇編寫法	方寸	戲劇

滄海叢刊已刊行書目㈥

書名	作者	類別
人生小語㈠㈡	何秀煌	文學
印度文學歷代名著選(上)(下)	糜文開	文學
寒山子研究	陳慧劍	文學
孟學的現代意義	王支洪	文學
比較詩學	葉維廉	比較文學
結構主義與中國文學	周英雄	比較文學
主題學研究論文集	陳鵬翔主編	比較文學
中國小說比較研究	侯健	比較文學
現象學與文學批評	鄭樹森編	比較文學
記號詩學	古添洪	比較文學
中美文學因緣	鄭樹森編	比較文學
比較文學理論與實踐	張漢良	比較文學
韓非子析論	謝雲飛	中國文學
陶淵明評論	李辰冬	中國文學
中國文學論叢	錢穆	中國文學
文學新論	李辰冬	中國文學
分析文學	陳啓佑	中國文學
離騷九歌九章淺釋	繆天華	中國文學
苕華詞與人間詞話述評	王宗樂	中國文學
杜甫作品繫年	李辰冬	中國文學
元曲六大家	應裕康 王忠林	中國文學
詩經研讀指導	裴普賢	中國文學
迦陵談詩二集	葉嘉瑩	中國文學
莊子及其文學	黃錦鋐	中國文學
歐陽修詩本義研究	裴普賢	中國文學
清真詞研究	王支洪	中國文學
宋儒風範	董金裕	中國文學
紅樓夢的文學價值	羅盤	中國文學
中國文學鑑賞舉隅	黃慶萱 許家鸞	中國文學
牛李黨爭與唐代文學	傅錫壬	中國文學
浮士德研究	李辰冬譯	西洋文學
蘇忍尼辛選集	劉安雲譯	西洋文學

滄海叢刊已刊行書目 (五)

書　　名	作　　者	類　　別
燈下燈	蕭蕭	文學
陽關千唱	陳煌	文學
種籽	向陽	文學
泥土的香味	彭瑞金	文學
無緣廟	陳艷秋	文學
鄉事	林清玄	文學
余忠雄的春天	鍾鐵民	文學
卡薩爾斯之琴	葉石濤	文學
青囊夜燈	許振江	文學
我永遠年輕	唐文標	文學
思想起	陌上塵	文學
心酸記	李喬	文學
離訣	林蒼鬱	文學
孤獨園	林蒼鬱	文學
托塔少年	林文欽編	文學
北美情逅	卜貴美	文學
女兵自傳	謝冰瑩	文學
抗戰日記	謝冰瑩	文學
我在日本	謝冰瑩	文學
給青年朋友的信(上)(下)	謝冰瑩	文學
孤寂中的廻響	洛夫	文學
火天使	趙衛民	文學
無塵的鏡子	張默	文學
大漢心聲	張起鈞	文學
回首叫雲飛起	羊令野	文學
康莊有待	向陽	文學
情愛與文學	周伯乃	文學
湍流偶拾	繆天華	文學
文學邊緣	周玉山	文學
大陸文藝新探	周玉山	文學
累廬聲氣集	姜超嶽	文學
實用文纂	姜超嶽	文學
林下生涯	姜超嶽	文學
材與不材之間	王邦雄	文學

滄海叢刊已刊行書目㈣

書名	作者	類別
中國歷史精神	錢穆	史學
國史新論	錢穆	史學
與西方史家論中國史學	杜維運	史學
清代史學與史家	杜維運	史學
中國文字學	潘重規	語言
中國聲韻學	潘重規 陳紹棠	語言
文學與音律	謝雲飛	語言
還鄉夢的幻滅	賴景瑚	文學
葫蘆・再見	鄭明娳	文學
大地之歌	大地詩社	文學
青春	葉蟬貞	文學
比較文學的墾拓在臺灣	古添洪 陳慧樺	文學
從比較神話到文學	古添洪 陳慧樺	文學
解構批評論集	廖炳惠	文學
牧場的情思	張媛媛	文學
萍踪憶語	賴景瑚	文學
讀書與生活	琦君	文學
中西文學關係研究	王潤華	文學
文開隨筆	糜文開	文學
知識之劍	陳鼎環	文學
野草詞	韋瀚章	文學
現代散文欣賞	鄭明娳	文學
現代文學評論	亞菁	文學
當代臺灣作家論	何欣	文學
藍天白雲集	梁容若	文學
思齊集	鄭彥棻	文學
寫作是藝術	張秀亞	文學
孟武自選文集	薩孟武	文學
小說創作論	羅盤	文學
往日旋律	幼柏	文學
現實的探索	陳銘磻編	文學
金排附	鍾延豪	文學
放鷹	吳錦發	文學
黃巢殺人八百萬	宋澤萊	文學

滄海叢刊已刊行書目（三）

書名	作者	類別
我國社會的變遷與發展	朱岑樓主編	社會
開放的多元社會	楊國樞	社會
社會、文化和知識份子	葉啓政	社會
臺灣與美國社會問題	蔡文輝 蕭新煌 主編	社會
日本社會的結構	福武直 著 王世雄 譯	社會
財經文存	王作榮	經濟
財經時論	楊道淮	經濟
中國歷代政治得失	錢穆	政治
周禮的政治思想	周世輔 周文湘	政治
儒家政論衍義	薩孟武	政治
先秦政治思想史	梁啓超原著 賈馥茗標點	政治
憲法論集	林紀東	法律
憲法論叢	鄭彥棻	法律
師友風義	鄭彥棻	歷史
黃帝	錢穆	歷史
歷史與人物	吳相湘	歷史
歷史與文化論叢	錢穆	歷史
歷史圈外	朱桂	歷史
中國人的故事	夏雨人	歷史
老臺灣	陳冠學	歷史
古史地理論叢	錢穆	歷史
秦漢史	錢穆	歷史
我這半生	毛振翔	歷史
三生有幸	吳相湘	傳記
弘一大師傳	陳慧劍	傳記
蘇曼殊大師新傳	劉心皇	傳記
當代佛門人物	陳慧劍	傳記
孤兒心影錄	張國柱	傳記
精忠岳飛傳	李安	傳記
師友雜憶 八十憶雙親 合刊	錢穆	傳記
困勉強狷八十年	陶百川	傳記

滄海叢刊已刊行書目(二)

書名	作者	類別
老子的哲學	王邦雄	中國哲學
孔學漫談	余家菊	中國哲學
中庸誠的哲學	吳怡	中國哲學
哲學演講錄	吳怡	中國哲學
墨家的哲學方法	鐘友聯	中國哲學
韓非子的哲學	王邦雄	中國哲學
墨家哲學	蔡仁厚	中國哲學
知識、理性與生命	孫寶琛	中國哲學
逍遙的莊子	吳怡	中國哲學
中國哲學的生命和方法	吳怡	中國哲學
儒家與現代中國	韋政通	中國哲學
希臘哲學趣談	鄔昆如	西洋哲學
中世哲學趣談	鄔昆如	西洋哲學
近代哲學趣談	鄔昆如	西洋哲學
現代哲學趣談	鄔昆如	西洋哲學
思想的貧困	韋政通	思想
佛學研究	周中一	佛學
佛學論著	周中一	佛學
現代佛學原理	鄭金德	佛學
禪話	周中一	佛學
天人之際	李杏邨	佛學
公案禪語	吳怡	佛學
佛教思想新論	楊惠南	佛學
禪學講話	芝峯法師	佛學
圓滿生命的實現（布施波羅蜜）	陳柏達	佛學
絕對與圓融	霍韜晦	佛學
不疑不懼	王洪鈞	教育
文化與教育	錢穆	教育
教育叢談	上官業佑	教育
印度文化十八篇	糜文開	社會
中華文化十二講	錢穆	社會
清代科舉	劉兆璸	社會
世界局勢與中國文化	錢穆	社會
國家論	薩孟武譯	社會
紅樓夢與中國舊家庭	薩孟武	社會
社會學與中國研究	蔡文輝	社會

滄海叢刊已刊行書目㈠

書名	作者	類別
國父道德言論類輯	陳立夫	國父遺教
中國學術思想史論叢㈠㈡㈢㈣㈤㈥㈦㈧	錢穆	國學
現代中國學術論衡	錢穆	國學
兩漢經學今古文平議	錢穆	國學
朱子學提綱	錢穆	國學
先秦諸子論叢	唐端正	國學
先秦諸子論叢（續篇）	唐端正	國學
儒學傳統與文化創新	黃俊傑	國學
宋代理學三書隨劄	錢穆	國學
莊子纂箋	錢穆	國學
湖上閒思錄	錢穆	哲學
人生十論	錢穆	哲學
中國百位哲學家	黎建球	哲學
西洋百位哲學家	鄔昆如	哲學
比較哲學與文化㈠㈡	吳森	哲學
文化哲學講錄㈠㈡㈢㈣	鄔昆如	哲學
哲學淺論	張康	哲學
哲學十大問題	鄔昆如	哲學
哲學智慧的尋求	何秀煌	哲學
哲學的智慧與歷史的聰明	何秀煌	哲學
內心悅樂之源泉	吳經熊	哲學
哲學與宗教㈠㈡	傅偉勳	哲學
愛的哲學	蘇昌美	哲學
是與非	張身華譯	哲學
語言哲學	劉福增	哲學
邏輯與設基法	劉福增	哲學
知識•邏輯•科學哲學	林正弘	哲學
中國管理哲學	曾仕强	哲學